Réussir la dissertation d'économie aux concours

Méthodologie et sujets corrigés

Arcangelo Figliuzzi

Agrégé de sciences sociales
Ancien élève de l'ENS Cachan
Professeur de Chaire supérieure
en classe préparatoire
au lycée Montaigne de Mulhouse

Avant-propos

Disserter : discourir méthodiquement. C'est ainsi qu'Émile Littré définissait cet exercice classique, qui demeure, aujourd'hui comme hier, une des principales formes d'évaluation de la pensée critique, en lettres comme en sciences économiques.

C'est dire toute l'importance de la méthode.

Au-delà d'une simple restitution de faits et de théories, la dissertation est avant tout un discours rationnel, organisé selon un schéma précis qu'il s'agit de maîtriser. L'objet du présent livre est de permettre l'acquisition de ces méthodes de dissertation, en s'appuyant sur de nombreux exemples et sujets de concours, couvrant l'ensemble du programme des classes préparatoires aux grandes écoles de commerce.

L'ampleur de ces corrigés ne doit pas effrayer le futur candidat, l'objectif étant de montrer la multiplicité des pistes d'analyse possibles dans un seul et même sujet.

S'il concerne en premier lieu les élèves de classes préparatoires voie économique, cet ouvrage pourra être utilisé avec profit par les étudiants de sciences économiques, d'A.E.S., de sciences politiques, et par les candidats au CAPES de sciences économiques.

Je tiens enfin à exprimer ma gratitude à M. Marc Montoussé pour ses conseils et encouragements, et mes remerciements à M. Vincent Friedblatt.

A. Figliuzzi

Dépôt légal : juillet 1998.
ISBN 2 84291 210 1

Sommaire

1

Programme
Sujets
Banques d'épreuves

Les programmes officiels

Objectifs de formation et programme d'analyse économique et historique des sociétés contemporaines

I - Objectifs de formation

Ce programme a pour objet l'étude des principaux phénomènes économiques et sociaux des XIXe et XXe siècles. Il vise à donner aux étudiants des instruments d'analyse et des clés de compréhension du monde contemporain. Se situant principalement dans la continuité des enseignements de la série économique et sociale (ES) du baccalauréat général, il constitue la spécificité disciplinaire du concours d'entrée option économique dans les écoles supérieures de commerce.

Le programme s'articule sur deux ans de façon à permettre le développement du travail personnel et l'acquisition de méthodes propres aux sciences économiques, à l'analyse historique et plus généralement aux sciences sociales (analyse des sociétés contemporaines). Cette démarche doit conduire les étudiants à nourrir et à mûrir une réflexion autonome à propos des phénomènes complexes.

II - Programme

Le programme de la première année comporte sept thèmes alors que celui de la seconde année n'en comporte que cinq. Les professeurs restent libres de la progression pédagogique souhaitable pour chaque année.

PREMIÈRE ANNÉE

I - Le cadre général des activités économiques et sociales

1. Population et travail. Principes élémentaires d'analyse démographique.
2. Les grandes fonctions économiques (production, répartition, consommation).
3. Les différentes formes d'organisation économique et sociale.

Sujet 2

L'évolution des consommations privées et collectives dans le monde depuis un demi-siècle (HEC 1993)

II- La croissance économique au XIXe siècle

1. La révolution industrielle : le rôle de la révolution agricole, de la révolution démographique et des innovations; la naissance de l'entreprise capitaliste et les phénomènes de concentration.

2. Naissance de l'économie politique : les classiques et l'économie marxiste; le courant néoclassique.

Sujet 3

Comparer le développement industriel et la croissance économique de la France et de l'Allemagne de 1880 à nos jours (HEC 1991)

III - Croissance et développement du capitalisme au XXe siècle

1. Les croissances : principaux faits et typologie des facteurs (travail, capital, progrès technique).

2. Les théories de la croissance : croissance équilibrée, croissance déséquilibrée, croissance endogène.

3. Croissance et transformation de l'appareil productif.

4. L'entreprise et le développement économique.

Sujet 4

Colonialisme et croissance économique (inédit)

IV - Fluctuations et crises

1. Les fluctuations de la croissance et les crises économiques : faits, interprétations et théories; le multiplicateur et l'accélérateur; les théories monétaires et financières du cycle.

2. Les mouvements de longue durée (les travaux de Kondratieff et de Schumpeter et les analyses contemporaines).

Sujet 1

Les cycles économiques et leurs interprétations dans le capitalisme libéral (ICN 1982)

V - Le financement de l'économie

1. La monnaie et le crédit : fonctions et évolution des formes de monnaie, les mécanismes de la création monétaire.

2. Les circuits de financement de l'économie dans les grands pays industrialisés (financements directs et financements intermédiés).

3. L'émergence et la constitution des systèmes financiers de la révolution industrielle à nos jours.

Sujet 12

Le rôle des banques centrales dans la détermination et la conduite de la politique monétaire (inédit)

VI - Le rôle de l'État dans la vie économique et sociale

1. Analyse économique du rôle et des fonctions de l'État.

2. Le poids et l'action de l'État dans l'économie et la société : passé et présent.

Sujet 5

Les dépenses publiques sont-elles un facteur de développement économique ? (ESCP 1997)

Sujet 17

L'intervention publique dans le champ économique (Avenir / Alliances / ESC 1997)

VII - Les différentes formes de structures sociales

1. Éléments de sociologie, objet et méthodes ; les grands courants d'analyse.

2. Principes et critères des classifications sociales.

3. L'évolution des structures sociales depuis la révolution industrielle (on s'appuie notamment sur le cas français).

Sujet 7

L'évolution du rôle de l'entrepreneur de la révolution industrielle à nos jours (inédit)

Sujet 9

Dans quelle mesure peut-on parler d'une crise du syndicalisme en France aujourd'hui ? (inédit)

SECONDE ANNÉE

VIII - L'internationalisation des économies

1. L'évolution et les théories des échanges internationaux depuis la révolution industrielle.

2. L'organisation des échanges mondiaux et la construction d'espaces économiques régionaux depuis 1945 (on privilégie le cas européen).

3. Les firmes multinationales et leur rôle dans l'économie mondiale.

Sujet 13

Les enjeux des délocalisations industrielles et tertiaires

Sujet 18

Le libre-échange, mythe ou réalité depuis 1947 ? (Avenir / Alliances / ESC 1997)

IX - Les paiements internationaux

1. L'ampleur du chômage dans les pays industrialisés confrontés à la concurrence des pays en développement à bas salaires a mis en lumière le phénomène des délocalisations indistrielles et tertiaires. Quels sont les enjeux de ce phénomène (inédit).

2. Système monétaire international et internationalisation financière depuis le XIXe siècle.

3. Le système monétaire européen.

Sujet 14 **_Bilan des changes flottants (inédit)_**

Sujet 15 **_L'intégration économique monétaire de l'Europe (Ecricome 1995)_**

X - Déséquilibres et politiques économiques et sociales en économie ouverte

1. Les différents types de déséquilibres (inflation, chômage, déséquilibres extérieurs, inégalités sociales).

2. Les différentes formes de politiques économiques et sociales en économie ouverte politiques budgétaires, politiques monétaires, politiques sociales analysées à partir d'exemples précis : États-Unis, Japon, Allemagne, France (il n'est pas demandé une étude exhaustive de l'histoire des politiques économiques et sociales de ces pays depuis 1945).

Sujet 6 **_Politiques monétaires et budgétaires dans les deux grandes crises du XXe siècle (Ecricome 1993)_**

Sujet 8 **_Les enjeux de la réduction du temps de travail (inédit)_**

Sujet 11 **_L'inflation est toujours et partout d'origine monétaire. Que penser de cette affirmation à la lueur de l'expérience historique française ? (HEC 1983)_**

Sujet 19 **_Croissance, crise et protection sociale dans les grands pays capitalistes (Ecricome 1989)_**

XI - Le changement social contemporain dans les pays développés à économie de marché

1. Développement économique et mutations démographiques.

2. Les transformations des niveaux de vie et des modes de vie.

3. La mobilité sociale (illustrée à partir du cas français).

Sujet 10 **_La place du travail dans le processus d'intégration sociale (ESSEC 1996)_**

Sujet 16 **_L'Europe sociale existe-t-elle ? (ESSEC 1994)_**

XII - Les stratégies de développement

1. Caractéristiques du sous-développement.

2. Réussites et échecs des stratégies du développement.

Objectifs de formation et programme d'économie

I - Objectifs de formation

L'enseignement d'économie dispensé dans les classes préparatoires économiques et commerciales option économique a pour objet d'initier aux fondements de l'analyse économique et de faciliter ainsi la compréhension des différents thèmes du programme d'analyse économique et historique des sociétés contemporaines, notamment par le recours aux méthodes, exercices et travaux constitutifs de la science économique.

II - Programme

PREMIÈRE ANNÉE / Microéconomie et comptabilité nationale

I. Microéconomie

1. Introduction à la microéconomie (le problème de la rareté, les choix sous contrainte).
2. La demande, l'offre et le marché.
3. La théorie économique du choix du consommateur et la courbe de demande.
4. La théorie économique du choix du producteur et la courbe d'offre.
5. La formation des prix sur les marchés concurrentiels.
6. Le monopole et la concurrence monopolistique ; l'oligopole.
7. La formation des prix des facteurs de production et la répartition du revenu.
8. L 'État et l'allocation des ressources.

II. La Comptabilité nationale : secteurs institutionnels, opérations, comptes, tableaux de synthèse, agrégats.

SECONDE ANNÉE / Macroéconomie

I. Introduction à la macroéconomie.

II. Détermination du revenu global.

III. Les déterminants de la consommation et de l'investissement.

IV. Fonction de demande globale et d'offre globale.

V. La monnaie et les actifs monétaires.

VI. L'équilibre sur le marché des biens et de la monnaie (le modèle IS-LM et l'équilibre global).

VII. L'analyse macroéconomique d'une économie fermée et d'une économie ouverte.

VIII. Les grands courants de la macroéconomie contemporaine (nouvelle école classique et nouvelle école keynésienne).

Objectifs de formation et programme d'initiation aux sciences économiques

I - Objectifs de formation

L'enseignement d'économie dispensé à titre facultatif dans les classes préparatoires économiques et commerciales option scientifique a pour objet d'initier les étudiants aux principaux éléments de l'analyse économique. Il doit permettre à ceux qui le suivront d'acquérir les notions, concepts et outils élémentaires, spécifiques à cette discipline, dont la connaissance est indispensable pour suivre avec profit des études commerciales.

II - Programme

Le programme porte sur les principes d'analyse microéconomique et macroéconomique. La répartition des thèmes entre la première et la seconde année tient compte des impératifs du calendrier des concours.

PREMIÈRE ANNÉE / Microéconomie et Comptabilité nationale

I - La science économique, objet et méthodes.

II - Microéconomie :

1. Principes élémentaires de la microéconomie.
2. La théorie économique du choix du consommateur.
3. La théorie économique du choix du producteur.
4. La formation des prix sur les marchés.

III - Éléments de Comptabilité nationale (secteurs institutionnels, opérations, comptes, tableaux, agrégats).

SECONDE ANNÉE / Macroéconomie

I - Les fondements de l'analyse macroéconomique.

II - Détermination du revenu global. Les déterminants de la consommation et de l'investissement.

III - Fonction de demande globale et d'offre globale.

IV - La monnaie et les actifs monétaires.

V - L'équilibre sur le marché des biens et de la monnaie (le modèle IS-LM et l'équilibre global).

VI - L'analyse macroéconomique d'une économie fermée et d'une économie ouverte.

Quelques commentaires sur les programmes

Avec la réforme des classes préparatoires engagée en 1995, qui porte le cursus à deux années, l'intitulé de programme devient « Analyse économique et historique des sociétés contemporaines ». La triple dimension économique, historique et sociale du programme est donc clairement affirmée, même si, comme le montrent les annales de sujets depuis une dizaine d'années, la dimension économique l'emporte assez nettement.

Ce passage à deux ans permet un approfondissement des thèmes abordés et évite, dans une large mesure, le risque de « bachotage ». De plus, sa progressivité permet à des étudiants provenant de la voie littéraire d'intégrer les notions fondamentales.

La grande nouveauté de ce nouveau programme concerne l'introduction de la microéconomie en première année et de la macroéconomie en seconde année : deux heures obligatoires pour la voie économique et une heure facultative en voie scientifique, afin de permettre les passerelles entre les classes préparatoires et l'université. Le programme de macroéconomie en seconde année s'intègre bien au cours d'analyse économique et historique et permet d'en approfondir les aspects théoriques (modèles classique et keynésien, IS-LM.). De plus, certaines écoles de commerce (ESCP en particulier), dont le concours d'admission comporte une épreuve orale d'économie, intègrent des sujets de microéconomie et de macroéconomie.

Annales et banques d'épreuves

Les pages suivantes présentent les annales de sujets des différentes banques d'épreuves des écoles de commerce.

Pour commencer, nous avons synthétisé dans un tableau les diverses banques, les écoles affiliées, et le type de sujet proposé. Nous n'avons pas indiqué le coefficient des épreuves, celui-ci pouvant varier d'une année à l'autre. Chaque école a sa propre conception des sujets, de leurs difficultés et des exigences nécessaires pour les traiter correctement. Mais, d'une manière générale, le programme est respecté dans son ensemble; il faut donc :

- maîtriser les deux années du programme;
- se préparer à traiter éventuellement des sujets assez nettement sociologiques;
- même si une forte majorité de sujets se situe après 1945, il faut se souvenir que l'arrière-plan historique sera toujours valorisé. C'est en tout cas ce qui ressort de la lecture des rapports de jurys.

Tableau récapitulatif des banques d'épreuves

École ou banque d'épreuves	École rattachée	Type d'épreuve
HEC	-	1 seul sujet
ESSEC	-	1 seul sujet
ESCP	ESCP	1 seul sujet
	ESC Lyon	
	EDHEC	
	ESC Grenoble	
	ESC Nantes	
	ESC Toulouse	
	IECS Strasbourg	
	INT Gestion	
ECRICOME	ESC Bordeaux	2 sujets
	ESC Marseille	
	ICN Nancy	
	ESC Reims	
	ESC Rouen	
Alliance ESC	ESC Dijon	
	ESC Le Havre-Caen	
	ESC Pau	
	ESC Poitiers	
	ESC Rennes	
	ESC Clermont	
Avenir ESC	ESC Lille	
	ESC Nice	
	ESC Tours	
	ESC Montpellier	2 sujets
	ESC Amiens	1 question principale
	ESC Brest	+
Autres ESC	ESC Chambéry	4 questions courtes
	ESC La Rochelle	
	ESC Saint-Étienne	
	ESC Troyes	
ESLSCA - ISC	ESLSCA	2 sujets
	ISC	
INSEEC	INSEEC Paris	1 sujet
	INSEEC Bordeaux	
Indépendantes	ESC Compiègne	1 sujet
	ESC Marne-La-Vallée	1 sujet
	ESG	2 sujets
	Hestrad	2 sujets
	ISCID	1 sujet
	ISG	1 sujet + 4 questions

Annales de sujets 1985 - 1997

HEC

1985 Le système monétaire international a beaucoup évolué du début de la décennie soixante à la fin des années soixante-dix. Quels problèmes économiques cette évolution a-t-elle soulevés ?

1986 Des changements importants ont affecté le marché du travail en France depuis la fin de la seconde guerre mondiale. Quelles en sont les conséquences économiques et sociales ?

1987 En comparant les situations spécifiques des années qui ont suivi les crises de 1929 et de 1974, vous analyserez le rôle du commerce international dans la diffusion, l'amplification ou la réduction des déséquilibres économiques.

1988 À la lumière de l'évolution de l'économie française depuis 1870, la croissance des dépenses publiques vous paraît-elle inéluctable ?

1989 En vous référant à des exemples précis des XIXe et XXe siècles, vous déterminerez si la croissance démographique est une condition nécessaire de la croissance économique.

1990 Les deux guerres mondiales ont provoqué de grands bouleversements économiques et sociaux dans les pays occidentaux. Dans quelle mesure le second après-guerre a-t-il tiré l'enseignement des échecs du premier ?

1991 Comparez le développement industriel et la croissance économique de la France et de l'Allemagne de 1880 à nos jours.

1992 Endettement international et croissance économique depuis un siècle.

1993 L'évolution des consommations privées et collectives dans le monde depuis un demi-siècle.

1994 Les modes de financement de l'investissement industriel dans les grands pays d'Amérique du Nord et d'Europe occidentale au XXe siècle.

1995 Les dynamiques de l'intégration économique européenne (à l'Ouest et à l'Est) depuis 1945.

1996 À la lumière de l'histoire récente des économies occidentales, en quoi la montée du chômage peut-elle être considérée comme un déséquilibre ?

1997 L'internationalisation des économies et son incidence sur la croissance et les fluctuations économiques depuis la fin du XIXe siècle.

1998 Développement économique et inégalités sociales dans les pays occidentaux depuis la fin du XIXe siècle.

ESSEC

1985 Le fort endettement de nombreux pays, le désir d'un retour rapide à des politiques économiques classiques en matière d'inflation et de budget vous paraissent-ils de nature à favoriser une crise économique comparable à celle des années trente ?

1986 La maîtrise du marché intérieur vous paraît-elle un point d'appui solide pour une croissance compétitive ? En prenant des exemples dans l'actualité mais aussi dans un passé récent, illustrez votre point de vue.

1987 Les enjeux et les obstacles de la mutation technologique.

1988 Jusqu'à quel point et par quels mécanismes, le système financier peut-il résoudre ou reporter dans le temps les déséquilibres réels ?

1989 Le passage d'un mode de régulation concurrentiel à un mode de régulation administré caractérise-t-il fidèlement l'évolution à long terme des systèmes économiques des pays capitalistes ?

1990 N'est-ce pas la solution à la crise des années trente qui est devenue la cause de la crise des années quatre-vingt ?

1991 Peut-on appliquer les modèles de croissance passés des nations occidentales développées aux problèmes de croissance réelle et potentielle des pays en voie de développement ?

1992 La vision de Galbraith d'une économie dominée par les grands groupes industriels décrit-elle avec réalisme la situation actuelle des structures économiques des pays développés ?

1993 Le GATT a-t-il favorisé la croissance depuis 1947 ?

1994 L'Europe sociale existe-t-elle ?

1995 Les puissances hégémoniques n'ont-elles pas abandonné les voies du progrès aux pays qu'elles dominaient en se déchargeant sur eux de certaines de leurs contraintes ?

1996 Avons-nous eu raison de construire notre société sur une association du secteur public et privé ?

1997 Redistribuer les revenus, est-ce un objectif légitime des gouvernements dans les pays industrialisés développés ?

1998 Toute crise économique n'apparaît-elle pas aussi comme une crise de l'analyse économique ?

ÉCOLE SUPÉRIEURE DE COMMERCE DE PARIS (ESCP)

1985 En 1933, dans son ouvrage intitulé *Essai de persuasion*, Keynes considérait que, lorsque le taux de prélèvements obligatoires sur la richesse nationale dépassera 25 %, on aura franchi le seuil au-delà duquel il y a remise en cause fondamentale du régime capitaliste. Aujourd'hui, les grandes nations capitalistes industrielles connaissent des taux de prélèvement obligatoires (impôts de toute nature plus cotisations de sécurité sociale) très nettement supérieurs. Dans quelle mesure cette évolution vous paraît-elle contredire l'affirmation de Keynes ?

1986 On explique fréquemment la forte croissance qu'ont connue les pays industrialisés à économie de marché, durant les trente années qui ont suivi la seconde guerre mondiale, par un mode de développement principalement fondé sur la production et la consommation de masse. Vous vous interrogerez sur le degré de pertinence de cette explication. Au regard de la crise économique et sociale actuelle, vous vous demanderez dans quelle mesure on peut parler de crise de ce mode de développement.

1987 La croissance de l'endettement international depuis 1974.

1988 « Néo-industriel », « postindustriel » sont aujourd'hui des expressions couramment utilisées pour caractériser l'évolution de la société. Vous analyserez, en les comparant, les activités économiques concernées des grands pays industrialisés.

1989 La contrainte extérieure de la France.

1990 Du tiers monde aux tiers mondes, une évolution s'est opérée depuis l'apparition de ce vocable. Vous analyserez le rôle des différentes stratégies de développement sur la transformation graduelle du concept de tiers monde.

1991 Le rôle des administrations publiques et de l'État en France au cours des trente dernières années.

1992 La France est parvenue au cours des années quatre-vingt à maîtriser l'inflation. Actuellement, certains économistes considèrent qu'une « relance » modérée de l'inflation serait plutôt bénéfique à notre économie. Dans quelle mesure cette opinion vous paraît-elle fondée ? Vous envisagerez cette question en étudiant très précisément l'impact à court et à moyen terme de l'inflation sur les principaux indicateurs économiques : commerce extérieur, croissance, chômage, pouvoir d'achat, investissement tant en France que dans les pays étrangers.

1993 Dans le cadre du traité de Maastricht, au 1er janvier 1999 au plus tard, l'écu deviendrait la monnaie unique européenne. À cette fin et dans cette perspective de convergence économique, différents critères devront être satisfaits par les pays désirant adhérer à la logique de la monnaie unique. Ces multiples paramètres permettent-ils de mesurer de façon satisfaisante les performances économiques des États aux différents stades de leur développement : décollage, début du siècle et période actuelle ?

1994 Est-il pertinent de mesurer le niveau de développement d'un pays par référence à l'état de son commerce extérieur ?

1995 Dans quelle mesure la répartition de la population active entre les secteurs primaire, secondaire et tertiaire peut-elle être considérée comme un indicateur du niveau de maturité d'une économie ?

1996 Sujet 1 : L'importance que l'on peut accorder au taux de l'intérêt dans la détermination des grands équilibres économiques a-t-elle évolué depuis le début du XXe siècle ?

Sujet 2 : Fin des années soixante, le Club de Rome préconisait l'objectif de croissance zéro pour les pays les plus développés. Dans le contexte actuel, les pouvoirs publics privilégient l'hypothèse d'un taux de croissance fort. Par référence aux objectifs et à la mise en œuvre de la politique économique, ce changement d'attitude vous paraît-il pertinent ?

1997 Les dépenses publiques favorisent-elles la croissance économique ?

1998 La place particulière du dollar dans le système monétaire international après 1944 a-t-elle favorisé et favorise-t-elle encore la croissance de l'économie mondiale ?

ECRICOME

1988 Sujet 1 : Les facteurs primaires de la croissance : évolution depuis la fin du XIXe siècle. Estimez-vous que ces seuls facteurs suffisent pour comprendre le phénomène de la croissance ?

Sujet 2 : Les transformations de l'économie comme facteur explicatif de la mutation de la société française de 1945 à aujourd'hui.

1989 Sujet 1 : Croissance, crise et protection sociale dans les grands pays capitalistes.

Sujet 2 : Quelles répercussions ont eu, sur les autres pays, les politiques économiques suivies aux États-Unis d'Amérique du Nord depuis 1944.

1990 Sujet 1 : « C'est en effet dans les campagnes, dans les dizaines de villages et de hameaux, là où vit encore l'immense majorité des habitants du tiers monde que se situent les enjeux essentiels de la lutte qu'il faut mener » (E. Pisani, préface de l'ouvrage de S. Michailof, *Les apprentis sorciers du développement, mythes technocratiques face à la pauvreté rurale*, Économica, 1987). À la lumière du texte d'Edgar Pisani, que penser des stratégies de développement pratiquées depuis 1945 et de leur bilan actuel ?

Sujet 2 : L'épargne et le crédit dans le financement de la croissance.

1991 Sujet 1 : Dans une large perspective historique, vous étudierez les relations entre l'innovation, l'emploi et la croissance dans l'économie de marché.

Sujet 2 : Étudiez l'influence des échanges internationaux sur la croissance depuis le milieu du XIXe siècle, dans le cadre des PDEM au programme.

1992 Sujet 1 : De la fin du XVIIIe siècle au début des années soixante-dix : caractères originaux de la croissance française.

Sujet 2 : Analysez les reprises économiques après les crises dans les pays capitalistes au XIXe et au XXe siècle.

1993 Sujet 1 : Les politiques monétaires et budgétaires dans les deux grandes crises du XXe siècle.

Sujet 2 : Les conditions et les transformations du travail dans la croissance des PDEM depuis le début du XXe siècle.

1994 Sujet 1 : Pourquoi l'économie de marché ne peut-elle se passer de l'intervention de l'État ?

Sujet 2 : La tendance à la régionalisation économique du monde va-t-elle dans le sens du protectionnisme ou du libre-échange ? L'histoire économique permet-elle de se faire une opinion à partir de ce qu'on connaît des objectifs et des effets des unions douanières, des zones monétaires et des organisations économiques régionales ?

1995 Sujet 1 : À l'heure de la mondialisation de l'économie, l'intégration économique et monétaire de l'Europe a-t-elle encore un sens ?

Sujet 2 : Les syndicats de salariés dans les pays capitalistes développés constituent-ils un contre-pouvoir depuis la fin du XIXe siècle ?

1996 Sujet 1 : Le phénomène de croissance apparu après la seconde guerre mondiale dans les pays développés à économie de marché doit-il être considéré comme une parenthèse dans l'histoire économique ?

Sujet 2 : L'échange international peut-il être toujours considéré comme un facteur de rattrapage ?

1997 Sujet 1 : Dans quelle mesure les expériences conduites au XXe siècle dans les pays capitalistes développés (PCD) et la situation actuelle peuvent-elles justifier la politique du franc fort ?

Sujet 2 : « Ce n'est pas parce que les firmes multinationales investissent en Afrique que cette dernière est sous-développée, c'est au contraire parce qu'elles n'y sont pas assez présentes ! » (Emmanuel Arghiri, in *Technologie appropriée ou technologie sous-développée*, PUF-IRM 1983). Cette citation d'Emmanuel Arghiri vous paraît-elle rendre compte du rôle des firmes multinationales (FMN) dans l'histoire du développement ?

1998 Sujet 1 : La recherche de la productivité est-elle une solution à la crise de l'emploi dans l'économie capitaliste ?

Sujet 2 : Peut-il exister une croissance sans épargne ?

ESLSCA-ISC

1992 Sujet 1 : Place et rôle des produits agricoles et agro-alimentaires dans les échanges internationaux depuis les années soixante.

Sujet 2 : L'évolution de la croissance économique de la RFA de 1949 à 1990.

1993 Sujet 1 : Le GATT a été, depuis sa création, le principal instrument de libération des échanges internationaux. En vous référant aux grandes négociations multilatérales organisées sous son égide, vous ferez le bilan de ses réussites et de ses échecs.

Sujet 2 : Au cours de la dernière décennie, le modèle soviétique de croissance s'est enlisé dans de multiples et graves difficultés. Vous analyserez les raisons de son échec final et vous évoquerez les problèmes du passage à l'économie de marché dans l'ex-URSS et dans les anciennes démocraties populaires.

1994 Sujet 1 : Consommation, épargne et investissement en France depuis le premier choc pétrolier.

Sujet 2 : L'évolution du capitalisme américain depuis 1945.

1995 Sujet 1 : Marché du travail et politiques de l'emploi en France depuis 1945.

Sujet 2 : L'Allemagne et le Japon sont-ils les locomotives de la croissance économique dans le monde ?

1996 Sujet 1 : Les crises du capitalisme au XXe siècle.

Sujet 2 : Les problèmes de libre concurrence depuis la grande crise des années trente.

1997 Sujet 1 : Les courants protectionnistes dans le monde depuis le début du XIXe siècle jusqu'à 1945, ont-ils réellement contribué à protéger les économies nationales ?

Sujet 2 : L'application des politiques keynésiennes dans les pays développés à économie de marché depuis 1945 a-t-elle connu plus de succès que d'échecs ?

INSTITUT DES HAUTES ÉTUDES ÉCONOMIQUES ET COMMERCIALES (INSEECom)

1988 Les prélèvements obligatoires, leur évolution et rôle dans les économies des pays développés à économie de marché.

1989 L'investissement et la croissance des pays développés à économie de marché.

1990 Les difficultés du syndicalisme dans les pays développés à économie de marché depuis les années soixante-dix : causes, manifestations, conséquences.

1991 Le déficit commercial des États-Unis depuis 1971 et ses implications pour l'économie mondiale.

1992 En 1991, le nombre de chômeurs a dépassé les 2,6 millions. La montée du chômage est-elle irrésistible en France ?

1994 Les dernières années ont vu les blocs commerciaux se multiplier. Ce phénomène vous semble-t-il favorable ou non au développement du libre-échange ? Les candidats pourront choisir leurs exemples non seulement dans la période récente, mais plus généralement dans l'histoire économique des XIXe et XXe siècles.

1995 Emploi et mondialisation des économies des PDEM depuis 1945.

1997 Dans quelle mesure le phénomène de multinationalisation des entreprises remet-il en question le rôle et l'action économique des États capitalistes depuis les années soixante-dix ?

2

Méthodologie de la dissertation

Présentation

Une dissertation est une démonstration : il s'agit de répondre à une question posée par une argumentation reposant sur la mobilisation des connaissances et éventuellement, sur l'analyse des documents accompagnant le sujet.

Comme toute démonstration, il y a une démarche intangible, à respecter absolument :

Introduction

Quel est le problème à étudier

↓

Développement

Argumentation, étude du problème à travers une problématique

↓

Conclusion

Bilan et réponse au problème posé

En fait, le travail de dissertation se déroule en trois étapes que nous allons analyser en détail.

Ces trois étapes sont :

- 1re étape : lecture et délimitation du sujet;
- 2e étape : l'élaboration d'une problématique permettant d'aboutir au plan détaillé;
- 3e étape : la rédaction.

Première étape

Lecture et délimitation du sujet

I. Comment se présentent les sujets ?

A. Du point de vue de la nature des sujets

De ce point de vue, la variété des sujets est assez grande et reflète bien la richesse et l'étendue du programme des deux années de classe préparatoire.

On peut distinguer :

- **Les sujets à dominante économique**, fondés sur l'analyse d'un mécanisme économique ou sur les effets d'une politique économique. Ils sont nettement dominants.

→ Exemple : *ESCO 1991 – L'économie française face à la contrainte extérieure.*

- **Les sujets à dominante sociologique, plus rares**

→ Exemple : *ESCAE 1985 – Monde ouvrier et classe ouvrière au début du* XX*e* *siècle et aujourd'hui.*

- **Les sujets à dominante historique**

→ Exemple : *De la fin du* XVIII*e* *siècle au début des années soixante-dix, les caractères originaux de la croissance française.*

Toutefois, cette distinction s'avère peu opératoire. La plupart des sujets, en fait, ont une dimension à la fois économique, historique et sociale. C'est, en tout cas, à l'avantage du candidat de savoir faire ressortir les différentes facettes d'un sujet.

B. Du point de vue de la forme des sujets

Il est possible de distinguer quatre grandes formes de sujets :

- **Les sujets à forme interrogative**, suggérant l'idée de débat et de discussion. Cet aspect est encore renforcé lorsque le sujet commence par l'expression « Dans quelle mesure ... ».

→ Exemple 1 : *ESSEC 1990 – N'est-ce pas la solution à la crise des années trente qui est devenue la cause de la crise des années quatre-vingt ?*

→ Exemple 2 : *ESCP 1995 – Dans quelle mesure la répartition de la population active entre les secteurs primaire, secondaire et tertiaire peut-elle être considérée comme un indicateur du niveau de développement d'une économie ?*

Dans ce type de sujet, ce sont surtout les qualités suivantes qui sont recherchées :

- capacité à restituer les éléments du débat, de la controverse ; l'arrière-plan théorique du sujet doit donc être valorisé ;
- capacité à confronter ce débat aux faits ;
- sens de la nuance ; dans la très grande majorité des cas, le débat ne peut être tranché définitivement.

• Les sujets d'analyse, à forme non interrogative

Il s'agit de sujets apparemment « dépassionnés », plus neutres, semblables à une « question de cours », d'où un aspect au départ plus rassurant.

→ Exemple 1 : *ESLSCA-ISC 1994 – L'évolution du capitalisme américain depuis 1945.*

→ Exemple 2 : *Ecricome 1993 – Les conditions et les transformations du travail dans la croissance des pays développés à économie de marché depuis le début du XXe siècle.*

Dans ce cas, l'effort porte sur la définition des termes du sujet et sur le champ à couvrir : approche théorique, aspects historiques, recherche d'une éventuelle périodisation...

En fait, derrière l'aspect rassurant d'une question de cours, ces sujets sont souvent difficiles à traiter en raison :

- de l'ampleur du thème souvent considérable (*cf.* exemple 1), ce qui nécessite de savoir faire ressortir ce qui est essentiel et d'éliminer l'accessoire : le sens de la synthèse est donc primordial ;
- la problématique est très rarement donnée par le libellé du sujet, d'où la nécessité de définir un angle d'attaque.

• Les sujets de type comparatif

Il s'agit de comparer :

- soit les évolutions de deux grands pays du programme et notamment de leurs performances respectives :

→ Exemple 1 : *ESLSCA 1990 – La croissance économique du Royaume-Uni et de la RFA de l'après-guerre à la crise des années soixante-dix : étude comparée.*

→ Exemple 2 : *HEC 1991 – Comparez le développement industriel et la croissance économique de la France et de l'Allemagne de 1880 à nos jours.*

- soit des politiques ou des mécanismes économiques à deux moments différents ;

→ Exemple : *ECRICOME 1993 – Les politiques monétaires et budgétaires dans les deux grandes crises du XXe siècle.*

– soit deux ou trois termes dont la réunion suggère un mécanisme économique ou une interaction dont il faudra analyser la portée.

→ Exemple 1 : *HEC 1992 – Endettement international et croissance économique.*

→ Exemple 2 : *ESG 1995 – Salaires et croissance.*

Dans ce cas, le travail préparatoire débutera par la reconstitution de ce mécanisme économique, en détail, afin d'en analyser les différentes implications. Un schéma de causalité peut être ici efficace.

→ Exemple : *ESG 1994 – Progrès technique et emploi.*

Ce sujet est entièrement construit sur les interactions entre ces deux éléments, qu'il faudra mettre en lumière, puis illustrer par l'histoire et l'actualité. Un ***schéma de causalité****, que le candidat effectuera* ***au brouillon*** *permet ici, à la fois de montrer les interactions entre progrès technique et emploi, et ainsi de distinguer les effets de court terme qui s'opposent aux effets de long terme, mettant sur la voie d' une possible problématique.*

Concrètement, comment lire et interpréter un sujet ?

– Souligner, crayon en main, les termes importants du sujet
– Les définir soigneusement
– De quel type de sujet s'agit-il ? (sujet comparatif, étude d'une évolution...)
Ceci fait, il faut alors délimiter le sujet dans le temps et dans l'espace.

- **Délimitation dans l'espace**

Le cadre spatial peut être donné directement par le sujet.

→ Exemple : *HEC 1991 – Comparez le développement industriel et la croissance économique de la France et de l'Allemagne de 1880 à nos jours.*

Il peut aussi s'agir d'un sujet avec cadre spatial centré sur un ensemble de pays, pays développés ou tiers monde :

→ Exemple : *ECRICOME 1989 – Croissance, crise et protection sociale dans les grands pays capitalistes.*

En ce cas, il est possible de privilégier le cas français, sans toutefois s'y limiter.

Enfin, le sujet ne repose sur aucun cadre spatial précis, il concerne alors l'ensemble des pays développés et du tiers monde.

→ Exemple : *ESLSCA 1987 – Commerce international et protectionnisme depuis le premier choc pétrolier.*

Le cas du tiers monde ne doit pas ici être laissé de côté.

- **Délimitation dans le temps**

Là encore, le cadre temporel peut être clairement défini par le sujet. Encore faut-il que le candidat s'interroge sur la signification de ce cadre temporel, ce qui peut donner d'utiles indications sur le sujet

→ Exemple : *ESCP 1991 – Le rôle des administrations publiques et de l'État en France au cours des trente dernières années.*

L'expression « trente dernières années » ramène le début de la période étudiée aux fondements de la Ve République (nouvelles institutions, volontarisme plus marqué, impératif industriel, politique de créneaux industriels... qui caractérisent bien l'action de l'Etat dans les années soixante).

Lorsqu'aucune indication temporelle n'est explicitement donnée, le candidat doit avoir à l'esprit que la capacité à replacer un sujet dans un cadre historique sera appréciée : les faits et les exemples seront donc choisis de manière à valoriser la culture historique et non seulement la connaissance de l'actualité.

→ Exemple : *ESSEC 1987 – Les enjeux et les obstacles de la mutation technologique.*

Sur un tel sujet, les exemples tirés de l'actualité abondent; mais savoir replacer ce sujet dans la perspective historique de la longue durée et donner des faits et des exemples empruntés à la première et à la seconde révolution industrielle sera apprécié.

II. La mobilisation des connaissances

Le sujet a été lu et interprété, le cadre spatio-temporel a été délimité. Il s'agit alors de procéder à la mobilisation des connaissances, c'est-à-dire la restitution des faits, analyses, théories, exemples, qui, une fois ordonnés permettront de répondre au sujet.

Un premier travail d'approche a été fourni par la lecture du sujet et la définition des termes principaux. La mobilisation des connaissances consiste à se poser quelques questions.

A. Quels sont les concepts, faits et analyses liés au sujet?

Il s'agit d'établir ici un certain nombre de connexions logiques entre les termes du sujet, de réagir aux termes, et confronter les faits aux théories.

- Rappels de cours. Quels chapitres? Quels mécanismes en jeu? Quelles interactions?
- Les faits historiques liés au sujet.
- L'éclairage de l'actualité.

Le candidat doit, dans un premier temps, jeter les idées au brouillon, sans ordre précis, en faisant appel à sa mémoire et à ses connaissances.

Puis, il faut ordonner ces éléments en opérant des connexions entre eux, en les confrontant avec les théories et en recherchant les exemples les plus éclairants.

B. Quels sont les aspects théoriques du sujet ?

Les rapports de jury déplorent souvent que de nombreux candidats n'ont pas une approche théorique suffisante des sujets et sont incapables d'en faire ressortir les enjeux dans le débat économique. Il s'agit donc de situer le sujet dans ce débat théorique en rappelant les oppositions des différentes écoles de pensée sur ce thème.

> ➜ Exemple : *ESCP 1997 – Les dépenses publiques sont-elles facteur de croissance économique ?*
>
> *La dimension théorique d'un tel sujet est évidemment importante. Le candidat doit donc s'efforcer de restituer, au brouillon, les principales oppositions théoriques sur ce thème. Ce qui pourrait se faire ainsi :*

Dépenses publiques

Conception keynésienne	***Conception libérale orthodoxe***
• *Les dépenses publiques sont une composante de la demande effective* • *Effet multiplicateur des dépenses publiques* • *Rôle anticyclique et stabilisateur automatique*	• *Dogme de l'équilibre budgétaire* • *Effet d'éviction - Théorème d'équivalence Ricardo-Barro* • *Inefficacité des politiques de relance par les dépenses publiques (règle de Lucas) en raison des phénomènes d'anticipation*

C. Le cas des sujets avec documents : comment les étudier et les intégrer ?

Depuis le concours 1997, les quelques écoles de commerce qui donnaient des sujets avec documents ont renoncé à inclure ces documents d'accompagnement aux sujets de dissertation.

Toutefois, cette situation n'étant peut-être pas définitive, il peut être profitable de savoir comment traiter ces documents le cas échéant.

Le candidat doit, en présence de documents :

– étudier ces documents afin d'en retirer des éléments de réflexion, des informations utiles ;

– intégrer ces éléments dans le corps de la dissertation.

Il y a donc trois règles à respecter :

– les documents ne peuvent pallier le manque de connaissances du candidat. Il est donc vain d'attendre des documents plus qu'ils ne peuvent donner. En tout état de cause, **il ne faut pas transformer la dissertation en un commentaire de documents** ;

– **les documents ont pour but d'illustrer une problématique**. Il n'est pas nécessaire de les utiliser tous dans les moindres détails ;

– il vaut mieux prendre le temps de réfléchir au sujet, voire de **disposer d'une problématique avant l'étude des documents**.

Ceci posé, comment procéder à l'étude des documents ?

Méthode conseillée
analyse des documents au brouillon en utilisant le tableau suivant :

Numéro du document	Quel est son contenu ?	Qu'apporte-t-il pour la dissertation ? Comment l'intégrer ?
1	Description et analyse du document Ne pas négliger la source (titre de livre, auteur, article...)	En quoi confirme-t-il ou infirme-t-il la problématique choisie ?
2	idem	idem
3	etc.	etc.

Les documents se présentent sous trois formes essentielles :

- **Les textes**, assez courts généralement

- **Les tableaux statistiques**

À simple ou double entrée, c'est le type de document le plus fréquent. Leur utilisation n'est pas toujours aisée en raison du nombre important de données que l'on y trouve parfois. Une erreur à éviter : le recopiage sous forme littéraire des données chiffrées du tableau dans la dissertation. Cela n'apporte strictement rien. Il s'agit, en fait :

– d'extraire les données essentielles venant prouver ou renforcer le raisonnement ;

– de repérer les tendances fondamentales ;

– de repérer, enfin, les éléments discordants ou atypiques qui peuvent donner lieu à une interprétation.

Il peut parfois être habile de traduire les évolutions chiffrées sous une forme plus parlante (indices ou taux de croissance, bien que, les calculatrices n'étant pas autorisées, il faille se limiter à quelques calculs).

→ Exemple : ECRICOME 1995 – Les syndicats de salariés dans les pays capitalistes développés constituent-ils un contre-pouvoir depuis la fin du XIXe siècle ?

L'annexe 3 de ce sujet était composée du tableau suivant :

Évolution de la syndicalisation des actifs salariés dans les pays de l'OCDE
Classement en fonction du taux de syndicalisation en 1989

	Effectifs en millions	Effectifs en millions	Effectifs en millions	Variation totale %	Variation totale %	Taux de syndicalisation	Taux de syndicalisation	Taux de syndicalisation
	1970	1980	1989	1970/79	1980/89	1970	1980	1989
Suède	2,5	3,5	3,9	36,9	10,6	74,2	89,5	96,1
Finlande	1	1,6	1,9	73,3	15,1	58,8	85,8	90
Danemark	1,1	1,8	2	57,1	13,2	62,2	91,4	86
Belgique	1,6	2,3	2,3	43,8	- 0,8	54,9	75,7	77,5
Italie	5,2	8,8	9,6	67,9	9,1	40,8	60,5	62,5
Irlande	0,4	0,5	0,5	28,7	- 12,9	59	63,4	58,4
Autriche	1,5	1,7	1,6	9,3	- 1	70,4	65,3	58,2
Luxembourg	0,05	0,07	0,08	37,5	4,2	46,8	52,2	49,7
Royaume-Uni	11,5	12,9	10,2	15,8	- 20,9	49,7	56,3	46,1
Allemagne	8,3	9,6	9,6	16,9	0	37,9	42,9	40,1
Canada	2,2	3,5	4	56,3	15,6	31,1	35,1	34,6
Pays-Bas	1,6	1,7	1,6	9,8	- 6	40,5	39,9	30,2
Portugal	0,7	1,7	1,5	128,4	- 12,4	59	58,8	30
Japon	11,6	12,4	12,2	6,6	- 1,1	35,1	31,1	26,8
Grèce	...	0,6	0,7	...	16,8	...	...	25
États-Unis	19,3	20,1	17	3,9	15,6	...	23	16,4
Espagne	...	1,7	1,2	...	- 31,7	...	22	...
France	3,5	3,4	2	- 4,9	- 41,9	22,3	19	12

Source : *OCDE - Perspectives de l'emploi - Juillet 1991*

Ce tableau montre une tendance générale à la stagnation, voire au déclin (surtout pour la période 1980-1989) des effectifs syndicaux sur vingt années.

Toutefois, on peut distinguer deux groupes de pays :

– les pays d'Europe du Nord, à très forts taux de syndicalisation, ont bien maintenu leurs effectifs; il s'agit de syndicats gestionnaires et coopératifs, liés au modèle de « capitalisme rhénan », issus de la tradition social-démocrate;

– un second groupe de pays, Allemagne, Pays-Bas, Japon, États-Unis ont vu une baisse sensible du taux de syndicalisation. Le Royaume-Uni, en particulier, a subi une érosion importante (effet de la politique sociale du gouvernement Thatcher) : l'explication réside sans doute dans la tertiairisation très forte de la structure économique de ces pays (en particulier les États-Unis). Or, ce secteur est nettement moins syndiqué;

– enfin, le cas de la France apparaît comme tout à fait singulier : c'est la lanterne rouge de l'OCDE, et ce, depuis 1970. Il y a bien une spécificité française en matière syndicale, et le modèle français apparaît comme le moins résistant face aux évolutions.

- **Les graphiques**

Là encore, il s'agit de repérer la tendance générale, puis d'analyser les éléments atypiques.

Bien lire les abscisses et les ordonnées.

Attention aux graphiques semi-logarithmiques.

→ Exemple : *ESCP 1986 - Dans quelle mesure peut-on parler de la crise actuelle comme d'une crise du mode de production fordiste ?*

Évolution des taux de rentabilité dans l'industrie

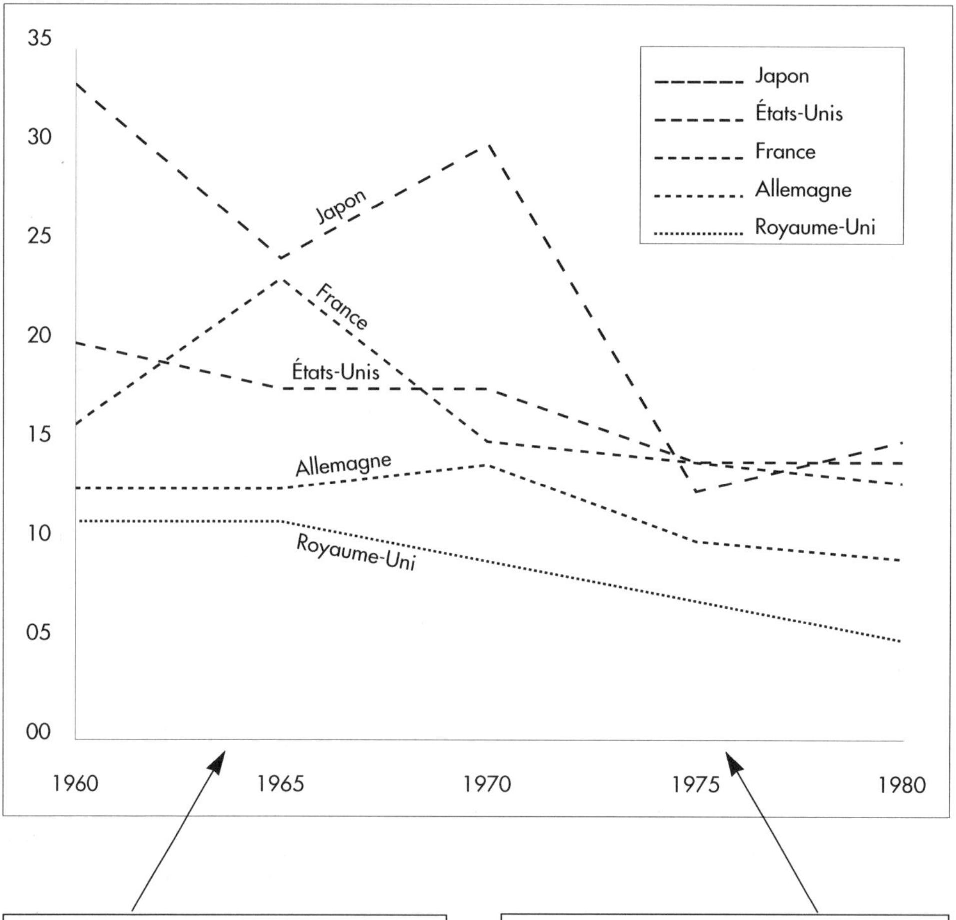

Que mesure ce graphique ?

Il s'agit du taux de rentabilité dans l'industrie, mesuré par le rapport « excédent brut d'exploitation sur valeur ajoutée ».

On peut constater que la chute de la rentabilité industrielle est amorcée dès les années soixante : **ce recul de la rentabilité précède donc la crise** ; elle est due à des causes internes : l'épuisement du mode de production fordiste en particulier.

Deuxième étape

Élaborer une problématique et un plan détaillé ...

À l'issue de la première étape, le candidat a analysé le sujet, rassemblé ses connaissances et étudié les éventuels documents. Il doit donc commencer à avoir une idée de la problématique qu'il compte mettre en œuvre pour traiter le sujet.

I. Qu'est-ce qu'une problématique ?

La problématique est le cœur de la dissertation. C'est le « fil rouge », la démarche intellectuelle qui ordonne les faits et les théories dans le but de proposer une réponse cohérente au sujet. La problématique consiste donc à soulever les problèmes et les débats contenus dans le sujet et à les restituer en les hiérarchisant et en les ordonnant. Elle fait donc appel aux qualités propres du candidat : sens de la synthèse, qualité des connaissances, maîtrise du discours et du vocabulaire propre aux sciences économiques et sociales.

Le plan n'est rien d'autre que la mise en œuvre d'une problématique.

Une bonne problématique doit avoir les qualités suivantes :

– elle doit faire le tour du sujet : elle doit donc tendre à l'exhaustivité et ne pas se limiter à un seul aspect du sujet ;

– elle doit être logique et ne pas receler de contradictions internes ;

– elle doit être nuancée : les éléments du débat théorique, les oppositions entre écoles de pensée doivent être restitués, ce qui n'exclut pas la prise de position. Un candidat peut faire valoir sa préférence pour telle ou telle approche théorique, ressentir une proximité ou une affinité pour l'analyse keynésienne ou libérale, mais ne doit pas traiter un sujet de manière partisane en occultant purement et simplement les autres analyses.

II. De la problématique au plan

A. L'élaboration de la problématique

La problématique donne évidemment le plan. Une technique simple et efficace, qui donne d'excellents résultats, consiste à résumer la problématique en une phrase qui sera coupée ensuite en deux ou trois parties qui donneront le plan.

➜ Exemple 1 : *HEC 1990 - Les deux guerres mondiales ont provoqué de grands bouleversements économiques et sociaux dans les pays occidentaux. Dans quelle mesure le second après-guerre a-t-il tiré les leçons du premier ?*

- *Une problématique possible pourrait être résumée ainsi :*

  L'après seconde guerre mondiale est caractérisée par une profonde remise en cause des fondements théoriques de l'économie de l'entre-deux-guerres et la mise en place de nouvelles institutions internationales, ce qui se traduit par de nouvelles pratiques en matière de politique économique et sociale, marquées par l'intervention déterminante de l'État. Mais un débat demeure : n'est-ce pas la crise de 1929 plutôt que la seconde guerre mondiale qui marque la rupture fondamentale ?

- *Ce qui donne le plan suivant :*

  I. Le second après-guerre est caractérisé par la remise en cause des fondements institutionnels et théoriques qui prévalaient dans l'entre-deux-guerres, et la mise en place de nouvelles bases.

  II. Cela se traduit par des orientations radicalement différentes en matière de politique économique et sociale, marquées par l'interventionnisme étatique.

  III. Mais un débat reste en suspens : n'est-ce pas plutôt la crise de 1929 qui marque la césure entre les deux périodes ?

  ➜ Exemple 2 : *Comment le niveau des taux d'intérêt a-t-il influé sur l'activité économique des pays développés depuis le début des années soixante ?*

- *Une problématique possible :*

  Les années soixante ont été caractérisées par des taux d'intérêt réels faibles qui ont stimulé la croissance, mais qui n'ont pas été dénués d'effets pervers; les années quatre-vingt marquent une nette rupture caractérisée par des taux d'intérêt élevés et l'irruption des taux d'intérêt dans la régulation macro-économique, imposant, dans un cadre de globalisation financière, de nouvelles contraintes macro-économiques.

- *Ce qui donne le plan suivant :*

  I. Les années soixante sont caractérisées par des taux d'intérêt réel faibles, propres à une économie d'endettement, qui ont stimulé la croissance économique, mais qui n'ont pas été dénués d'effets pervers.

  II. Les années quatre-vingt marquent une nette rupture caractérisée par des taux d'intérêt réels élevés qui ont accéléré la mise en place d'une économie de marchés financiers.

  III. Les taux d'intérêt élevés ont limité la croissance des années quatre-vingt-dix, d'où la volonté de les diminuer tout en gardant une stabilité des prix.

L'intérêt de cette méthode est triple :

- **la cohérence interne de la problématique est mieux assurée** : difficile de se contredire à l'intérieur d'une même phrase !
- **elle oblige à bien synthétiser** et à exprimer clairement le cheminement que l'on veut suivre ;
- **elle précise les différentes parties** et évite les plans trop sommaires.

B. La structure du plan

Le plan comporte deux ou trois parties avec, dans les deux cas, deux ou trois sous-parties. Les structures sont les suivantes :

1re partie 1. 2. 2e partie 1. 2.	1re partie 1. 2. 3. 2e partie 1. 2. 3.	1re partie 1. 2. 2e partie 1. 2. 3e partie 1. 2.	1re partie 1. 2. 3. 2e partie 1. 2. 3. 3e partie 1. 2. 3.

Ce qui correspond à deux ou trois parties et quatre à neuf sous-parties. Cette dernière solution en neuf sous-parties peut toutefois donner une impression d'émiettement du plan. Il ne s'agit pas d'interdire formellement les autres structures de plan, mais il faut bien reconnaître que la tradition universitaire française reste très attachée à ces structures qui ont le mérite de donner des dissertations équilibrées. Au reste, elles permettent de traiter tous les sujets dans un cadre précis qui ne bride pas l'expression des idées et permet au correcteur de se repérer, en évitant l'éparpillement en parties et en sous-parties innombrables.

C. Les catégories de plans

Une analyse approfondie des sujets et des problématiques possibles montre que, si l'originalité est toujours à rechercher, divers plans types peuvent permettre de traiter un sujet efficacement et sans perte de temps.

- **Le plan « faits - causes - conséquences » ou « comment - pourquoi - jusqu'où »**

C'est un très bon plan, clair et logique, qui permet de traiter un bon nombre de sujets de type « descriptif ». **Il ne doit jamais être utilisé tel quel**, mais adapté au sujet à traiter.

→ Exemple : *ESC 1998 - La mutation des structures du système financier depuis le milieu des années quatre-vingt en France.*

Plan possible :

I. La mutation des structures du système financier depuis le milieu des années quatre-vingt marque le passage d'une économie d'endettement vers une économie de marchés financiers. (Les faits.)

II. Cette nécessaire mutation résulte essentiellement d'une situation nouvelle née de la crise et du nouveau contexte économique et financier des années quatre-vingt marqué par la désinflation. (Les causes.)

III. Mais si cette évolution a conduit à une meilleure allocation des ressources en capital, elle n'est pas pour autant exempte de risques. (Les conséquences.)

- **Le plan « historique » ou chronologique**

Il concerne des sujets portant sur des phénomènes de longue durée. Dans ce cas, le plan en trois parties, apprécié par les historiens semble donner, le plus souvent, de bons résultats. Toute la difficulté consiste à périodiser judicieusement et surtout à justifier la périodisation choisie. Il faut donc éviter le plan qui se limite à donner les dates de périodisation sans aucune justification. Il est possible, lorsque le sujet s'y prête, de choisir la solution suivante :

I. Situation en début de période ; II. L'évolution ; III. Bilan en fin de période

→ Exemple : *ECRICOME 1992 - De la fin du XVIIIe siècle au début des années soixante-dix, caractères originaux de la croissance française.*

Plan proposé :

I. Un démarrage économique plus tardif que le modèle britannique, dû à des structures économiques et sociales plus lentes à évoluer et une forte proto-industrialisation.

II. La France du XIXe siècle jusqu'à la seconde guerre mondiale connaît une croissance moins vigoureuse et moins régulière que d'autres grands pays, ce qui la caractérise comme une économie de type intermédiaire.

III. Des années de forte croissance dues à des structures économiques et sociales relativement originales : colbertisme et économie mixte au cœur du « modèle français ».

- **Le plan comparatif**

C'est sans doute le type de plan le plus difficile à réussir. Il va sans dire qu'il faut absolument éviter de traiter les deux termes de la comparaison en deux parties distinctes. Ce plan est tout simplement catastrophique. Le plan « à tiroirs » est également mal adapté.

→ Exemple 1 : *Inédit - Peut-on comparer la croissance britannique à celle de la France au XIXe siècle ?*

Deux plans à éviter :

I. La croissance britannique II. La croissance française
ainsi que :
I. Le domaine économique ; II. Le domaine social ; III. Le domaine monétaire avec, en sous parties les deux pays à étudier. Ce sont des plans faibles, sans réelle problématique et qui ne démontrent rien.

On peut préférer largement le plan suivant :

I. Dès les débuts de la révolution industrielle, la Grande-Bretagne apparaît comme un modèle de croissance économique, la France connaissant un démarrage plus tardif et moins brillant.

II. L'évolution économique du XIXe siècle montre que les deux formes de croissance sont enracinées dans des structures économiques, sociales et mentales différentes.

III. Un bilan à la veille de la première guerre mondiale montre tout de même un rattrapage français lié à la seconde révolution industrielle et une économie anglaise en déclin.

➔ Exemple 2 : *HEC 1991 - Comparer le développement industriel et la croissance économique de la France et de l'Allemagne de 1880 à nos jours.*

Il s'agit ici, en fait, d'un sujet mixte : évolution de longue durée et comparaison, d'où cette proposition de plan :

I. La puissance allemande s'enracine dans la croissance industrielle de la fin du XIXe siècle, face à une France plus agricole et plus malthusienne (1880-1918).

II. L'entre-deux guerres révèle à la fois une sensibilité différente aux événements et des réponses différentes à la crise.

III. Après 1945, une croissance forte pour les deux pays, mais des voies diverses et des performances globales en faveur de l'Allemagne.

- **Lorsque le sujet porte sur une ou plusieurs politiques économiques**

Un plan simple et efficace pourrait être :

I. Les objectifs ; II. Les moyens ; III. Les résultats obtenus

➔ Exemple : *inédit - La politique monétaire française dans la crise actuelle.*

I. Les objectifs de la politique monétaire ont évolué, ainsi que les fondements théoriques : de l'objectif de taux d'intérêt à l'objectif de masse monétaire.

II. Les moyens d'action de la politique monétaire reflètent cette évolution.

III. Après une période de tâtonnements (années soixante-dix), des résultats flatteurs en matière de désinflation, mais au prix de nouvelles contraintes.

- **Le plan dialectique**

Il s'agit du célèbre plan « thèse - antithèse - synthèse », bien connu et bien adapté aux sujets philosophiques, mais assez peu commode en économie. La partie « synthèse » est la plus difficile à réussir pour les candidats. Souvent, ce type de plan peut se limiter à une structure en deux parties du type :

I. Oui, on peut dire que (ou non, on ne peut pas dire que) ; II. Mais, toutefois.

➔ Exemple 1 : *ESSEC 1994 - L'Europe sociale existe-t-elle ?*

On peut adopter le plan suivant :

I. Thèse : L'Europe s'est constituée par l'intégration économique et monétaire : le social reste « la jambe boiteuse de l'Europe ».

II. Antithèse : Toutefois, des avancées sociales ont eu lieu.

III. Synthèse : L'intégration économique ne pourra être viable que si l'Europe sociale progresse : c'est le futur grand chantier européen après le passage à la monnaie unique.

→ Exemple 2 : *HEC 1989 - En vous référant à des exemples précis des XIXe et XXe siècles, vous déterminerez si la croissance démographique est une condition nécessaire de la croissance économique.*

Plan proposé :

I. Thèse : Historiquement, et dans le cas des pays développés, la croissance démographique a été une condition préalable au décollage et a accompagné la croissance économique.

II. Antithèse : Mais l'exemple des pays en développement montre que la croissance démographique peut constituer un frein considérable au développement.

III. Synthèse : La croisance démographique n'est un facteur de croissance économique que lorsque d'autres conditions de croissance (épargne, demande...) sont réunies.

- **Les plans du type « mise en relation »**

Ces plans s'adaptent à des sujets construits autour de la mise en relation de deux ou trois notions, et donc fondés sur les interactions entre ces éléments. Un schéma de causalité bien fait permet de bien analyser ces interactions.

→ Exemple 1 : *ESCO 1989 - Taux de change et balance commerciale depuis 1945.*

Plan proposé :

I. L'enseignement de la théorie : courbe en J et élasticités critiques.

II. Jusqu'aux années soixante-dix, l'existence d'un SMI à taux de changes fixes (Bretton Woods) limite l'action sur la balance commerciale par les taux de change.

III. Avec l'entrée dans un système de changes flexibles et la mondialisation, la balance commerciale est devenue un élément fondamental de la politique économique et les taux de change une variable clé.

→ Exemple 2 : *ESG 1994 - Progrès technique et emploi.*

Plan proposé :

I. À court terme, le progrès technique est plutôt destructeur d'emploi.

II. Mais à long terme, les effets secondaires du progrès technique sont favorables à l'emploi, tout en en modifiant profondément la nature.

Attention : la relation entre les éléments peut être univoque ; dans ce cas, l'interaction se fait à sens unique.

→ Exemple 3 : *INSEEC 1995 - Emploi et mondialisation des économies des PDEM depuis 1945.*

Ici, il n'y a pas interrelation, mais relation univoque : c'est la mondialisation qui agit sur l'emploi, et non l'inverse.

Plan proposé :

I. Jusqu'au début des années quatre-vingt, le degré d'ouverture relativement faible des économies permettait des politiques autonomes en matière d'emploi...

II. ... mais avec la nouvelle conjoncture des années quatre-vingt et le processus de mondialisation, l'emploi est devenu une variable d'ajustement dans la compétition internationale...

III. ... ce qui entraîne une remise en cause radicale du pacte social sur l'emploi qui prévalait depuis 1945.

Troisième étape

La rédaction

Le sujet a été cerné, les connaissances mobilisées, un plan détaillé a été élaboré : c'est maintenant l'étape décisive de la rédaction du devoir. Celle-ci se fera en deux temps :

– la rédaction de l'intégralité de l'introduction et de la conclusion au brouillon ;

– le passage direct du plan détaillé à la rédaction du développement.

I. L'introduction

L'introduction est un élément fondamental de la dissertation : elle constitue le premier contact entre le candidat et le correcteur, et crée, d'emblée, une impression d'ensemble qui doit être la plus favorable possible. Il faut donc apporter beaucoup de soin à sa rédaction.

Le but de l'introduction est double :

– présenter et cerner le sujet (champ d'analyse, repères temporels...) et éviter ainsi le hors-sujet ;

– présenter le plan.

Une introduction présente trois parties : on commence par une phrase d'« accroche », puis on cerne le sujet, enfin on présente le plan. L'introduction va ainsi du plus large au plus précis. Sa structure est donc la suivante :

« Accroche » : retenir l'attention du correcteur
▼
Présenter et cerner le sujet
▼
Présenter le plan

Précisons ces trois éléments :

● **L'« accroche »**

Elle fait appel aux qualités de style du candidat. Elle peut être basée sur :

– une citation bien choisie dans le contexte du sujet ;

➔ Exemple : *ESCP 1997 - Les dépenses publiques sont-elles favorables à la croissance économique ?*

Dans son livre de 1944 intitulé Du travail pour tous dans une société libre, *Lord Beveridge écrivait : « À l'avenir, l'État aura la charge d'une nouvelle fonction publique. Il doit effectuer un décaissement total suffisant pour protéger ses citoyens contre un chômage massif, aussi énergiquement qu'il lui appartient de les défendre contre le vol et la violence ». Par ces mots, le fondateur de la protection sociale anglaise définit un nouveau champ d'intervention de l'État.*

– un paradoxe particulièrement éclairant pour le sujet ;
– un événement tiré de l'actualité ;
– une donnée statistique ;
– ou plus simplement, on peut replacer le sujet dans le cadre du débat théorique ou de l'origine de la question à étudier.

- **Présenter et cerner le sujet**

Il s'agit de présenter le sujet dans les termes de la question posée (le candidat peut se fixer comme règle que le correcteur ne connaît pas, a priori, le sujet) et de fixer les limites d'analyse.

- **La présentation du plan**

Elle doit être claire et parfaitement explicite. Le correcteur ne doit avoir aucun doute sur le nombre de parties. Une méthode simple et efficace (même si elle n'est pas d'une grande élégance stylistique!) consiste à utiliser le mot « partie » : « Nous analyserons dans une première partie…, puis dans une seconde partie, nous étudierons… »

→ Exemple : *une introduction entièrement rédigée*

Sujet : Le vieillissement de la population est-il facteur de déclin économique ?

Le vieillissement de la population est, on le sait aujourd'hui, un phénomène inéluctable dans la plupart des pays occidentaux. Trente années de faible fécondité, qui sont désormais derrière nous, et l'allongement de l'espérance de vie, se sont conjugués pour entraîner une nette dégradation du rapport actifs/inactifs. Ainsi, l'âge médian, en France, qui est actuellement de 33 ans, passera en l'an 2000 à environ 38 ans.

Cette situation suscite généralement des commentaires attristés, fatalistes, voire franchement catastrophistes. Ainsi, il est fréquent, en même temps que de signaler ce vieillissement, de le comparer à la vitalité démographique du tiers monde.

« Accroche »

Utilisation d'une statistique éclairant le phénomène de vieillissement

Et, par voie de conséquence, la question du vieillissement est souvent associée à l'idée de déclin économique des pays occidentaux. Un lien est ainsi établi, qui semble lier fortement poussée démographique et croissance et, a contrario, vieillissement et déclin. Il est vrai que l'histoire peut fournir des exemples éclairants : la croissance des Trente Glorieuses, en France, a bénéficié indéniablement d'une stimulation de la demande due à la poussée démographique; à l'inverse, la faiblesse démographique et le malthusianisme français au XIXe siècle expliquent en partie ses performances économiques moins brillantes que celles de l'Allemagne ou de la Grande-Bretagne. Toutefois, c'est la notion même de déclin économique qui pose problème. C'est, pour le moins, une notion imprécise. Quels indicateurs de déclin? Déclin par rapport à quoi?

Présenter et cerner le sujet

Le vieillissement de la population est un phénomène inéluctable qui, en première analyse, peut apparaître comme un facteur de déclin économique pour les pays occidentaux (1re partie), mais une analyse plus approfondie, et notamment une critique de cette notion de déclin montrent que le lien de causalité entre vieillissement et déclin est loin d'être définitivement établi (2e partie).

Présentation explicite du plan

II. Le développement : les règles à respecter

● Le développement doit respecter un équilibre entre les parties. **Le plan ne doit pas être apparent : pas de titres ou de sous-titres** placés au début de chaque partie ou sous-partie. Il faut pouvoir rédiger directement au propre à partir du plan détaillé. Seules l'introduction et la conclusion sont rédigées au brouillon.

La copie doit être aérée : le repérage des parties doit être aisé. Le candidat peut procéder ainsi :

1re page

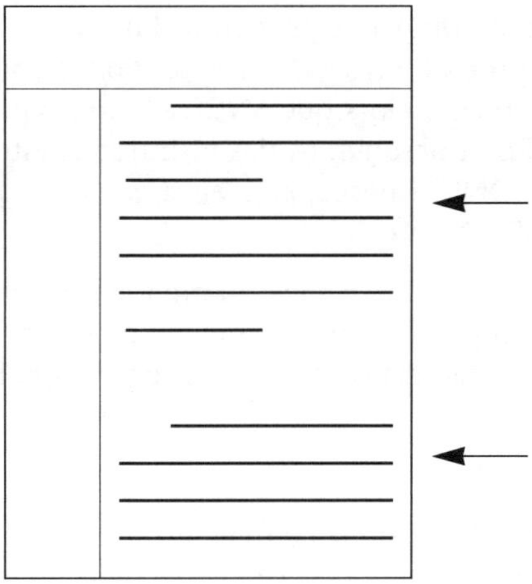

Introduction

– Commencez en retrait

– Allez à la ligne pour chaque partie de l'introduction

Aérez votre copie

– Laissez par exemple deux lignes entre l'introduction et la première partie

Pages suivantes

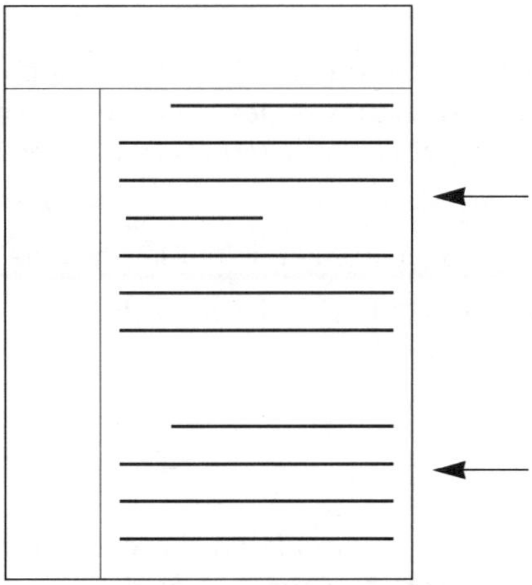

– Allez à la ligne pour chaque sous-partie

– Laissez par exemple deux lignes entre chaque partie et entre le développement et la conclusion

● Orthographe et soin

Les correcteurs se plaignent constamment du manque de soin (ratures, surcharges...) des copies et surtout de l'orthographe. Certains correcteurs enlèvent 1 ou 2 points pour cause d'orthographe déficiente et/ou non respect des règles de grammaire. De plus, l'impression laissée par une copie remplie de fautes est désastreuse. Il faut surtout faire attention aux noms propres. Or, l'expérience montre qu'une relecture attentive permet d'éliminer une bonne partie des fautes d'inattention. Cinq minutes de relecture sont donc un bonne habitude à prendre et, finalement, un bon investissement.

- Noms d'auteur (en majuscules à la 1re occurrence)

- Les abréviations

Il faut bannir absolument l'usage des abréviations « personnelles » ; par exemple « Ction » pour « consommation » ou « Cisme » pour « capitalisme ». Outre l'impression de paresse, il existe un risque de mauvaise compréhension.

Par contre, les sigles et les acronymes sont admis lorsqu'ils sont d'un usage courant et reconnu. (Rappelons qu'un acronyme est un sigle qui se prononce comme un mot ordinaire : GATT, par exemple, ou Ecu, alors que SNCF est un sigle). On pourra ainsi utiliser couramment les sigles et acronymes des institutions internationales : GATT (ou Agetac), FMI, OCDE, ONU, Unesco, etc., ainsi que les regroupements de pays : PVD, PMA, ALENA, ASEAN, etc.

Si une expression revient très souvent, et si elle peut sans dommage être simplifiée, on pourra utiliser son sigle. Par exemple « Réduction du temps de travail » peut être simplifié en R.T.T., à condition de bien la préciser dans son intégralité la première fois.

- Les graphiques

Il faut absolument éviter leur prolifération. Un ou deux au maximum, et ils ne doivent pas faire l'économie d'une explication. On pourra par exemple, dans un sujet sur les dépenses publiques, tracer une courbe de Laffer, ou, dans un sujet sur les politiques économiques, une courbe de Phillips.

- Les citations

Une citation bien placée et qui illustre bien un fait ou une théorie sera appréciée par le correcteur. Il faut toutefois respecter quelques règles : mettre des guillemets, citer l'auteur et/ou la source, ne pas multiplier les citations (on donne alors l'impression de faire étalage d'érudition).

Si la citation provient d'un document fourni avec le sujet, il faut le préciser.

Si l'on fait référence à un livre, préciser, si possible l'auteur et la date ; on peut éventuellement souligner le titre.

III. La conclusion

Une erreur fréquente consiste à rédiger la conclusion à la fin du temps imparti, sans brouillon préalable, et avec l'idée qu'il sera toujours temps de s'y mettre. D'où le nombre important de conclusions bâclées et sans intérêt.

En fait :

– il est préférable de la rédiger intégralement au brouillon, à l'issue du plan détaillé et avec l'introduction ;

– la conclusion doit être structurée un peu à l'inverse d'une introduction : partir du sujet et élargir le propos.

Bilan rapide de la dissertation

▼

Réponse à la question et/ou prise de position nuancée

▼

Finir en élargissant le sujet à une question plus vaste

→ Exemple : *HEC 1991 - Comparer le développement industriel et la croissance économique de la France et de l'Allemagne de 1880 à nos jours.*

La comparaison entre la France et l'Allemagne confirme bien que les voies de développement sont multiples et qu'il n'y a pas un seul modèle de capitalisme. Pays à développement plus tardif, l'Allemagne rattrape la France à la fin du XIXe siècle et ses structures industrielles, plus concentrées, tirent davantage profit de la seconde révolution industrielle. La croissance économique d'après-guerre, si elle est forte pour les deux pays, se déroule dans des contextes sensiblement différents. La construction européenne et le traité de Maastricht, puissants leviers de convergence, tendent aujourd'hui à estomper les différences entre les deux pays.

Bilan rapide du devoir

Ce qui semble bien s'imposer à l'issue de cette dissertation, c'est bien l'image de la réussite allemande. Sans négliger les performances françaises, bien réelles durant les Trente Glorieuses, sans négliger la place conséquente de la France dans les échanges mondiaux, force est de constater que l'économie allemande a su s'élever au rang de modèle et possède une force d'attraction considérable sur l'ensemble de l'Europe.

Réponse et prise de position

Mais l'exercice de la comparaison a aussi ses limites. Au-delà de la compétition qui est la règle dans les économies capitalistes, il y a aussi et surtout deux nations qui ont réussi à transcender un antagonisme séculaire, une histoire faite de bruit et de fureur, pour constituer la pierre angulaire de la construction européenne. Et c'est bien là, finalement, l'essentiel.

Élargir le propos

IV. Le cas de l'épreuve Alliance et Avenir

Depuis le concours 1997, un certain nombre d'écoles supérieures de commerce ont décidé de créer deux réseaux pour mettre en place des concours communs :

- le réseau Alliance regroupe 5 ESC : Dijon, Le Havre, Pau, Poitiers et Rennes ;
- le réseau Avenir regroupe 4 ESC : Clermont-Ferrand, Lille, Nice et Tours.

Ces deux réseaux ont une épreuve commune d'analyse économique et historique des sociétés contemporaines, qui se distingue nettement des autres. Le candidat a le choix entre deux sujets, sans documents, chacun étant composé ainsi :

- une question principale, donnant lieu à une dissertation de 4 pages environ, notée sur 10 ;
- 4 questions de cours qu'il faut traiter en 20 lignes chacune environ et portant sur des thèmes précis de l'ensemble des deux années de classe préparatoire.

Pour l'année 1997, les sujets étaient :

Sujet 1

A. Dissertation
Comment et pourquoi l'intervention publique dans le champ économique s'est-elle transformée depuis les années soixante-dix dans les pays développés ?

B. Questions de cours

1. Avantages et inconvénients de l'insertion dans les échanges internationaux pour les PED (pays en développement).
2. En quoi et pourquoi la politique monétaire a-t-elle changé en France dans les années quatre-vingt ?
3. La mise en place de l'État-providence dans les pays capitalistes avant 1950.
4. Caractériser les différences entre décollage britannique et décollage des pays suiveurs.

Sujet 2

A. Dissertation
Le libre-échange, mythe ou réalité depuis 1947 ?

B. Questions de cours

1. Atouts et faiblesses des PME depuis les années soixante-dix en France.
2. Les outils de l'intervention conjoncturelle de l'État en France : nature et évolution de 1945 à la fin des années soixante-dix.
3. La déflation : définition, origines et conséquences financières dans les années trente.
4. Le progrès technique dans les théories de la croissance.

Pour l'année 1998, les sujets étaient :

Sujet 1

A. Dissertation
Échanges internationaux de marchandises et développement économique depuis le milieu du XIXe siècle jusqu'à nos jours.

B. Questions de cours

1. En vous basant sur l'exemple des « cadres », montrez les différences entre la notion de CSP (catégorie socioprofessionnelle) et celle de classe sociale.
2. En quoi l'euro est-il issu des lacunes et des dysfonctionnements du système monétaire international ?
3. Montrez que les notions de bien public (au sens des économistes) et d'externalités fondent des justifications de l'intervention de l'État.
4. Le budget de l'État est-il encore en France dans les années quatre-vingt-dix un levier de politique économique ?

Sujet 2

A. Dissertation
La mutation des structures du système financier depuis le milieu des années quatre-vingt en France.

B. Questions de cours

1. La montée des couches moyennes fait-elle disparaître les classes sociales en France ?
2. Qu'entend-on par « coûts de la non-Europe » ?
3. Expliquer l'accélération de la concentration économique à la fin du XIXe siècle.
4. L'évolution du rôle du FML.

La dissertation ne pose pas de problème particulier, il faut simplement veiller à ne pas prendre trop de temps et respecter le principe : deux heures pour la dissertation, deux heures pour les questions de cours.

Pour les questions de cours, le sens de la synthèse est primordial, le temps imparti étant bref : 1/2 heure par question de cours. Il faut donc pouvoir dire l'essentiel en 20 lignes. Pour cela :

- limiter les exemples (1 ou 2, pas plus) ;
- faire ressortir l'argument essentiel ;
- faire ressortir les mots, termes, définitions importants; il faudra tout de même construire la réponse comme une petite dissertation, en suivant une problématique, même si celle-ci ne peut être très élaborée. Vous pouvez vous reporter aux corrigés de dissertation pour trouver les sujets 1997 entièrement rédigés.

V. Proposition de gestion du temps pour un sujet de 4 heures

Temps utilisé	Activité
de 5 à 10 mn	Lecture approfondie du sujet Souligner les termes importants Opérer, le cas échéant, un choix entre les deux sujets
de 50 mn à 1 h 10 mn	Mobilisation des connaissances et, éventuellement, étude des documents
10 à 20 mn	Mise au point de la problématique
40 mn à 1 h	Rédaction de l'introduction et de la conclusion au brouillon Mise au point du plan détaillé
1 h 30 mn à 2 h	Rédaction de la dissertation
5 à 10 mn	Relecture

Exemple de copie

Il s'agit d'une copie ayant obtenu 17,5/20 au concours ESSEC 1995. Observations du correcteur : « Très bonne analyse du sujet. Bien compris. Des connaissances bien exploitées. Un style clair et une bonne argumentation. »

> *Sujet : Les puissances hégémoniques n'ont-elles pas abandonné les voies du progrès aux pays qu'elles dominaient en se déchargeant sur eux de certaines de leurs contraintes ?*

L'historien Paul Kennedy, dans son ouvrage intitulé « The rise and fall of great powers » (1988), annonce que l'Amérique s'est engagée sur la pente d'un déclin inéluctable et qu'elle est sur le point d'être rattrapée par les puissances qu'elle a favorisé après la seconde guerre mondiale. Comparant avec l'Espagne du temps de la conquête de l'or, il affirme que « chaque fois qu'une grande puissance se lance dans des dispositions internationales supérieures à ses capacités, elle précipite sa déchéance ».

Les puissances hégémoniques occidentales qui ont dominé le monde ces deux derniers siècles – les empires britannique et français, puis les États-Unis, et, dans une certaine mesure l'URSS – n'ont-ils pas, en définitive, été contraints de céder une partie de leurs prérogatives économiques et politiques au profit des nations qu'elles dominaient ? Celles-ci ont alors hérité d'une partie de la culture, des cadres économiques et politiques qui avaient contribué à élaborer une grande puissance. Il ne reste plus aux plus aptes de ces pays de second rang qu'à les appliquer et à prendre le chemin des « voies du progrès », c'est-à-dire de la croissance et du développement auto-entretenus, de la puissance.

Cependant, le fait d'accepter cette conception de l'évolution internationale n'implique-t-il pas la croyance à un paradoxe qui animerait les superpuissances : une fois parvenues à ce stade de développement, les contraintes et les responsabilités devenues trop grandes pour que les pays puissent conserver leur avance, elles n'ont d'autre alternative que de se résigner à l'acceptation de la montée en puissance de nouveaux concurrents (1re partie). Pourtant ce partage de prérogatives, si il allège les contraintes des puissances hégémoniques, ne constitue pas un signe avant-coureur d'un déclin véritable : bien au contraire, tout en favorisant le développement du monde périphérique, il permet souvent, si ce n'est de redonner un nouveau souffle à la grande puissance, de lui permettre de continuer d'exister en l'allégeant d'un poids qui aurait contribué à sa chute (2e partie).

Comme nous le rappelle l'histoire, les puissances hégémoniques semblent vouées au déclin. L'Angleterre, pays de la révolution industrielle et principale puissance hégémonique du XIXe siècle, a perdu son rang au cours des guerres du XXe siècle : durant la période de prospérité des Trente Glorieuses, son économie est la moins dynamique des pays industriels ; elle est surnommée « l'homme malade de l'Europe ». C'est une de ses anciennes colonies, l'Amérique, qui lui a succédé sur le devant de la scène internationale.

Les pays de la révolution industrielle peuvent être considérés en avance sur leur temps et sur leurs concurrents : ainsi l'Angleterre fut-elle la pionnière dans les techniques employées au début de la révolution industrielle ; il a fallu modifier la législation sur le travail, le commerce, le libre-échange (l'abolition des Corn Laws en 1844 par Robert Peel marque le début du libre-échange), la propriété. Les évolutions de la société sont lentes, les transformations de l'environnement économique difficiles. Mais comme le montre la théorie de Gerschenkron, le rattrapage économique par les pays non encore touchés par la révolution industrielle est toujours plus bref que le chemin initialement parcouru par les États fondateurs de la révolution industrielle. Si la révolution industrielle a duré initialement plusieurs décennies pour l'Angleterre, l'Allemagne passe du stade quasiment rural à une puissance industrielle en une trentaine d'années. Aujourd'hui, certains nouveaux pays industrialisés d'Asie (NPIA) effectuent ce passage en une décennie et ces nouveaux « tigres » sont en mesure de concurrencer les secteurs traditionnellement dominés par les grands PDEM.

Les inégalités entre États peuvent être source de progrès. La puissance capitaliste la plus avancée est, comme le constate en 1958 J.K. Galbraith dans « La société d'abondance », l'Amérique. En tant que superpuissance industrielle devançant tous ses partenaires et concurrents, c'est elle qui va pénétrer la première dans ce que

Daniel Bell appelait la « société postindustrielle » : le poids relatif de l'industrie allait désormais décliner pour être remplacé par le secteur des services et des loisirs. Certes, la taille de l'appareil industriel n'a pas diminué pour autant, mais la montée des coûts de production dans les PDEM va favoriser la délocalisation industrielle au profit des pays à bas salaires, comme l'a montré R. Vernon avec la théorie du cycle du produit. Grâce à la division internationale du travail (DIT), des pays jusque-là épargnés par le processus d'industrialisation vont pouvoir mettre à contribution leurs avantages comparatifs reposant notamment sur les bas salaires. Mais, ce faisant, une puissance industrielle subit la perte d'un secteur qui, contrairement au secteur tertiaire est fortement générateur de gains de productivité. Or, ceux-ci sont, comme le rappelle Peter Drucker, le « pape du management », à la base de la poursuite du développement, des prestations sociales, de la baisse du temps de travail, de l'augmentation non inflationniste du pouvoir d'achat.

Au lendemain du second conflit mondial, les États-Unis prennent conscience de leur leadership ; contrairement au lendemain de la première guerre mondiale, ils acceptent de jouer leur rôle de puissance hégémonique. Ils abolissent la vieille loi qui, jusque-là, les empêchait d'avoir durablement une influence hors de leurs frontières. Ils se veulent les réorganisateurs du monde libre, imposent leurs vues en ce qui concerne l'ONU, mais surtout l'hégémonie du dollar lors des accords de Bretton Woods (juillet 1944). À ce moment-là, les États-Unis dominent l'économie mondiale avec la moitié de la production mondiale et la maîtrise du commerce international. Mais, face à la guerre froide, ils se doivent de réagir par la doctrine Truman, dite de l'endiguement du communisme, autre puissance hégémonique dont Tocqueville déjà pressentait la montée (Russie). Le plan Marshall aide à la reconstruction du continent européen. Le plan Morgenthau qui devait faire de l'Allemagne un pays rural est oublié : il faut fonder le monde occidental sur la prospérité afin qu'il ne soit pas enclin au communisme. Mais, ce faisant, l'Amérique, en exerçant son influence hégémonique va favoriser le relèvement de l'Allemagne, du Japon, qui deviendront de farouches concurrents économiques. Les dévaluations des monnaies européennes, comme celle de la livre en 1949 fait décroître la compétitivité de l'industrie américaine au profit de ses concurrents.

Et, s'il y a un domaine où les États-Unis ont dû subir une contrainte bientôt insupportable, c'est sur le plan monétaire : si les accords de Bretton Woods consacrent dans l'immédiat après-guerre le « roi-dollar », si les États-Unis peuvent financer leurs déficits dans leur propre monnaie (c'est le « déficit sans pleurs » qu'évoque J. Rueff), ce n'est pas sans une forte contrainte relevée par R. Triffin dans son fameux paradoxe : le dollar est convertible en or, mais la multiplication de l'émission monétaire en dollars, notamment par le biais des eurodollars va entamer la confiance des banques du monde entier, qui convertissent leurs avoirs en dollars contre de l'or au cours fixé à Bretton Woods de 35 dollars l'once d'or. Lorsque la situation deviendra intenable, Richard Nixon prendra, sans concertation préalable, la décision de suspendre la convertibilité-or du dollar (15 août 1971) et de le dévaluer, entrant ainsi, selon le mot de François Rachline, dans la « modernité monétaire ».

Si les puissances hégémoniques sont contraintes d'abandonner bon nombre de prérogatives aux pays qu'elles dominaient, cela ne conduit, la plupart du temps, qu'à un déclin relatif.

En effet, l'histoire contemporaine semble plutôt donner tort à ceux qui comme Lutwak, un ancien conseiller du président Reagan, affirment, dans les colonnes de Newsweek, que les États-Unis sont menacés de devenir, à terme, un pays du tiers monde. Plutôt qu'un véritable déclin, il s'agit davantage d'un déclin relatif de cette grande puissance hégémonique ; si elle est rattrapée par ses principaux concurrents, l'Amérique n'en demeure pas moins le bras armé de l'Occident, la principale puissance économique et financière de la planète.

Certes, la productivité américaine s'est accrue moins rapidement que celle de ses principaux concurrents au cours des Trente Glorieuses, mais cela s'explique surtout par un phénomène de rattrapage.

Plutôt que d'accélérer son déclin, la mise en place des changes flottants a donné à l'Amérique une arme pour défendre sa compétitivité. Alors la hausse du dollar bat des records dans la première moitié des années quatre-vingt (il atteindra 10,21 F en mars 1985), ce phénomène oblige l'industrie américaine à renouveler son appareil de production, qui sera ainsi prêt à exporter avec la forte décrue du cours du billet vert dans les années suivantes, où les États-Unis parviennent, lors des accords du Plaza, puis du Louvre, à contraindre les banques centrales à favoriser la baisse du dollar. On peut remarquer la même influence quant à la politique monétaire menée par la Réserve Fédérale : l'action de Paul Volcker puis d'Alan Greenspan est suivie dans le monde entier (politiques de désinflation compétitive). Lorsqu'en février 1994, la Fed décide de remonter ses taux directeurs pour éviter toute surchauffe, les économies européennes n'en sont qu'au début de la reprise : interconnectées, les économies n'en sont pas pour autant synchronisées, mais la loi du plus fort prévaut : les banques centrales européennes ont été contraintes – contre les attentes de leurs propres économies – de rehausser les taux d'intérêt.

Si les puissances hégémoniques sont contraintes, au cours du temps, d'abandonner leurs prérogatives à des institutions internationales ou aux États de second rang, elles n'en gardent pas moins l'avantage d'une plus grande liberté et autonomie.

Si les empires ont disparu, les nations française et anglaise demeurent de grandes puissances et continuent d'être liées avantageusement avec leurs anciennes colonies (Commonwealth, zone franc en Afrique...). Les États-Unis ont gagné la guerre froide ; mais dans le contexte « d'ordre mondial relâché » (Zaki Laïdi) qui en résulte, ils n'en restent pas moins le point central de la nouvelle triade économique dont ils ont permis le développement.

3

Sujets corrigés

Thème 1

Croissance et crises

Sujet 1

Les cycles économiques et leurs interprétations
dans le capitalisme libéral (ICN 1982)

Sujet 2

L'évolution des consommations privées et collectives
dans le monde depuis un demi-siècle (HEC 1993)

Sujet 3

Comparer le développement industriel et la croissance
économique de la France et de l'Allemagne de 1880 à nos jours
(HEC 1991)

Sujet 4

Colonialisme et croissance économique (inédit)

SUJET 1

Les cycles économiques et leurs interprétations dans le capitalisme libéral

(ICN 1982)

Analyse du sujet

● Sujet déjà ancien (1982), mais qui garde toute sa valeur et conserve tout son intérêt ; les développements récents de la théorie des cycles (assiste-t-on aujourd'hui à un retour du cycle des affaires ?) rendent même ce sujet tout à fait actuel. De plus, les aspects théoriques sont primordiaux, ainsi que la dimension historique : ce n'est donc pas un sujet d'actualité proprement dit, mais un thème classique du programme.

Le mot « cycle » suppose l'idée de récurrence, de retour périodique de phases de croissance, suivies de phases de dépression. On doit à C. Juglar la description de la cinétique du cycle, qui se décompose en quatre phases :

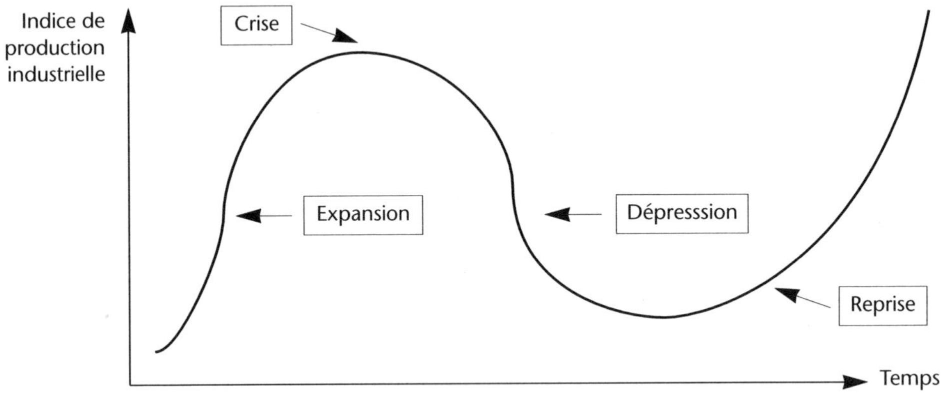

● Nous sommes en présence de deux types d'analyses des cycles :

- Les historiens comme F. Braudel et surtout E. Labrousse ont abondamment décrit ces ondulations économiques ou pour parler comme Braudel, ces « houles » ou « respirations de l'histoire ».
- Les économistes, quant à eux, à l'instar de J. Schumpeter et de N. Kondratieff ont cherché à interpréter. En effet, la croissance économique issue de la révolution industrielle n'a jamais été linéaire ; elle s'est accompagnée d'une forte instabilité, touchant surtout les pays les plus avancés et les secteurs moteurs.

En fait, l'analyse des cycles n'échappe pas à la dichotomie fondamentale entre libéralisme et analyses keynésienne et marxiste. Pour les premiers, les fluctuations cycliques s'expliquent essentiellement par des chocs exogènes; le système capitaliste, fondamentalement équilibré, tend naturellement vers la croissance. Pour les autres, ces cycles sont inévitables, et consubstanciels au capitalisme libéral qui, système aléatoire et non planifié, s'exposerait particulièrement aux fluctuations.

● On le voit, la problématique est assez évidente, du type « faits - analyse - actualité de la théorie des cycles ». Les trois parties seront donc articulées de la manière suivante :

- observation et description des cycles, dans leur contexte historique;
- interprétations et analyses;
- cette notion est-elle historiquement datée ou bien peut-on parler d'une permanence du phénomène cyclique après 1945 ?

Introduction

La première mention de l'existence de cycles économiques se trouve sans doute dans la Bible : le songe du Pharaon, les sept vaches grasses laissant la place aux sept vaches maigres, a été interprété par Joseph comme sept années de bonne récolte suivies de sept années de sécheresse. Joseph conseilla donc de faire des stocks pour parer à cette sécheresse et le pays s'en trouva bien.

Évidement, avec l'avènement du système capitaliste libéral, ces cycles ont changé de nature; aux cycles frumentaires dominés par les caprices de la nature, puis mixtes, ont succédé des cycles plus complexes, à l'intersection de l'industrie, de la finance et aux répercussions internationales, marqués par les faillites, la chute des salaires, la misère... On a pu dire qu'ils sont la respiration de l'histoire.

Leur caractère régulier a très tôt intéressé les économistes, qui ont cherché à mesurer, analyser et interpréter ces cycles. L'idée de pouvoir un jour prévoir les évolutions du capitalisme a sans doute pu séduire ces chercheurs. Mais ce qui a attiré les économistes, c'est sans doute l'idée que la connaissance de ces rythmes constitue une clé pour comprendre le système capitaliste lui-même. Depuis les travaux fondateurs de Joseph Schumpeter (« Business Cycles », 1939), on distingue classiquement trois cycles principaux : les cycles courts Kitchin, les cycles moyens Juglar (périodicité de 10 ans environ) et les cycles longs Kondratieff, sans doute les plus riches d'enseignement, mais aussi les plus controversés. Notamment, la forte croissance économique d'après 1945, associée aux politiques keynésiennes, anticycliques par nature, ont laissé penser à une « fin des cycles » : ceux-ci sont-ils toujours d'actualité ?

Nous commencerons, en première partie, par dresser un tableau de ces cycles, en montrant que, des cycles frumentaires aux cycles modernes, une évolution s'opère, marquée par le rôle fondamental du marché; puis, en seconde partie, nous étudierons les interprétations des cycles sans omettre les limites et les critiques soulevées par cette approche; enfin, nous poserons la question de l'actualité des cycles dans une économie à régulation nettement administrée et dans le contexte de la mondialisation du système productif.

I. Les cycles économiques ou la « respiration du capitalisme »

1. *L'apport des historiens : les cycles économiques ne sont pas exclusifs du système capitaliste*

• Les économies précapitalistes connaissent également des phénomènes cycliques accompagnés de crises parfois violentes ; celles-ci sont à antécédence agricole, typiques d'une économie proto-industrielle à forte dominante rurale où domine la polyculture à base céréalière.

Ces crises frumentaires ont été analysées par Ernest Labrousse et les historiens de l'école des Annales (on utilise d'ailleurs l'expression de « cycle labroussien » pour caractériser ces cycles préindustriels) et en particulier la crise de 1788-1789 (*La crise de l'économie française à la fin de l'Ancien Régime et au début de la Révolution*, 1943). Le schéma général est le suivant :

Crise de sous-production agricole (origine souvent climatique)	→	Baisse des revenus, famines, disettes...	→	Régulation démographique

De plus, ces crises frumentaires sont caractérisées par la « **loi de King** » : les variations du prix du blé sont plus que proportionnelles aux variations des quantités produites.

• Avec l'entrée dans le XIXe siècle et avec le processus d'industrialisation, les crises frumentaires laissent la place à une période transitoire marquée par des crises mixtes. Il s'agit cette fois de crises survenant dans des économies déjà industrialisées, mais avec un secteur agricole encore très important (en gros, le milieu du XIXe siècle). L'origine de la crise se situe encore dans le secteur agricole, mais elle s'étend au secteur industriel par la baisse de la demande de biens de consommation et de production. Un exemple typique est la crise de 1846 liée aux mauvaises conditions climatiques et qui a provoqué un doublement des prix en moyenne.

Une dimension financière peut aussi jouer un rôle : vente de titres en Bourse, provoquant un effondrement des cours. Ces mouvements spéculatifs ne cesseront de prendre de l'importance au XIXe siècle : crise de 1836, par exemple, liée à l'apparition de bulles spéculatives portant sur le premier réseau de chemin de fer.

• C'est dans le dernier tiers du XIXe siècle que semblent se dégager enfin les véritables cycles industriels. Deux caractéristiques fondamentales sont à relever :

- l'origine des crises est industrielle (notamment les secteurs les plus avancés) ou bancaire et boursière (liée aux phénomènes spéculatifs) ;

– il y a diffusion internationale de la crise (phénomène de contagion).

Les historiens, comme Jean Bouvier (*Le krach de l'Union Générale 1878-1885*), ont montré qu'à partir des années 1860, les crises débutent le plus souvent par un krach bancaire ou boursier qui se répercute ensuite sur la sphère industrielle par les taux d'intérêt notamment, selon le schéma suivant :

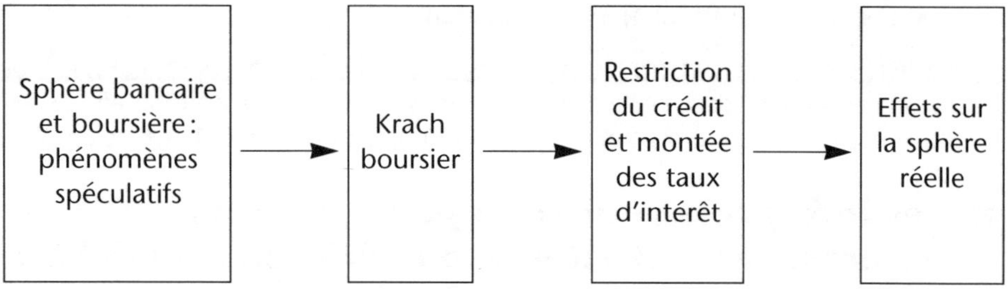

2. *L'apport des économistes : la mise en perspective des faits historiques*

La première moitié du XXe siècle voit l'émergence d'analyses empiriques des fluctuations économiques. On a ainsi pu parvenir à une typologie. On distingue ainsi :

- les cycles longs dont la périodicité est comprise entre 40 et 60 ans, correspondant aux « vagues longues ». L'économiste russe N. Kondratieff, à la suite des travaux pionniers d'A. Aftalion et J. Lescure, a analysé, dans les années vingt, les séries chronologiques de la production des grands pays industrialisés au XIXe siècle, ce qui lui a permis de mettre en lumière l'existence de trois grandes vagues économiques : 1780-1851, 1851-1896, et une phase d'expansion 1896-1920. Ces ondulations longues de divisent en une phase A (ou *trend*) de croissance, et une phase B de dépression. Selon Kondratieff, ces cycles longs sont inhérents à la nature du système capitaliste et sont liés, dans une optique marxiste, aux fluctuations de l'investissement.

Ils présentent plusieurs caractéristiques importantes :

  – ils ne sont pas spécifiques à un pays mais ont un caractère international marqué ;

  – la phase de croissance (phase A) est caractérisée par une hausse contenue des prix de gros, alors que la phase de dépression (phase B) est marquée par la déflation ;

  – ils touchent l'ensemble des secteurs d'activité.

- les cycles moyens ont été analysés par Clément Juglar dès 1862 dans son ouvrage *Les crises commerciales et leur retour périodique en France, en Angleterre et aux États-Unis*. Il s'agit de cycles décennaux ou cycles majeurs qui sont particulièrement caractéristiques du capitalisme du XIXe siècle ; l'étiologie est bien connue :

- les pays initiateurs et les secteurs moteurs sont les plus touchés ;
- crises violentes, essentiellement liées à des processus surproductifs, précédés ou accompagnés de krachs bancaires et/ou boursiers.

● Les cycles courts, mineurs ou encore hypocycles, d'une périodicité de 40 mois, ont été étudiés par Joseph Kitchin en 1923. Ils sont fortement liés aux pratiques de gestion des stocks des grandes entreprises, qui doivent faire face à l'information imparfaite sur l'évolution de la demande.

En fait, ces trois cycles sont superposés, et il existe des effets de composition du cycle Kondratieff sur le cycle Juglar : en phase A d'un cycle Kondratieff, les expansions des cycles Juglar sont plus longues et importantes ; c'est l'inverse en phase B.

II. Les interprétations des cycles : simples occurrences statistiques ou véritables modèles ?

1. Les analyses traditionnelles

● Le courant libéral s'est peu intéressé à la question des cycles. Il reste fondé sur la négation des déséquilibres durables, la croissance étant un processus continu. La loi de Say illustre cet aspect.

Ses hypothèses sont bien connues :

- toute offre crée sa propre demande, et ce, sans délai d'adaptation : c'est la loi des débouchés ;
- l'épargne n'est qu'une consommation différée et ne remet pas en cause la loi des débouchés.

Dès lors, toute crise de surproduction est impossible. Mais la condition fondamentale de cet équilibre réside dans le statut de la monnaie : dans l'analyse de Say, celle-ci ne peut être qu'un voile et ne peut être demandée pour elle-même. Cette condition – exorbitante – crée du même coup une dichotomie entre sphère monétaire et sphère réelle, censée tendre systématiquement vers le plein-emploi. L'idée même de crise durable est niée, celle-ci ne pouvant survenir qu'à la suite de chocs exogènes.

L'analyse de Marx, au contraire, a placé la question des crises et des cycles au cœur de sa problématique, comme dépassement violent des contradictions du système capitaliste. Marx a montré que l'activité économique capitaliste est cyclique par nature et que les crises lui sont consubstancielles. Elles sont liées à trois aspects du mode de production capitaliste :

- la nature profondément antagoniste du mode de production capitaliste : la concurrence entre capitalistes entraîne l'accroissement des investissements en capital constant, d'où une tendance permanente à la surproduction ;
- la sous-consommation, liée à l'extraction prioritaire de la plus-value ;
- la dynamique du profit qui entraîne les capitalistes non vers la satisfaction des besoins, mais vers la maximisation du profit. Le schéma des cycles est donc le suivant :

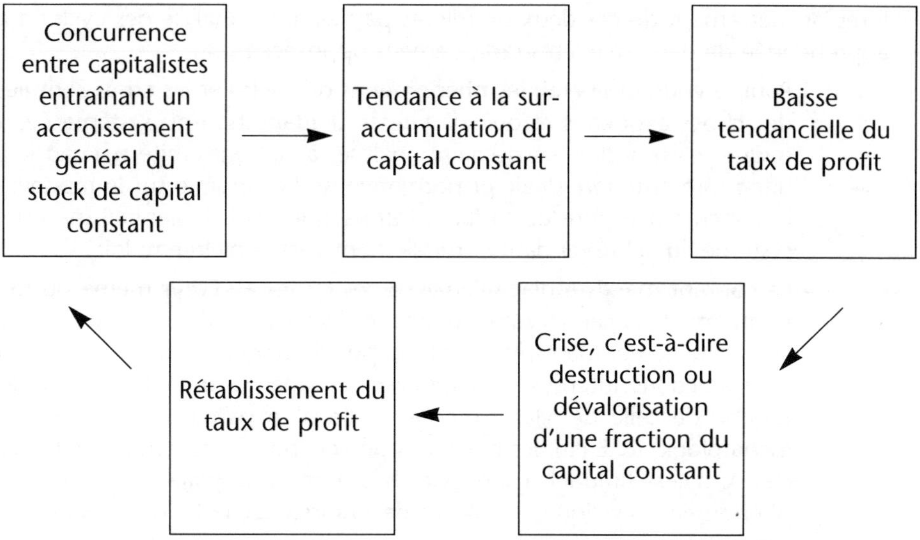

Les cycles apparaissent donc comme une régulation nécessaire du capitalisme, une véritable pulsation.

Marx fournit ainsi un cadre conceptuel particulièrement riche pour l'analyse des cycles industriels.

2. L'apport fondamental de J. Schumpeter

C'est toutefois à Joseph Schumpeter (*Business cycles*, 1939), que l'on doit la synthèse la plus célèbre sur les fluctuations économiques. Deux points sont à souligner :

- Schumpeter montre une imbrication des trois cycles Kitchin, Juglar et Kondratieff, regroupés dans ce qu'il appelle un « *three-cycles schema* » ;

- Schumpeter insiste sur le rôle fondamental de l'innovation dans la genèse des cycles. Ces innovations apparaissent par grappes technologiques, formant ce que l'historien Bertrand Gilles dans son *Histoire des techniques*, appelle des systèmes techniques. Ces grappes d'innovations entraînent la croissance économique, grâce aux effets de synergie des secteurs moteurs sur le reste de l'économie. Puis, leurs effets s'épuisent : c'est le processus de destruction créatrice qui explique le déclin de la grappe d'innovations et l'émergence d'un nouveau système technique.

On peut ainsi repérer le système technique de la première révolution industrielle, correspondant au 1er cycle Kondratieff (charbon, machine à vapeur, textile, métallurgie...), le système technique du milieu du XIXe siècle correspondant au second Kondratieff (ou « cycle bourgeois » dans la terminologie de Schumpeter) fondé essentiellement sur le chemin de fer, enfin, le système technique de la seconde révolution industrielle (3e Kondratieff ou « cycle néomercantiliste » basé sur la chimie, le pétrole, l'automobile, l'acier...).

Il ressort nettement de ces deux premières parties que l'analyse des cycles a été appréhendée de deux manières radicalement opposées :

– Pour le courant libéral, les phénomènes de cycles et les crises sont liés à des chocs exogènes et/ou à la vitesse d'adaptation du système économique, c'est-à-dire, en dernière analyse, à sa conformité par rapport à une représentation idéale et normative de l'économie sur le modèle de la concurrence pure et parfaite. Intrinsèquement, le capitalisme est un système équilibré tendant naturellement vers le plein-emploi.

– Le courant marxiste place l'analyse des cycles au cœur même du fonctionnement du capitalisme. Le fonctionnement cyclique du système réalise véritablement la synthèse du corpus théorique de Marx et révèle les contradictions internes du capitalisme. L'analyse de Schumpeter reste proche de celle de Marx, même si elle n'en partage pas le caractère eschatologique. Enfin, les historiens de l'économie, et notamment l'école des Annales (Braudel, Labrousse…) ont fait une place importante aux phénomènes cycliques : travaux de Braudel sur la longue période, par exemple.

III. Les cycles sont-ils toujours d'actualité ? Un renouveau des analyses et le retour du cycle des affaires

1. Dans l'après-guerre, déclin des analyses en termes de cycles

• Après 1945, la forte croissance a généré un déclin des analyses en termes de cycles.

Deux éléments peuvent être ici analysés.

L'intérêt s'est plutôt porté vers les problèmes de l'équilibre dynamique de longue période et de la détermination des conditions de stabilité d'une croissance équilibrée. C'est l'âge d'or des modèles de croissance :

– keynésiens : modèles néo-cambridgiens (Kaldor, J. Robinson);

– néoclassiques : modèle de Solow.

D'autre part, les politiques économiques ont été fortement anticycliques, à la suite des analyses issues du modèle IS-LM et de la relation de Phillips. Les cycles d'après 1945 n'ont donc pas, et de loin, la même amplitude ni les mêmes caractéristiques que ceux du XIXe siècle.

• On retrouve toutefois la dualité d'analyse évoquée plus haut.

– L'analyse keynésienne appréhende les phénomènes cycliques comme le résultat des fluctuations de l'investissement et des problèmes liés à la répartition du revenu global. Les notions clés sont celles d'accélérateur et d'oscillateur. Le mécanisme de l'accélération montre que les fluctuations de la demande de biens de consommation entraînent une variation plus que proportionnelle de la demande de biens d'investissement, d'où une instabilité de l'accumulation du capital. Le phénomène d'oscillation, analysé par Paul Samuelson, résulte de l'interaction entre le principe du multiplicateur et celui de l'accélérateur : les fluctuations cycliques (oscillations) peuvent être soit amorties, soit explosives.

L'analyse marxiste, dans les années soixante et soixante-dix (Boccara, Herzog, Mandel), tente de se réactualiser à travers la notion de CME (capitalisme monopoliste d'État) : les cycles perdurent après 1945, mais l'intervention de l'État dans l'économie (les « béquilles du capital ») permet d'amortir les cycles.

– Les analyses néoclassiques restent attachées à l'idée que les cycles s'expliquent avant tout par des chocs exogènes. Elles ont toutefois connu un important renouvellement théorique à travers la notion de cycle réel.

2. Un renouveau de la théorie des cycles et un retour possible du cycle des affaires

Depuis le début de la crise actuelle, on assiste à un renouveau de la théorie des cycles; les économistes s'intéressent à une possible réactivation du « cycle des affaires ». Cependant, les cycles actuels ont deux caractéristiques importantes qui les distinguent nettement des cycles précédents.

● En premier lieu, on constate une désynchronisation des cycles, et ceci pour trois raisons :

– dans les années d'après-guerre, on a constaté une assez forte synchronisation des cycles, dans le cadre d'une économie de plus en plus internationale. Aujourd'hui, avec la tendance à la régionalisation des échanges, l'émergence de la Triade, il y a synchronisation à l'intérieur des zones, mais désynchronisation entre les zones;
– le degré de corrélation des mouvements économiques d'un pays à l'autre dépend du degré de convergence des politiques économiques; or, les années quatre-vingt ont plutôt été marquées par un manque de convergence;
– surtout, le passage aux changes flottants depuis 1973 a favorisé la désynchronisation : les changes flottants (*cf.* théorie du triangle des incompatibilités, de Mundell et Fleming) permettent davantage de mener des politiques monétaires indépendantes et non coordonnées.

● En second lieu, les années quatre-vingt sont marquées par la montée de la sphère financière; l'évolution cyclique s'en ressent fortement. On peut dire que si les années soixante-dix sont marquées par des cycles « réels » (chocs pétroliers exogènes associés à une crise du mode de régulation fordiste), les années quatre-vingt sont marquées plutôt par un phénomène d'accentuation des cycles réels par des variables financières.

● Certains travaux évoquent une possible articulation entre cycles économiques et cycles politiques (travaux de J. Nordhaus, 1975, et A. Lindbeck, 1976). Ils exploitent l'hypothèse, émise déjà par les théoriciens de l'école du Public Choice, selon laquelle les gouvernements, pour accroître leur popularité et donc pouvoir être réélus, auraient tendance à pratiquer des politiques expansives avant les élections, et restrictives après. Le rapport McCracken (Rapport de l'OCDE sur la conjoncture, 1977) aurait ainsi montré que les élections intervenant dans plusieurs pays occidentaux en 1972 et 1976 ont joué un rôle non négligeable dans le choix de politiques pro-cycliques qui ont aggravé la crise.

Conclusion

La croissance économique n'a donc jamais été un phénomène régulier et linéaire ; elle a été irrégulière dans le temps et dans l'espace. « Les économies ont les crises de leurs structures », écrivait Ernest Labrousse. Aux fluctuations précapitalistes liées aux phénomènes climatiques, auxquelles étaient associées les crises frumentaires, ont succédé les cycles industriels consubstanciels au système capitaliste.

La croissance d'après-guerre a pu, un temps, faire illusion. Les chocs pétroliers et les évolutions des années quatre-vingt et quatre-vingt-dix ont montré que l'évolution capitaliste reste fondamentalement cyclique et les analyses en termes de cycles des affaires ont retrouvé, à juste titre, une nouvelle audience.

Bibliographie

Un complément de lecture concernant ce sujet peut se faire dans deux directions :

- Du côté historique, il est bon de se confronter à quelques textes fondateurs ; quelques-uns de ces textes sont réunis dans l'excellente compilation intitulée *Histoire économique, XVIIIe-XXe siècle*, Larousse, collection « Textes essentiels », 1992 par M. Margairaz. On peut consulter le chapitre 2.

- Du côté économique :

– le chapitre 1 de *Économie, croissance et cycles économiques*, J.-P. Gourlaouen et Y. Perraudeau, Vuibert, 1987.

– P. Dockès et B. Rosier, *Rythmes économiques, crise et changement social. Une perspective historique*, La Découverte, 1983.

– Ph. Gilles, *Crises et cycles économiques*, A. Colin, collection « Cursus », 1997.

À lire également :

– *Histoire et économie des sociétés contemporaines*, F. Cochet et M. Voisin, Bréal, 1990, notamment le chapitre 6.

– Le numéro 2380 de la revue *Problèmes économiques* (14/9/1994) qui porte sur les cycles.

SUJET 2

L'évolution des consommations privées et collectives dans le monde depuis un demi-siècle

(HEC 1993)

Analyse du sujet

- Ce sujet apparaît comme difficile pour trois raisons au moins :
  - le thème abordé : il s'agit d'analyser les consommations privées et collectives, ce qui est déjà fort vaste ;
  - la période d'analyse, qui est tout de même assez longue, puisqu'elle recouvre tout l'après-guerre jusqu'à aujourd'hui ;
  - enfin, le sujet est vaste dans l'espace car il fait référence au monde entier, ce qui est plutôt inhabituel.

Le sens de le synthèse sera donc primordial ; il n'y a pas de problématique apparente et immédiate. Il faut bien entendu exclure tout à fait le plan consommation privée/consommation collective, sans aucune portée démonstrative.

- Selon la Comptabilité nationale, la consommation finale des ménages (la seule à prendre en compte, la notion de consommation intermédiaire n'ayant pas sa place dans ce sujet), est la somme de la consommation marchande (privée) et de la consommation socialisée (ou collective). Le mot clé du sujet est certainement « évolution » : la problématique doit donc traduire le souci de l'analyse dynamique, ce qui tend à éliminer un plan de type pays développés/tiers monde/anciens pays socialistes, pour privilégier une approche plus historique.

- Une clé d'analyse peut être alors de s'interroger sur la place de la consommation dans la croissance économique d'après-guerre et dans la crise actuelle. La consommation a, en effet, joué un rôle déterminant dans la croissance dans la mesure où s'est instaurée, après 1945, une norme de consommation, c'est-à-dire la diffusion large d'un modèle de consommation standardisé fondé sur l'accès à un ensemble de biens durables. Or, c'est dans les pays développés que cette norme de consommation a pris toute son ampleur et que la consommation de masse est parvenue à une certaine maturité. L'analyse privilégiera donc forcément les pays développés.

- Toutefois, le sujet exige que l'on s'intéresse aussi aux pays socialistes et au tiers monde. Comment traiter de la consommation des ces deux cas :
  - une possibilité intéressante consiste, d'une part à analyser la place de la consommation dans les modèles de développement choisi par ces pays : modèle socialiste privilégiant le secteur I des biens d'équipement au détriment des biens de consommation, adopté par certains pays du tiers monde dans les années soixante ; place de la consommation dans les modèles fondés sur l'extraversion…

– de même, le rôle joué par la consommation (ou, pour mieux dire, les problèmes de la consommation) dans la crise du modèle soviétique peut également constituer un angle d'attaque intéressant.

• Enfin, la dimension sociologique du sujet ne doit pas être négligée. La consommation est, en effet, le lieu où les phénomènes d'imitation/distinction sont le plus nettement à l'œuvre ; la majorité des analyses sociologiques sur ce thème datent d'ailleurs de l'après-guerre.

• Il faut donc une problématique combinant les trois éléments mis en lumière ci-dessus : une approche en termes d'évolution (dimension historique du sujet), en termes sociologiques (analyses sociologiques de la consommation) et en termes géographiques (les cas des pays de l'Est et du tiers monde doivent être évoqués).

Nous proposons donc la problématique suivante :

1. L'évolution des consommations privées et collectives depuis cinquante ans est principalement marquée par la mise en place d'une norme de consommation et une socialisation croissante des besoins...
2. ...qui tend, dans les pays développés, à homogénéiser apparemment les conditions de vie, d'où les stratégies de distinction des acteurs sociaux.
3. La crise actuelle n'a pas remis en cause la société de consommation de masse malgré le développement de la pauvreté et de l'exclusion ; le modèle de consommation occidental tend même à s'imposer comme une référence mondiale.

Introduction

« La richesse des sociétés dans lesquelles règne le mode de production capitaliste s'annonce comme une immense accumulation de marchandises. » Cette phrase de Marx, qui ouvre le *Capital*, montre qu'au XIXe siècle, déjà, le système capitaliste se caractérise par une production de masse qui devait déboucher, après 1945, vers une société de consommation de masse. Depuis plus d'un demi-siècle, en effet, l'Europe, à la suite des États-Unis, est entrée dans l'ère de la consommation de masse, situation unique dans l'histoire, où l'homme semble désormais pouvoir satisfaire une gamme de plus en plus étendue de besoins. Une norme de consommation s'est instaurée et, dans le même temps, les consommations socialisées ont permis une croissance sans équivalent historique du niveau de vie.

Cette situation est-elle propre au système capitaliste, seul capable, en première analyse, de générer une telle abondance ? On peut le croire au vu de l'échec du modèle soviétique à couvrir les besoins diversifiés d'une société moderne et les difficultés d'une partie du tiers monde à sortir de l'ornière du sous-développement. La crise actuelle, si elle a vu le développement de la pauvreté et de l'exclusion au sein même de l'opulence, n'a pu réellement la remettre en cause.

En fait, l'évolution des consommations privées et collectives constitue une véritable clé pour comprendre la nature profonde des sociétés. La consommation n'est-elle pas, selon Keynes, « la seule fin et l'unique objectif de la science économique » ? (*Théorie générale*).

Nous analyserons cette évolution en suivant la problématique suivante : l'évolution des consommations privées et collectives depuis cinquante ans est marquée par la mise en place d'une norme de consommation et une socialisation accrue des besoins (1re partie), qui tend à homogénéiser apparemment les conditions de vie, d'où les stratégies de distinction des acteurs sociaux (2e partie) ; la crise actuelle n'a pas remis en cause la société de consommation de masse malgré le développement de la pauvreté et de l'exclusion, le modèle de consommation occidental tend à s'imposer partout dans le monde (3e partie).

I. L'évolution des consommations privées et collectives depuis cinquante ans est principalement marquée par la mise en place d'une norme de consommation et une socialisation croissante des besoins...

1. Une nette tendance à l'accroissement du niveau de consommation privée...

- Le XIXe siècle est marqué par des comportements de consommation relativement fluctuants, avec des propensions à consommer assez peu stables, une part encore importante du revenu est consacré à l'alimentation. Les travaux de E. Engel en Allemagne montrent que la restructuration des budgets dans le sens d'une baisse de la part de l'alimentation ne se manifeste qu'après 1880, grâce à la montée des revenus urbains et la baisse du prix réel des biens. Les enquêtes de F. Le Play sur les budgets ouvriers français confirment ces tendances. Jusqu'à la fin des années trente, la structure des dépenses ouvrières est demeurée remarquablement stable en France. Il n'y a pas de norme de consommation généralisée avant la seconde guerre mondiale, sauf peut-être aux États-Unis, où une norme de consommation « archaïque », fondée sur des relations sociales nettement concurrentielles s'est développée. Une certaine analyse de la crise de 1929 fait d'ailleurs reposer la crise sur le hiatus entre dynamisme du système productif et archaïsme du système de consommation.

- La norme moderne de consommation se met en place progressivement dans l'après-guerre, impulsée par la forte demande des ménages. La dynamique de la croissance d'après-guerre s'explique en effet par la conjonction de plusieurs facteurs où la consommation joue un rôle fondamental :
  - La loi d'Engel s'applique alors pleinement : en France, la part de l'alimentation ne cesse de diminuer : 38,3 % en 1960, 28,3 % en 1973, 18,3 % aujourd'hui. Par contre, forte montée des dépenses d'hygiène, de santé, de culture et loisirs et des transports : on peut donc parler d'une norme nouvelle de consommation fondée sur une consommation de masse de produits standardisés, calquée sur le modèle américain. On observe une évolution identique dans l'ensemble des économies dominantes.
  - Ainsi, les dépenses d'équipement du foyer progressent avec l'arrivée des nouveaux biens durables. Les travaux de R. Vernon ont permis d'analy-

ser le cycle de vie de ces biens : les années de croissance correspondent à la phase de diffusion de ces biens. La consommation, stimulée par la croissance démographique, a donc bien dopé la croissance d'après-guerre. Les symboles de cette consommation se mettent progressivement en place : l'automobile, bien sûr, mais c'est aussi l'âge d'or de Moulinex, Seb... ; la FNAC est créée à la fin des années cinquante, E. Leclerc révolutionne la grande distribution, la « réclame », qui deviendra plus tard la publicité fait ses premières armes...

– Ce changement de structure de consommation est étroitement lié à l'épanouissement d'une forme d'accumulation intensive de type fordiste, pour reprendre les termes de l'école de la régulation. Cette forme de croissance est centrée sur la combinaison d'une production et d'une consommation de masse, de nouvelles relations sociales servant de ciment à l'ensemble avec l'extension des conventions collectives et une globalisation du contrat de travail (mise en place du SMIG, puis du SMIC, procédures d'indexation des salaires sur les prix...), que l'on peut schématiser ainsi :

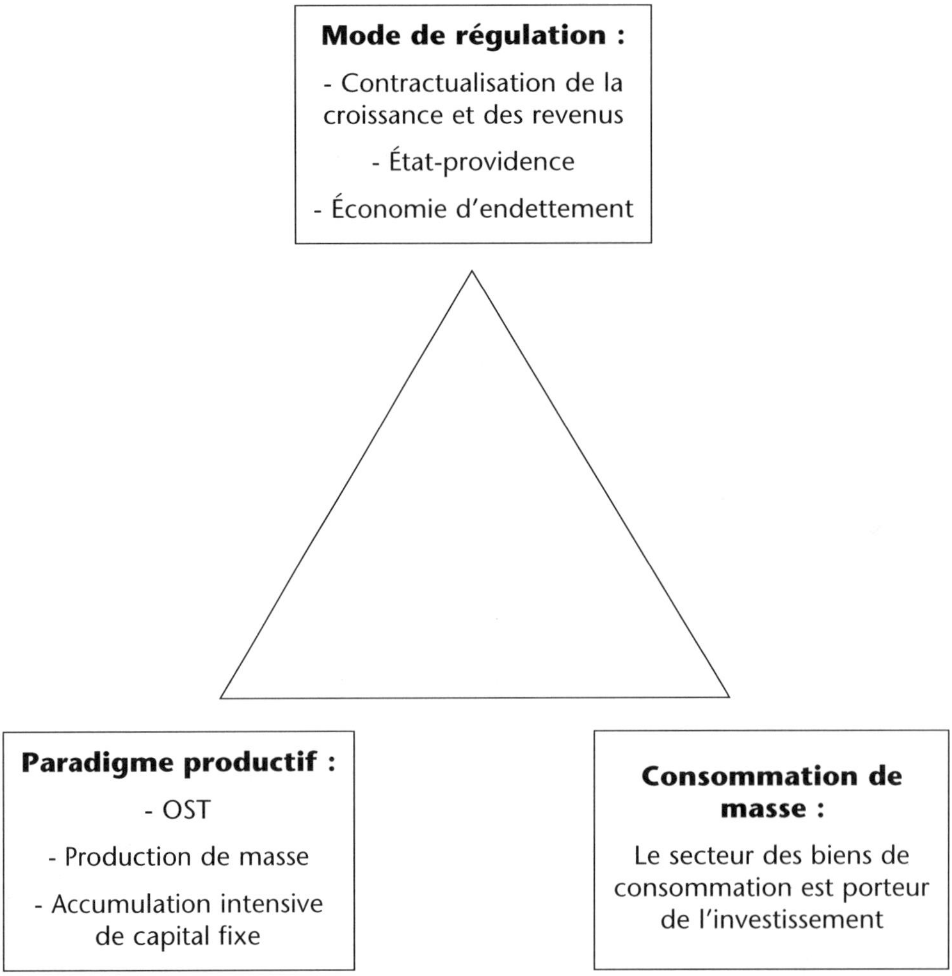

• Mais ce modèle de consommation de masse est loin d'être généralisé dans le monde.

- Les pays de l'Est (bloc communiste) ont choisi dès les années vingt (controverse Boukharine-Preobrajenski), et sous l'impulsion de Lénine puis de Staline, la voie de la croissance prioritaire du secteur I (production de biens de production) par rapport au secteur II des biens de consommation. Le système de planification est conçu, dès le départ, dans cet objectif. La différence avec le modèle occidental est donc fondamentale : le faible développement de la production de biens durables résulte en fait d'un choix en faveur des consommations collectives (services gratuits d'éducation, de santé, de loisirs...) mais surtout d'un choix prioritaire en faveur des biens de production. Cette situation est encore aggravée par les dysfonctionnements de la planification, et notamment le système des indices de production, qui aboutit à des biens de consommation de faible qualité, mal adaptés aux besoins et rares. La file d'attente remplace le prix comme mécanisme d'adaptation entre offre et demande. Le fort développement de l'économie souterraine traduit l'incapacité de l'économie officielle à satisfaire les besoins de la population : un économiste a pu parler de la superposition de six marchés auxquels il attribue une couleur, qui va du marché rouge (marché officiel aux prix fixés par l'administration) au marché noir (trafics de produits détournés, contrebande...).

- Dans les pays du tiers monde, les indices de consommation font apparaître des écarts considérables entre pays riches et pays pauvres. Cela amène à s'interroger sur le statut de la consommation dans la croissance des PVD. Les deux grandes stratégies de développement, les industries industrialisantes (cas de l'Algérie des années soixante, qui a sacrifié son agriculture pour donner la priorité absolue à l'industrie lourde) et le modèle de développement fondé sur l'extraversion (cas de la Corée du Sud, où les avantages comparatifs ont été obtenus par une compression des coûts du travail et donc le sacrifice de la consommation intérieure) n'accordent, en effet, qu'une place secondaire à la consommation, l'essentiel étant l'investissement productif.

2. ... qui s'accompagne d'une socialisation croissante de la demande et de la montée des consommations collectives

C'est sans doute la croissance des consommations collectives qui caractérise le mieux la croissance économique d'après-guerre. Trois points peuvent être mis en avant.

• Cette consommation collective repose, en premier lieu, sur le développement de la composante indirecte du salaire. En effet, la redistribution des revenus joue, dans une perspective keynésienne, un double rôle :

- elle permet une plus grande justice sociale en organisant une solidarité verticale et horizontale;

– ce rôle se double d'un soutien à la demande globale, ce qui permet de soutenir la consommation (effet anticyclique) et de permettre l'émergence de nouvelles consommations collectives.

• Cette montée des consommations collectives s'est faite par paliers : les analyses de Peacock et Wiseman montrent qu'il existe des effets de déplacement des dépenses publiques, qui progressent par paliers lors des crises et des guerres. L'après-guerre marque toutefois une étape décisive que Ch. André et R. Delorme (*L'État et l'Économie*, Seuil) ont appelé la « forme dépense » : par les consommations collectives, l'État prend toute sa place dans l'économie : il devient un acteur décisif en ajoutant aux fonctions régaliennes les fonctions de régulation de la conjoncture et de justice sociale.

• La consommation collective a ainsi atteint des niveaux élevés dans les pays développés ; elle représente aujourd'hui environ le tiers de la consommation privée des ménages, et elle a connu une progression assez vive depuis le début des années quatre-vingt.

II. ... qui tend, dans les pays développés, à homogénéiser apparemment les conditions de vie, d'où les stratégies de distinction des acteurs sociaux

1. La montée des consommations privées et collectives durant les cinquante dernières années tend à homogénéiser les conditions et les modes de vie...

• La tendance à l'homogénéisation des conditions et des modes de vie constitue une caractéristique centrale de la société de consommation de masse. Lorsqu'on parle de norme de consommation, on fait référence à un certain nombre d'équipements de base communs à l'ensemble de la population. L'analyse par les courbes de Vernon montre que les taux d'équipement des ménages sont très élevés pour les biens durables de base (réfrigérateur, télévision, téléphone...). Près de 80 % des ménages possèdent une automobile. Le développement des consommations collectives a renforcé cette caractéristique ; alors que la vie ouvrière était, jusqu'en 1945, dominée par l'insécurité devant la maladie, le chômage et la vieillesse, la Sécurité sociale, le développement d'un système de retraites ont permis à l'ensemble de la population d'accéder à ces biens essentiels, réduisant ainsi des écarts sociaux particulièrement injustes.

• Deux évolutions renforcent ce phénomène d'homogénéisation.

– Le développement d'une vaste classe moyenne urbanisée qui tend à marginaliser les « sous-cultures », notamment ouvrière et paysanne, avec leurs caractéristiques propres. C'est la « fin des paysans » annoncée dès les années soixante par le sociologue H. Mendras ; c'est aussi la thèse – controversée – de l'embourgeoisement de la classe ouvrière (S. Mallet) qui tend à se fondre dans la nébuleuse des classes moyennes : les signes distinctifs d'une culture et d'un mode de consommation authentiquement populaires tendent à disparaître.

– La scolarisation massive, et l'accès aux études longues pour un nombre croissant d'enfants issus des classes populaires réalisent une sorte de brassage social qui renforce les références culturelles communes et qui aboutit à une culture et un mode de consommation « jeunes », typiques non pas tellement d'une catégorie sociale, mais d'une classe d'âge.

2. ... *mais en réalité, se développent inégalités et stratégies de distinction*

● Les inégalités de consommation ne sont pas liées uniquement au revenu, mais sont le signe d'une différenciation voulue et recherchée. La consommation est alors un phénomène sociologique que l'on peut appréhender avec les outils et les méthodes de cette science. En fait, cette approche est plus ancienne que la société de consommation elle-même. Ainsi, Thorstein Veblen (*Théorie de la classe de loisirs*, 1899) avait déjà montré que la consommation n'a pas pour seul but de satisfaire des besoins physiques, mais aussi, à travers l'acquisition de biens et la consommation ostentatoire, les hommes recherchent aussi la reconnaissance sociale. L'économiste américain Duesenberry avait également, dans les années cinquante, analysé le processus d'imitation/distinction à l'œuvre dans les rapports entre groupes sociaux. Il a ainsi été amené à décrire l'effet de cliquet de la consommation.

● P. Bourdieu, dans son ouvrage *La distinction* (1979), utilise la notion d'habitus pour cerner les pratiques de consommation et notamment de consommation culturelle. Bourdieu désigne par ce terme « ce que l'on a acquis et qui s'est incarné de façon durable dans le corps sous forme de dispositions permanentes » C'est donc un ensemble de valeurs, de normes, de dispositions durables acquises lors du processus de socialisation et fonctionnant comme une « matrice de perceptions, d'appréciations et d'action ». L'habitus conditionne l'ensemble des pratiques sociales et notamment la pratique de consommation. Par exemple, étudiant les pratiques de consommation alimentaire, Bourdieu montre les oppositions très nettes entre la consommation populaire et la consommation bourgeoise.

Jean Baudrillard s'intéresse à l'aspect symbolique de la consommation, à travers deux ouvrages : *La société de consommation* (1970) et *Pour une critique de l'économie politique du signe* (1972). Selon Baudrillard, toute consommation est consommation de signes ; c'est donc un langage permettant de communiquer, et qui est régi par des codes sociaux. La consommation permet ainsi à un groupe social de se singulariser et de se placer dans la hiérarchie sociale.

● Ces phénomènes de distinction et de hiérarchisation liés à la consommation ne sont pas absents des autres formes d'organisation économique. L'Union soviétique avait pour ambition de rattraper et de dépasser le niveau de vie américain. Un tel objectif a été rapidement reconnu comme illusoire. Au début des années soixante-dix, 65 % du revenu moyen était encore consacré à l'alimentation. Si les consommations collectives étaient assez bien assurées, la pénurie restait encore la règle. Les services étaient considérés comme improductifs. Surtout, l'apparition et le développement d'une nomenklatura, regroupant les membres de l'appareil du parti communiste, forment une minorité privilégiée jouissant d'un train de vie sans commune mesure avec celui de la population : logements spacieux, magasins réservés… La société soviétique avait ainsi reconstitué une véritable caste, la consommation étant d'une certaine manière la récompense attachée à la fonction.

Quant aux pays du tiers monde, les inégalités de consommation sont bien plus fortes que dans les pays développés. Une frange aisée de la population tente d'imiter et d'importer les signes extérieurs du modèle de consommation occidental.

III. La crise actuelle n'a pas remis en cause la société de consommation malgré le développement de la pauvreté et de l'exclusion. Le modèle de consommation occidental tend plutôt à s'imposer partout dans le monde

1. Le rôle de la consommation dans la crise

• Après la longue période d'expansion des années cinquante et soixante, le mode de consommation des ménages s'est progressivement transformé. Les théoriciens de la régulation parlent d'une tendance à l'épuisement de la norme de consommation, visible par la phase de saturation et de déclin que connaissent les courbes de Vernon. Or, l'effet d'entraînement des biens durables, qui constituent le cœur de la norme de consommation, sur la croissance économique est important. La montée actuelle des services dans la consommation des ménages n'a pas la même capacité à exercer des effets de synergie.

De plus, les années quatre-vingt ont été caractérisées par la désinflation et la montée des taux d'intérêt réels. L'effet de levier négatif qui en résulte a joué un rôle dans la stagnation de la consommation intérieure : le stimulant de l'endettement à taux réels très faibles n'existe plus. Au contraire, ces phénomènes ont entraîné une tendance au surendettement des ménages que la loi Neiertz a cherché à corriger.

Aujourd'hui, la montée de la pauvreté et de l'exclusion témoignent non d'une remise en cause de la société de consommation (les exclus cherchent avant tout à la réintégrer), mais des limites de ce modèle.

• La crise n'a pas épargné le modèle soviétique dans les années quatre-vingt. En fait, on peut même avancer que c'est justement sur la question de l'accès à la consommation de masse qu'a fini par buter ce modèle économique et social, et qui explique en grande partie son échec et sa chute. On peut parler, à l'instar de M. Drach (*La crise dans les pays de l'Est*, La Découverte), parler d'une véritable « pathologie du rapport salarial » en URSS, marqué par l'incapacité du système à accepter la greffe taylorienne et donc le compromis taylorisme et gains de productivité contre accès à la consommation de masse. Les dysfonctionnements de la planification ont fait le reste : jamais le modèle soviétique n'a pu s'approcher de la norme de consommation occidentale, si ce n'est pour les consommations collectives.

- La situation du tiers monde montre à la fois un progrès et une inquiétude :
  - un progrès car la situation alimentaire s'est nettement améliorée ces vingt dernières années ; les résultats de la révolution verte y sont pour beaucoup. Les grandes famines ont pratiquement disparu, mais la malnutrition persiste ;
  - une inquiétude : la diffusion du modèle de consommation occidental, notamment pour ce qui concerne l'énergie, risque d'engendrer de véritables catastrophes écologiques (pollution, gaspillage de ressources naturelles...). Le rapport Meadows (Rapport du Club de Rome, 1970) avait déjà soulevé ces questions, et ses analyses ont globalement été confirmées depuis (Conférence de Rio, 1994).

2. Les consommations collectives face au problème du financement

L'ampleur prise par les consommations collectives dans les pays développés a fini par poser la question de leur financement. Le cas français résume bien les contradictions et les limites d'un système qui a pourtant joué un rôle fondamental dans l'accès de tous à des biens essentiels et qui est à l'origine de nombreux effets externes positifs.

- Les évolutions démographiques, marquées par un vieillissement inéluctable de la population dégradent le rapport actifs/inactifs et posent à brève échéance la question de la viabilité du système actuel de retraite.
- Ce vieillissement engendre également une croissance forte et régulière de la consommation médicale et de santé et pose à terme le problème de l'orientation des dépenses publiques.
- En conséquence, les taux de prélèvements obligatoires ont atteint des niveaux limites et, pesant sur le coût du travail, posent des problèmes de compétitivité aux entreprises dans un contexte de mondialisation.

Cette remise en cause financière des dépenses de consommation collective s'accompagne d'une remise en cause théorique : retour des idées libérales favorables à une prise en charge privée et individuelle de ces dépenses.

Conclusion

À l'issue de cette dissertation, il apparaît nettement que le modèle de consommation occidental, fondé sur une norme de consommation en constante progression, exerce une véritable fascination et tend à s'imposer sur l'ensemble de la planète pour le meilleur et pour le pire.

Le meilleur, car il a indéniablement été à l'origine d'une formidable croissance du niveau de vie et a permis, par la conjonction d'une offre de biens et de services de plus en plus diversifiée et d'une consommation collective de haut niveau, de couvrir une gamme de plus en plus étendue de besoins.

Le pire, car ce modèle de consommation est aussi source de pollution, de gaspillages et d'inégalités. La question fondamentale qui se pose déjà et qui se posera à l'avenir, est celle de la maîtrise d'un tel système sans garde-fous, face aux défis de la mondialisation, des risques écologiques et de la faiblesse de la croissance économique.

Bibliographie

- N. Herpin et D. Verger, *La consommation des Français,* La Découverte, « Repères », 1988.
- R. Delorme et Ch. André, *L'État et l'économie,* Seuil, 1983.
- Données sociales INSEE, excellente source statistique.
- Jean Baudrillard, *Le système des objets,* collection « Tel » Gallimard, 1968.
- P. Bourdieu, *La distinction,* Éditions de minuit, 1979.

SUJET 3

Comparer le développement industriel et la croissance économique de la France et de l'Allemagne de 1880 à nos jours

(HEC 1991)

Analyse du sujet

- Ce type de sujet est tout à fait caractéristique des exigences des concours. Il combine en effet :
  - les aspects historiques puisqu'il porte sur une période relativement longue (un siècle);
  - les aspects théoriques : la France et l'Allemagne ont basé leur croissance sur des fondements institutionnels et théoriques assez nettement différents;
  - une bonne connaissance de l'actualité et des évolutions récentes des deux pays.

- Il s'agit, d'autre part, d'un sujet de comparaison. Dans ce cas, toute la difficulté consiste à problématiser correctement, en déjouant en premier lieu le piège du plan binaire (juxtaposition de deux parties, l'une consacrée à la France et l'autre à l'Allemagne) qui serait sévèrement sanctionné, ou du plan un peu meilleur, mais très banal (et qui ne permettrait donc pas de faire la différence) du type ressemblance/dissemblance. Un extrait du rapport du jury permet d'éclairer cela :

> « En général, le plan doit se bâtir autour d'un plan par niveau :
>
> - héritages/politiques mises en œuvre/bilan;
> - contexte/facteurs/problèmes;
> - conjonction/disjonction/corrélation;
> - période X/période Y/période Z (1880-1914/1914-1950/1950-1990);
> - une prise de conscience du caractère un peu artificiel de l'exercice, et de la nécessité de ne pas se noyer dans le détail, et de savoir grossir parfois rapprochements et contrastes pour optimiser la comparaison. »

- Nous avons privilégié ici le plan périodique qui semble le plus démonstratif. Il faut alors justifier les coupures temporelles :
  - l'année 1880 s'explique par le fait que cette date marque approximativement le rattrapage de l'économie française par l'Allemagne, après une guerre qui a opposé les deux pays (1870-1871), un changement de régime fondamental pour la France (IIIe République) et l'achèvement de l'unité allemande.
  - la coupure de 1945 est facile à comprendre.

Introduction

La France et l'Allemagne constituent aujourd'hui le cœur de la construction européenne. Celle-ci a été voulue par les pères fondateurs d'abord comme un projet politique : mettre fin à plus d'un siècle de rivalités marqué par trois conflits dont deux ont pris une envergure mondiale. Les relations entre les deux pays se sont pacifiées ; il y a aujourd'hui une réelle entente franco-allemande. Les rapports entre les deux États continuent de tenir une place centrale dans la politique extérieure des dirigeants : ce n'est pas un hasard si les derniers écrits de F. Mitterrand, publiés à titre posthume en avril 1996, concernent l'Allemagne. Ainsi, à chaque étape de l'après-guerre, cette entente s'incarne dans les relations privilégiées entre dirigeants : ce sont les fameux « couples » De Gaulle-Adenauer, Giscard d'Estaing-Schmitt, Mitterrand-Kohl.

Mais cette entente n'exclut pas une certaine inquiétude. L'Allemagne fascine par ses remarquables réussites ; la France redoute de n'être qu'une composante d'une vaste zone mark. L'Allemagne, elle, semble envier la place encore éminente de la France sur la scène internationale. La comparaison est donc permanente. Depuis la fin du XIXe siècle, la croissance économique des deux pays a été remarquable. Ils se sont hissés aux premières places mondiales avec des atouts différents et par des voies rarement parallèles ; mais force est de constater que l'Allemagne a su s'ériger en véritable modèle économique : Michel Albert dans son livre *Capitalisme contre capitalisme* parle ainsi de modèle rhénan.

Nous aborderons donc cette comparaison en suivant la démarche suivante : le modèle économique allemand trouve ses origines dans la croissance industrielle du dernier tiers du XIXe siècle face à une France plus malthusienne (période 1880-1945, 1re partie). Les deux pays connaissent une forte croissance après-guerre, mais selon des modalités différentes et des performances globales en faveur de l'Allemagne (2e partie).

I. La puissance allemande s'enracine dans la croissance industrielle rapide de la fin du XIXe siècle, face à une France plus malthusienne (période 1880-1945)

1. Les faits : le rattrapage allemand est une évidence en 1880

- L'Allemagne est, au début du XIXe siècle un pays largement agricole, sans grande base industrielle, très en retard par rapport à la France et à la Grande-Bretagne. C'est surtout un pays divisé ; la Confédération germanique de 1815 regroupe 41 États, avec à leur tête, la Prusse. Cette absence d'unité nationale a freiné le développement économique, alors qu'à la même époque, la France a depuis longtemps réalisé son unité et l'a même renforcée à la faveur de la Révolution (le jacobinisme) et de l'ère napoléonienne. Une tentative de zone économique a toutefois été tentée avec le Zollverein, sous la houlette de la Prusse. L'unité allemande est symboliquement réalisée, en grande partie, par la guerre contre l'Empire français en 1870, et ce sera l'œuvre de Bismarck.

L'avance française est très réelle jusque vers la fin du Second Empire. Mais la seconde révolution industrielle bénéficie largement à l'économie allemande qui connaît alors des taux de croissance nettement supérieurs (en moyenne 2,8 % et près de 4 % pour l'industrie) à ceux de la France (1,8 % en moyenne, et 2,5 % pour l'industrie).

● La croissance industrielle est marquée, en Allemagne, par une concentration bien plus nette qu'en France ; dès la fin du XIXe siècle, de grands noms apparaissent : BASF, Hoechst, Bayer pour la chimie ; Siemens, AEG pour le matériel électrique... Cette concentration se fait surtout sous la forme de cartels ; et il est à noter que les dispositifs législatifs anti-trusts sont presque inexistants en Allemagne. Les principales différences entre les deux pays résident dans les éléments suivants :

- un patronat plus innovateur, plus entreprenant en Allemagne (faut-il y voir une illustration des thèses de Max Weber sur les affinités électives entre capitalisme et protestantisme ?) ;
- une articulation recherche fondamentale/industrie plus sensible en Allemagne où la culture technique est fortement valorisée (réputation des écoles d'ingénieurs, budget plus important pour l'éducation nationale) ; ainsi, les savants allemands remportent de très nombreux prix Nobel en chimie, physique ;
- les aspects démographiques montrent aussi de nettes différences : alors que le malthusianisme s'implante particulièrement bien dans la France de la fin du siècle, avec une population qui évolue très lentement, l'Allemagne connaît une forte poussée de sa démographie : il y a là aussi rattrapage. De plus, la France reste un pays rural ; il faudra attendre la fin des années trente pour que la moitié de la population soit urbanisée, alors qu'en 1913, les deux tiers de la population allemande vivent en ville ;
- cette croissance économique se double, pour l'Allemagne, d'une avancée sociale considérable : des lois sociales conçues par Bismarck (dans le but avoué de contrer le mouvement socialiste...) mettent en place un dispositif assez élaboré pour l'époque : il s'agit, selon l'expression de W. Sombart, d'un « capitalisme organisé ». Il faudra attendre la fin des années vingt (Tardieu) et surtout le Front populaire, pour voir la France se doter de lois équivalentes.

En conclusion, il ressort clairement que la période est marquée par une croissance allemande bien plus impressionnante. Le pays rattrape son rival français et le dépasse vers 1880. Or, ce modèle de croissance, où l'État a joué un rôle prépondérant, se distingue nettement des modèles anglais ou français. Ceci illustre bien la théorie de Gerschenkron (*Economic backwardness in historical perspective*, 1962) qui critique les thèses de Rostow en montrant l'hétérogénéité des processus de développement. Il montre également que l'industrialisation est d'autant plus rapide que l'implication de l'État est forte et le retard important.

2. *L'entre-deux-guerres révèle à la fois une sensibilité différente aux événements et des réponses différentes à la crise*

- Une situation de crise quasi permanente souligne et accentue les différences entre les deux pays.

Les relations entre les deux pays sont obérées par la question des réparations et des suites du traité de Versailles, qui a fixé à 132 milliards de marks-or le montant prévu des réparations. La France n'en obtiendra finalement que 22 milliards, mais elle vivra longtemps avec l'illusion que « l'Allemagne paiera » ; la France occupera ainsi, en 1923, le cœur industriel de l'Allemagne, la Ruhr.

Le régime de Weimar, premier régime démocratique que l'Allemagne ait connu, a subi de plein fouet le terrible choc inflationniste de 1922-1923, qui a profondément marqué les consciences et nourrit, encore aujourd'hui, une véritable aversion pour toute forme d'inflation. Il n'en a pas moins poursuivi, voire amplifié, le processus de concentration industrielle. Deux exemples : la constitution, en 1925, de l'IG Farben, véritable géant de l'industrie chimique et, dans le secteur sidérurgique, des Vereinigten Stahlwerke qui concentrent 47 % de la production d'acier allemande. Ainsi, le système économique allemand et notamment son industrie, accentue sa cartellisation, alors que la concentration est bien moins forte en France.

Enfin, la crise de 1929 n'aura pas le même impact pour les deux pays : la crise se diffuse très rapidement en Allemagne par le canal financier ; les entreprises allemandes sont, en effet, dépendantes des capitaux américains ; leur retrait provoque des faillites bancaires et industrielles en chaîne. Le chômage massif qui en résulte provoque la montée du nazisme. La France est touchée plus tardivement et de manière moins brutale ; la crise est toutefois plus pernicieuse et se maintiendra, sous forme larvée, jusqu'à la guerre.

- Les réponses de l'Allemagne et de la France à la crise sont différentes.

  - En Allemagne, 1933 marque l'entrée dans le totalitarisme, au service d'une économie de guerre fondée sur l'autarcie et la montée en puissance des groupes industriels. Sous l'action fortement dirigiste du Dr Schacht, l'industrie allemande progresse rapidement : l'indice de production industrielle passe de 100 en 1929 à 130 en 1938. Les trois symboles de cette expansion sont les usines Krupp à Essen, la construction à Wolfsburg de la première voiture populaire allemande, la Volkswagen, et les premières autoroutes. Progressivement, le régime nazi accentue sa mainmise sur l'économie qui deviendra, dès 1939, une économie planifiée dans le but de la guerre, sous la conduite, notamment, d'Albert Speer.
  - La France des années trente subit la crise sans en prendre réellement la mesure ; on a parfois fustigé le manque d'intérêt des dirigeants de l'époque pour les questions économiques et industrielles. La France reste un pays encore rural dont l'agriculture, bien protégée par les tarifs Méline, rassemble un tiers des actifs ; elle se targue d'être parvenue à une certaine harmonie : les trois secteurs ne sont-ils pas équilibrés ?

L'industrie est nettement moins concentrée qu'en Allemagne, le capitalisme familial prédomine. Même si des efforts sont réalisés pour favoriser la production industrielle (par exemple, création du CNRS pour favoriser la recherche), les résultats sont très en faveur de l'Allemagne. Enfin, la tentation du repli sur l'empire colonial est permanente.

II. Une croissance forte pour les deux pays, mais des voies différentes et des performances globales en faveur de l'Allemagne

1. Les fondements de la croissance économique reposent, pour les deux pays, sur des choix structurels nettement différents

• L'après-guerre voit l'émergence et l'affirmation d'un modèle allemand de croissance aux résultats spectaculaires. Ce modèle repose sur le triptyque suivant :

- l'économie sociale de marché ou ordolibéralisme. La RFA puise sa philosophie économique et sociale dans une forme particulière de capitalisme libéral : l'économie sociale de marché. Cette doctrine repose à la fois sur les apports de l'école de Fribourg, creuset du libéralisme allemand (notamment l'économiste Walter Eucken et les animateurs de la revue Ordo), et les idées d'économistes proches du chancelier Ludwig Ehrard (comme W. Röpke ou Alfred Müller-Armack, inventeur du terme).Cette doctrine vise à élaborer une sorte de « constitution économique » fondée sur des principes nettement libéraux (concurrence, propriété privée, stabilité monétaire), qui se démarquent des idées keynésiennes pourtant en vogue à l'époque. Mais il s'agit d'un libéralisme tempéré par la justice sociale et un système élaboré de protection sociale, où l'État intervient de manière incitative ;
- le *Mitbestimmung* ou cogestion, né en 1951, consiste en une structure de concertation entre employeurs et salariés, ceux-ci étant représentés dans les entreprises au sein de conseils d'établissements. C'est une véritable institution, qui a sans doute assuré la paix sociale d'après-guerre. L'entreprise est ainsi un lieu de formation permanente (rôle du système de l'apprentissage) et de régulation sociale. Une étude du CNRS de 1992, sur l'origine sociale des patrons dans les deux pays a montré que 45 % des 200 plus grands patrons français sont issus de la fonction publique, alors que 65 % des patrons allemands ont fait toute leur carrière en entreprise ;
- le dogme de l'indépendance de la Bundesbank est le troisième pilier. La loi lui assigne la responsabilité de la stabilité monétaire. Ceci, combiné à l'aversion pour l'inflation, a donné une politique monétaire stable, très peu inflationniste, alors que le modèle français s'accommode d'une inflation rampante sur la période des Trente Glorieuses. En effet, la banque centrale allemande est contrainte, par ses statuts, de poursuivre l'objectif de stabilité ; c'est au gouvernement d'adapter les autres instruments de politique économique. On peut toutefois constater que, loin d'être rigide et excessivement contraignante, cette organisation a su parfaite-

ment gérer la création du SME, le traité de Maastricht et surtout la réunification.

- La France choisit dans l'après-guerre un type de croissance plus keynésien et plus interventionniste, qui se révèle tout de même efficace en termes de croissance, mais moins stable sur le long terme, notamment en matière d'inflation. Les grands choix français de l'après-guerre sont nettement différents des choix allemands : politique de nationalisations, planification indicative, régulation nettement keynésienne.

2. Les résultats montrent que la croissance a été plus régulière en Allemagne

- Dans les années suivant la fondation de la RFA (loi fondamentale du 8 mai 1949), la croissance économique est très rapide; pour une base 100 en 1950 (production industrielle), on trouve 248 en 1960, 327 en 1965, 440 en 1975. Malgré l'afflux des réfugiés, le chômage passe de 10,4 % en 1950 à 0,7 % en 1965.

L'industrie reste une valeur sûre; contrairement à la France ou aux États-Unis, la tertiairisation de l'économie n'a pas été aussi forte; en 1973, 48,7 % des emplois appartiennent au secteur industriel, contre 31 % aux États-Unis et 38,6 % en France. Or, les effets de synergie liés à l'activité industrielle sont importants.

L'industrie reste toujours concentrée, avec de puissants groupes industriels. Si l'on compare les chiffres d'affaires des cinq premières entreprises industrielles de la France et de l'Allemagne (année 1992), on constaterait que la plus importante entreprise industrielle française ne viendrait qu'au cinquième rang en Allemagne pour le chiffre d'affaires.

Enfin, en Allemagne, les liens finance-industrie sont très étroits et marqués par un recours assez faible des entreprises au marché financier, l'autofinancement restant prédominant.

- La croissance française présente un caractère plus chaotique, même si les performances globales sont élevées en termes de taux de croissance. Le caractère structurellement inflationniste de cette croissance constitue la principale différence avec la RFA.

III. Depuis les années quatre-vingt, le modèle allemand a mieux résisté à la crise, mais l'heure des remises en question semble aujourd'hui arrivée

1. Les deux pays réagissent différemment face à la crise, mais le modèle allemand finit par s'imposer

- Les deux pays subissent de plein fouet le premier choc pétrolier. Mais, alors que la France persiste dans une suite de politiques de relance de type keynésien (plan Chirac 1974, plan Barre 1978), et de plans de refroidissement, la RFA choisit très tôt la voie de la désinflation compétitive et de l'assainissement de ses finances publiques. L'inflation est rapidement jugulée, et ceci nettement plus tôt qu'en France. Cette stratégie de monnaie forte se traduit par un différentiel d'inflation très favorable, alors que la stratégie de monnaie faible suivie par la France contribue à le creuser davantage. La RFA est donc en mesure de retrouver un sentier de croissance grâce à ses capacités d'exportation. Toutefois, le modèle social ne sort pas indemne de la crise : la grande grève des sidérurgistes allemands pour les 35 heures hebdomadaires au début des années quatre-vingt montre que la cogestion atteint ses limites.

- La réussite de l'Allemagne se lit tout d'abord dans le niveau de ses échanges extérieurs : environ 15 % des exportations mondiales, la France atteignant 8 %; en 1977, l'Allemagne devient le premier exportateur mondial, loin devant la France qui cependant améliore ses positions. La structure du commerce extérieur des deux pays est très révélatrice des spécialisations industrielles : l'industrie française apparaît très dépendante des « grands contrats » (aéronautique, armement, transports...), alors que l'Allemagne est présente sur tous les fronts grâce à une politique mondialement reconnue de qualité et de fiabilité.

- Le deutsche mark exerce une attraction très forte sur l'ensemble des monnaies européennes. Constamment réévalué, c'est aujourd'hui une monnaie de réserve. C'est aussi le symbole de la réussite allemande et c'est avec beaucoup de réticence et de précautions que les Allemands renonceront au mark pour une monnaie européenne qui devra avoir à leurs yeux les mêmes qualités. La future organisation monétaire européenne porte d'ores et déjà l'empreinte allemande : banque centrale indépendante (installée à Francfort) sur le modèle allemand, rôle fondamental de l'Allemagne dans la définition des critères de convergence.

- La France ne suivra le modèle allemand qu'à partir de 1983, après l'échec de la politique de relance Mauroy. Cet échec est à la fois la constatation de l'écart conjoncturel entre la France et l'Allemagne, déjà engagée dans la désinflation compétitive, et la prise de conscience de la contrainte extérieure. Le choix de la désinflation compétitive s'avère un succès en termes de commerce extérieur et de situation financière des entreprises. À partir des années quatre-vingt-dix, le différentiel d'inflation devient favorable à la France, mais au prix d'un « suivisme » économique qui a pu faire dire que la politique monétaire française se faisait à Bonn, ou plutôt à Francfort.

2. Deux pays face à des défis majeurs

- L'Allemagne doit aujourd'hui faire face à trois défis :

  – un défi démographique dû à une crise démographique sans précédent, avec un taux de fécondité parmi les plus faibles en Europe et une population vieillissante;

  – le choc de la réunification (1990) : celle-ci est à la fois une chance, en ce sens qu'elle accroît le potentiel économique allemand (une population de 82 millions d'habitants, par exemple), mais aussi une source de problèmes non encore résolus, malgré les réalisations de la Treuhandanstalt (organisme chargé de privatiser les entreprises de l'ex-RDA), un chômage en pleine montée (11,5 % actuellement) et de lourdes charges financières (fortes hausses d'impôts décidées par H. Kohl) : le déficit public dépasse aujourd'hui 60 % du PIB et l'ex-RDA est encore aujourd'hui sous perfusion ;

– enfin, le défi de la mondialisation, qui remet en cause des pans entiers du modèle social allemand : le capitalisme rhénan semble moins apte que le capitalisme anglo-saxon face à la crise.

• En fait, les défis auxquels doit faire face la France sont assez semblables. Les différences entre les deux pays se sont estompées : le puissant levier de convergence que constitue le traité de Maastricht a beaucoup fait en ce sens, et les systèmes sociaux sont moins dissemblables qu'il n'y paraît, la France étant plus proche du modèle rhénan que du modèle anglo-saxon.

Conclusion

Ce qui semble bien s'imposer à l'issue de cette dissertation, c'est bien l'image de la réussite allemande. Sans négliger les performances françaises, bien réelles durant les Trente Glorieuses, sans négliger la place conséquente de la France dans les échanges mondiaux, force est de constater que l'économie allemande a su s'élever au rang de modèle et possède une force d'attraction considérable sur l'ensemble de l'Europe.

Mais l'exercice de la comparaison a aussi ses limites. Au-delà de la compétition qui est la règle dans les économies capitalistes, il y a aussi et surtout deux nations qui ont réussi à transcender un antagonisme séculaire, une histoire faite de bruit et de fureur, pour constituer la pierre angulaire de la construction européenne. Et c'est bien là, finalement, l'essentiel.

Bibliographie

Sur le modèle allemand de capitalisme rhénan, il faut lire :

Michel Albert, *Capitalisme contre capitalisme*, Seuil, Points Actuels, 1991.

À consulter également :

– J.-P. Gougeon, *L'économie allemande*, Le Monde Éditions, 1993.

– M. Demotes-Mainard, *L'économie de la R.F.A.*, La Découverte, 1989.

– S. Urban et E. Lipp, *L'Allemagne, une économie gagnante ?* Hatier, 1988.

– G. Schneilin et H. Schumacher, *Économie de l'Allemagne depuis 1945*, A. Colin, Cursus, 1990.

SUJET 4

Colonialisme et croissance économique

(inédit)

Analyse du sujet

- Ce sujet apparaît comme difficile pour au moins trois raisons :

Il s'agit d'un sujet inédit, touchant un aspect peu fréquenté du programme. Il concerne surtout deux chapitres : l'analyse de la croissance économique et le tiers monde, avec le débat sur le rôle de la colonisation dans la déstructuration des économies des PVD, thème cher aux tiers-mondistes.

La notion de colonisation recouvre deux acceptions :

- c'est d'abord un mouvement expansionniste, essentiellement européen, d'une grande ampleur, lié aux grandes découvertes maritimes et à l'exploration ;
- c'est un corps de doctrines visant à justifier cette expansion, cette justification reposant sur le double pilier de la religion (« apporter les lumières de la foi aux peuples égarés »), et de l'œuvre civilisatrice (« apporter les bienfaits de la civilisation à des peuples arriérés »).

Les liens avec la croissance économique peuvent être appréhendés ainsi :

- d'une part, la colonisation a-t-elle joué un rôle dans le déclenchement de la révolution Industrielle et dans la croissance capitaliste du XIXe siècle ? Il s'agit alors de montrer que la colonisation participe plutôt d'un mode de croissance extensif des économies capitalistes, mode de croissance qui trouve son apogée à la fin du XIXe siècle et dans l'entre-deux-guerres ; le passage à un mode de croissance plus intensif (fordiste) après 1945, associé au mouvement d'émancipation politique des peuples, a rendu le phénomène de colonisation caduc ;
- d'autre part et a contrario, la colonisation a été souvent rendue responsable de la déstructuration des anciens pays colonisés, ce qui serait à l'origine des difficultés récurrentes de ces anciennes colonies. C'est l'argument tiers-mondiste.

Cette analyse du sujet permet d'aboutir à la problématique suivante, fondée sur l'idée d'évolution du colonialisme : lié tout d'abord à diffusion du capitalisme (1re partie), le colonialisme accompagne la croissance du XIXe siècle et trouve son apogée dans l'entre-deux-guerres (2e partie). Enfin, la décolonisation des années cinquante et soixante, phénomène d'abord politique, participe aussi d'une forme plus intensive de capitalisme, qui trouve les ressorts de la croissance à l'intérieur de ses propres frontières (3e partie).

Introduction

En octobre 1931, a lieu à Paris l'Exposition coloniale internationale, qui marque certainement l'apogée du fait colonial; « la plus grande France » est alors à la tête d'un empire de plus de 100 millions d'habitants, le plus important restant l'Empire britannique, qui, à l'époque victorienne est au sommet de sa gloire.

Un quart de siècle plus tard, des auteurs comme F. Fanon (*Peau noire, masque blanc*) et bien d'autres, dénoncent violemment la brutalité du colonialisme et l'oppression économique et culturelle : c'est le début d'un vaste mouvement de décolonisation qui met fin à plusieurs siècles d'aventure coloniale.

Il apparaît ainsi que le colonialisme a accompagné la mutation économique et sociale des pays européen; né à la faveur des grandes découvertes (découverte et exploration du Nouveau Monde, exploration de l'Afrique...) et aussi d'une certaine image du monde fondée sur une supposée supériorité de l'homme blanc et sa foi dans sa mission civilisatrice, souvent très réelle mais qui a bien souvent été le paravent d'une politique de pillage pur et simple de régions entières.

Se constitue ainsi progressivement un véritable système-monde, formé d'un centre et d'une périphérie, basé sur des structures d'échange bien définies (matières premières contre produits manufacturés, capitaux...) qui constituent la trame d'une organisation économique qui trouvera son apogée dans l'entre-deux-guerres mais qui perdurera malgré la décolonisation.

Nous nous proposons de mettre en lumière les liens entre l'émergence et le développement du fait colonial et la croissance économique, sur la longue période, des pays européens; nous soulignons que les États-Unis sont à l'écart de ce mouvement, et pour cause : anciennes colonies eux-mêmes, ils ont souvent été à la pointe de l'anticolonialisme.

Nous verrons ainsi, dans une première partie, que le colonialisme est lié à la diffusion du capitalisme et à la révolution industrielle, puis dans une seconde partie, que le montée du colonialisme accompagne la croissance du XIXe siècle et trouve son apogée dans l'entre-deux-guerres. Enfin, nous montrerons que la décolonisation des années cinquante et soixante correspond à la fin de la phase de croissance extensive du capitalisme et que, a contrario, le colonialisme est rendu responsable des difficultés de certains PVD.

I. Capitalisme et colonialisme : un mariage déjà ancien

1. *Une première conception du colonialisme à l'époque mercantiliste*

- Chez un important économiste mercantiliste, A. de Montchrétien, on peut trouver une doctrine favorable au colonialisme fondée sur la dépendance absolue et exclusive des colonies à la métropole. Cette conception l'emporte largement durant la période pré-industrielle; par exemple, les Actes de navigation de 1651, en Grande-Bretagne, imposent le régime de l'exclusivité des transports de marchandises britanniques avec les colonies.

● Cette conception du colonialisme est basée sur trois points essentiels :

- empêcher que les productions coloniales ne concurrencent les produits nationaux ;
- écarter toute intervention d'un tiers entre colonies et métropole (principe d'exclusivité) ;
- contraindre la colonie à ne commercer qu'avec la métropole.

Ces conditions correspondent à une forme de capitalisme extensif, donnant naissance dans les colonies à une économie de plantations.

● Mais à la fin de cette période mercantiliste, et au cours du XVIIIe siècle, deux évolutions apparaissent :

- naissance d'un mouvement d'idées favorable à l'émancipation des colonies, fondé sur des principes philosophiques (influence notamment de l'abbé Raynal) ;
- une première libération de la tutelle coloniale avec la naissance des États-Unis (anciennes Treize colonies anglaises).

2. Colonialisme et révolution industrielle : un changement de perspective

● En 1763, la signature du traité de Paris, qui détermine les zones d'influence des deux grandes puissances, la France et la Grande-Bretagne, constitue une étape importante. A. Smith, J. Bentham et A. Young opposent à la vision mercantiliste les bienfaits du libre-échange et de la concurrence.

● La question du rôle du colonialisme dans la croissance économique et le déclenchement de la révolution industrielle se pose ; le lien habituel de causalité est :

Colonialisme	→	**Débouchés + matières premières**	→	**Croissance économique**

Or, des analyses plus récentes montrent plutôt une causalité inverse : le colonialisme n'a pas joué de rôle prépondérant dans le déclenchement de la révolution industrielle, mais en a été une conséquence, liée surtout à la recherche de débouchés.

Ainsi Paul Bairoch, analysant le cas anglais dans *Mythes et paradoxes de l'histoire économique* insiste sur trois aspects :

- l'Empire britannique était de dimensions réduites au moment de la révolution industrielle ; la conquête de l'Inde date des années 1780, alors que la révolution industrielle est en cours ;

- les échanges métropole-colonies étaient assez réduits ; l'Espagne et le Portugal avaient des niveaux d'échange bien supérieurs, sans que cela accélère le processus de croissance pour ces deux pays ;
- enfin, P. Bairoch montre que l'expansion coloniale du XIXe siècle a fourni des débouchés importants aux industries anglaises, notamment pour le textile, par exemple.

Les liens de causalité s'établiraient donc plutôt sur le modèle :

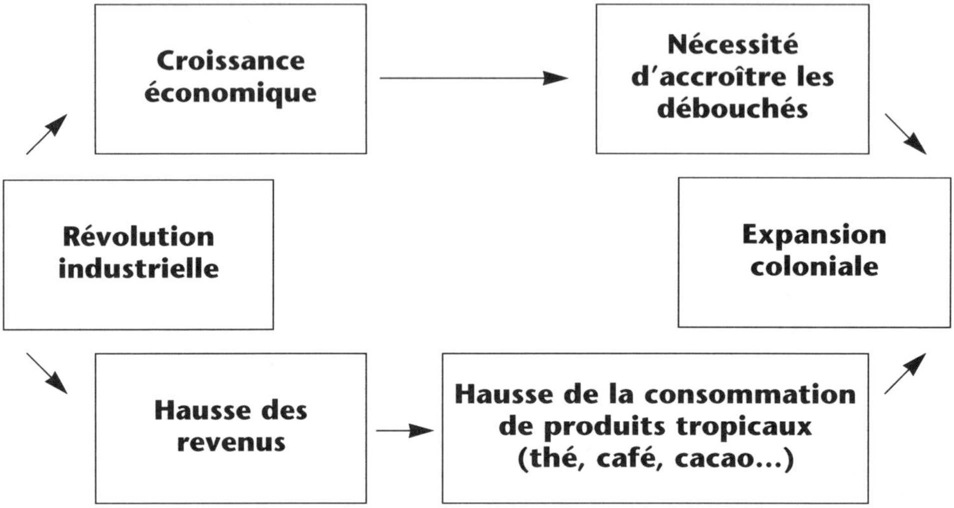

II. L'expansion coloniale accompagne la croissance économique et trouve son apogée dans l'entre-deux guerres

1. L'importance croissante du colonialisme au XIXe siècle

● Cette période correspond à une nette réactivation du colonialisme, érigé en véritable doctrine expansionniste. On peut distinguer deux composantes principales de cette doctrine :

- une tentative pseudo-scientifique d'adaptation des théories de Darwin (supériorité du fort sur le faible...) visant à justifier le colonialisme par des arguments scientifiques ; alors que la colonialisme avait plutôt une racine religieuse, il se pare désormais des habits neufs de la science ;
- le colonialisme devient une composante du prestige national ; le cas de la France est ici particulièrement intéressant : la IIIe République naissante veut effacer l'humiliation de la perte de l'Alsace-Lorraine par la conquête coloniale et par la mise en valeur des colonies : « l'Empire a fait perdre des provinces, la République, elle, fait gagner des territoires à la France ».

• Deux grands Empires coloniaux achèvent de se constituer dans la période 1880-1913 :

– l'Empire britannique, le plus vaste : un quart des terres émergées, près du quart de la population mondiale, s'appuyant sur l'activité de compagnies à charte, dotées de grands privilèges et de droits d'exclusivité dans l'exploitation des ressources ;

– l'Empire français, une des grandes priorités de la IIIe République sous l'impulsion notamment de Jules Ferry, (« La politique coloniale est la fille de la politique industrielle »), s'est constitué en trois grandes phases : une première expansion coloniale au XVIIIe siècle, essentiellement vers le Nouveau Monde, une seconde phase en 1830-1870, très importante (Afrique du Nord, Indochine), enfin une troisième phase vers l'Afrique de l'Ouest avec les débuts de la IIIe République.

• Les travaux de K. Marx montrent bien l'importance du débouché colonial pour des économies capitalistes en expansion. Marx s'est particulièrement intéressé au cas de l'Inde ; il a ainsi montré le caractère contradictoire de la domination britannique qui, d'une part, détruit les structures de la société indienne et d'autre part, crée les conditions d'une étape nouvelle en unifiant le pays et en développant les infrastructures. C'est à partir du socialisme de Marx, mais surtout de Lénine, qui publie en 1916 *L'impérialisme, stade suprême du capitalisme*, que l'anticolonialisme forgera ses principaux arguments.

2. L'entre-deux-guerres et « l'apothéose coloniale »

Deux points essentiels peuvent être mis en valeur.

• Cette période est marquée par une véritable exaltation de l'idée coloniale : nombreuses expositions, plan Sarraut d'« outillage économique des possessions d'outremer », plan Tardieu (1929) de financement par l'emprunt de grands travaux de mise en valeur... Il s'agit bien d'un apogée colonial.

• Dans le contexte de crise des années trente, face aux difficultés de la crise économique, l'idée d'un repli général sur l'Empire progresse :

– la Grande-Bretagne met en place un cadre de « préférence impériale » notamment à la suite des accords d'Ottawa, ce qui favorisera un processus protectionniste en chaîne et aboutira à une contraction du commerce international ;

– en France, se dessine une véritable stratégie autarcique, dans le cadre de l'empire colonial, sensé se suffire à lui-même. En effet, la part des colonies dans le commerce français progresse dans les années trente : 12,5 % en 1913, 25 % en 1932 et 30 % en 1936. Elles occupent le premier rang des partenaires commerciaux de la métropole. L'Algérie, par exemple, devient le premier partenaire commercial en 1932, ce qui, d'ailleurs, suscita des heurts avec les producteurs de blé et les viticulteurs.

III. L'après-guerre est marqué par la décolonisation, qui correspond aussi au passage à une croissance intensive centrée sur les pays développés ; a contrario, le colonialisme est souvent accusé d'être à l'origine du retard de nombreux PVD

1. *La décolonisation correspond à l'émergence d'un nouvel ensemble, le tiers monde, et à une croissance économique plus intensive*

● Jusqu'à la décolonisation, la sujétion des colonies est totale. La fin de la guerre voit le début des guerres d'indépendance : Inde en 1948, Indochine en 1954, Algérie en 1962, pays africains au cours des années cinquante et soixante... Parallèlement, ces nouveaux pays cherchent leur voie entre modèle socialiste de croissance et modèle extraverti ; la décolonisation s'inscrit rapidement dans la logique de l'affrontement Est-Ouest.

● La décolonisation peut ainsi être analysée comme une conséquence logique du passage, dans les pays développés, à un mode de croissance plus intensif, fordiste, qui trouve à l'intérieur les conditions de sa propre reproduction.

● Mais cette indépendance n'élimine pas entièrement les relations de domination avec les anciennes métropoles :

- des liens monétaires et financiers (exemple de l'Afrique francophone avec le franc CFA) ;
- des liens économiques : coopération, aide...
- des liens migratoires.

2. *Un débat toujours d'actualité : le colonialisme est-il responsable du sous-développement persistant de certains pays ?*

● L'accusation : pour les tiers-mondistes, la colonisation a déstructuré les économies et déchiré le tissu social, particulièrement en Afrique. Elle s'est accompagnée d'une désagrégation rapide des modèles culturels des groupes dominés par une acculturation souvent forcée. La colonisation est en outre accusée d'avoir créé des frontières artificielles qui ne s'expliquent ni par l'histoire des populations ni par la géographie, et qui sont à l'origine de nombreux conflits actuels.

● La défense : de nombreux arguments peuvent être mobilisés pour nuancer les accusations portées contre le fait colonial. Deux arguments se détachent :

- certains pays qui n'ont pas subi de colonisation restent pourtant en situation de sous-développement : on peut citer le cas de l'Éthiopie, qui a résisté à la tentative de colonisation italienne, mais qui reste un des pays les plus pauvres du monde ;
- a contrario, certaines anciennes colonies ont connu un développement remarquable ; sans parler des États-Unis, on peut citer le cas de nombreux pays du Sud-Est asiatique.

Conclusion

Colonisation et croissance économique entretiennent donc des relations fortes. En fait, le processus de colonisation est lié à une étape bien particulière de la croissance des pays européens : la croissance extensive du XIXe siècle, dont les mécanismes de régulation, tels qu'ils ont été analysés par Marx, s'accommodent fort bien, et, au besoin exigent la colonisation ; celle-ci a constitué à la fois un débouché, une source de matières premières, et une possibilité de valorisation des capitaux.

Avec le passage à une forme de croissance plus intensive, la colonisation perd beaucoup de sa raison d'être ; elle ne se justifie plus que par des considérations politiques et idéologiques.

Pour autant, la décolonisation, moment inévitable de l'émancipation des peuples, n'a pas supprimé tous les liens de dépendance.

Bibliographie

Ouvrages

La plupart des ouvrages sont nettement historiques. Les plus intéressants sont :

- Raoul Girardet, *L'idée coloniale en France de 1871 à 1962*, Le livre de poche, Pluriel, 1990.
- Pierre Guillaume, *Le monde colonial*, A. Colin, 1994.
- Jean-Louis Miege, *Expansion européenne et décolonisation de 1870 à nos jours*, PUF, Nouvelle Clio, 1994.

Plus économiques, donc plus proches du programme, deux ouvrages fondamentaux :

- Jacques Marseille, *Empire colonial et capitalisme français, histoire d'un divorce*, Seuil, Points-Histoire, 1989.
- Paul Bairoch, *Mythes et paradoxes de l'histoire économique*, La Découverte, 1994.

Articles

- Cahiers français n° 265 mars 1994, un excellent article « *Apogée ou crise coloniale* » (pages 25 - 32).

Thème 2

Politique économique

Sujet 5

Les dépenses publiques favorisent-elles la croissance économique ? (ESCP 1997)

Sujet 6

Politiques monétaires et politiques budgétaires durant les deux grandes crises du XXe siècle (Ecricome 1993)

SUJET 5

Les dépenses publiques favorisent-elles la croissance économique ?

Vous appuierez votre argumentation sur l'expérience des grands pays industrialisés (Allemagne, États-Unis, France, Japon) de 1945 à nos jours

(ESCP 1997)

Analyse du sujet

● Sujet très classique, clair et bien posé, qui demande un bon esprit de synthèse : les aspects théoriques sont, en effet, essentiels, mais doivent être constamment confrontés aux faits, comme le recommande explicitement le sujet (qui limite la comparaison internationale à quatre pays : Allemagne, États-Unis, France et Japon).

Il faut, en premier lieu, préciser la notion de dépenses publiques. Cette notion ne doit pas être limitée au seul budget de l'État. En effet, les dépenses publiques comprennent l'ensemble des dépenses des administrations publiques : État, collectivités locales, organismes de sécurité sociale.

Sur le long terme, on assiste à une croissance régulière, inexorable, du poids des dépenses publiques, à tel point que l'on a pu considérer (c'est le sens de la loi de Wagner) qu'il s'agit d'un phénomène naturel et consubstantiel à la croissance économique. Le rapport dépenses publiques/PIB constitue un bon indicateur du poids des dépenses publiques par rapport à l'activité économique.

	1789[a]	1815[a]	1872	1912	1920	1938	1947	1974	1985[a]
État	10	11,7	8,2	8,8	27,8	20,1	29,0	26,4	23,2
Collectivités locales	–	–	2,8	3,8	5,0	5,5	3,7	9,1	8,8
Sécurité sociale	0	0	0	0	0	0,9	8,1	15,2	23,3
Total	**10**	**11,7**	**11**	**12,6**	**32,8**	**26,5**	**40,8**	**50,7**	**49,8**

(a) Par rapport au produit intérieur brut, qui est supérieur à la production intérieure brute. Source : *Cahiers Français* n° 261, 1993.

Avec un taux qui dépasse désormais 50 % en France, les dépenses publiques constituent donc un élément absolument central. Keynes lui-même estimait que le poids de l'État dans l'économie ne pouvait pas dépasser 25 % sans remettre en cause les fondements de l'économie de marché...

Par ailleurs, la comparaison internationale (le sujet y fait explicitement référence) montre une grande variété de situations :

1960		1990	
Allemagne	32,4	Suède	61,4
Royaume-Uni	32,2	Italie	53
Suède	31	Allemagne	46
Italie	30,1	Royaume-Uni	42,1
États-Unis	27	États-Unis	36,6
Japon	17,5	Japon	32,3

Cette croissance du poids des dépenses publiques n'a pas été régulière; les travaux de Peacock et Wiseman ont montré l'existence d'effets de déplacement durant les périodes de guerre et de crises économiques.

• Comment s'explique alors la croissance des dépenses publiques, notamment après 1945?

Plusieurs éléments d'explication peuvent être avancés :

- la loi de Wagner;
- un vaste processus d'extension de fonctions dévolues auparavant à la charité, à la solidarité familiale, autrement dit, l'émergence de l'Etat-Providence;
- enfin, une justification théorique fondamentale : la révolution keynésienne. Non seulement les dépenses publiques peuvent avoir un rôle de justice sociale par la redistribution des revenus qu'elles opèrent et par l'accession du plus grand nombre à la santé, l'éducation..., mais les dépenses publiques peuvent être utilisées à des fins de stimulation de l'activité économique, dans le cadre de politiques discrétionnaires. Avec la théorie keynésienne, rationalité économique et justice sociale apparaissent compatibles.

• Avec la crise économique et le renouveau des idées libérales, les dépenses publiques et la politique budgétaire font figure d'accusées. La discipline budgétaire, le désengagement de l'Etat, la stabilisation, voire la baisse des dépenses publiques témoignent de ces nouvelles orientations qui ont marqué les années quatre-vingt et quatre-vingt-dix. Il semble que l'on assiste, aujourd'hui, à une réhabilitation du rôle de l'État, mais sur de nouvelles bases.

La problématique choisie est donc la suivante : la révolution keynésienne assigne aux dépenses publiques un rôle déterminant dans la croissance économique et la stabilisation conjoncturelle. Elles ont accompagné la croissance économique des Trente Glorieuses. Mais cette relation est remise en cause à la suite de la crise économique et des impasses de la régulation keynésienne; aujourd'hui, une nouvelle légitimité des dépenses publiques semble se dessiner.

Introduction

Dans son livre de 1944, *Du travail pour tous dans une société libre,* Lord Beveridge écrivait : « À l'avenir, l'État aura la charge d'une nouvelle fonction publique. Il doit effectuer un décaissement total suffisant pour protéger ses citoyens contre un chômage massif, aussi énergiquement qu'il lui appartient de les défendre contre le vol et la violence. »

Par ces mots, le fondateur de la sécurité sociale britannique définissait un nouveau champ d'intervention de l'État. La conception libérale des finances publiques, héritée du XIXe siècle restait entièrement tournée vers la notion d'équilibre budgétaire, les cycles économiques étant censés se résoudre par le mécanisme autorégulateur du marché. La « révolution copernicienne » de Keynes va faire de la dépense publique, en même temps qu'un instrument de justice sociale, un élément de régulation de la conjoncture et de maintien de la croissance. Aux fonctions régaliennes définies par Adam Smith, l'État ajoute désormais, selon Musgrave, de nouvelles fonctions de régulation et de redistribution.

Les années de croissance ont donc été marquées, dans les pays développés, par une croissance considérable du rôle de l'État et du poids des dépenses publiques dans le PIB. Désormais, en France, les dépenses publiques (comprenant les trois ensembles budget de l'État, dépenses de sécurité sociale, budgets des administrations locales) atteignent plus de la moitié de la richesse produite.

À la fin des années soixante, alors que se dissipe l'euphorie des Trente Glorieuses, on assiste à un retour en force des idées libérales. Ces années marquent, en effet, l'épuisement des ressorts de la croissance d'après-guerre ; le phénomène de stagflation remet en cause la politique conjoncturelle keynésienne ; la dérive des dépenses publiques est mise en accusation : effet d'éviction pénalisant les entreprises, pression fiscale excessive... Une nouvelle macro-économie classique, fondée sur un important renouvellement théorique, pose le principe radical de l'inefficacité des politiques économiques et notamment de l'utilisation des dépenses publiques aux fins de stimulation de la croissance. Ces analyses ont inspiré les politiques visant à réduire le poids des dépenses publiques dans les pays développés.

Aujourd'hui, les dépenses publiques semblent retrouver une nouvelle légitimité : les théories de la croissance endogène réhabilitent le rôle de l'État. De plus, avec l'indépendance des banques centrales, la politique budgétaire redevient un levier d'action important.

Nous suivrons donc le plan suivant : Avec la théorie keynésienne, les dépenses publiques apparaissent comme des facteurs de croissance économique et de stabilisation conjoncturelle (1re partie). Cette relation est remise en cause à la suite de la crise économique et des impasses de la régulation keynésienne ; une nouvelle légitimité des dépenses publiques semble toutefois se dessiner actuellement (2e partie).

I. La révolution keynésienne : les dépenses publiques comme facteur de croissance économique et de stabilisation conjoncturelle

1. *Jusqu'à la théorie keynésienne, une conception limitée des dépenses publiques*

- Toute la doctrine des finances publiques du XIXe siècle est dominée par les préceptes libéraux. Adam Smith en a posé les prémices dans une synthèse particulièrement importante (Livre V de la *Richesse des Nations*), à l'origine de la notion d'État-gendarme, selon l'expression d'A. Gramsci.

Les dépenses de l'État, selon Smith, ne devaient couvrir que trois domaines : les principales infrastructures, le « gouvernement » (justice, police...) et la défense du territoire. Il s'agit des fonctions régaliennes de l'État.

L'équilibre économique s'établit spontanément, en vertu de la loi de Say. Les cycles économiques sont considérés comme inéluctables, et de courte durée. Les dépenses publiques n'ont pas vocation à jouer un quelconque rôle anticyclique. Le postulat d'équilibre des finances publiques domine le XIXe siècle.

● Des analyses quantitatives ont tenté de mesurer l'évolution des dépenses publiques à long terme et surtout leur effet sur la croissance économique.

Les travaux de Ch. André et R. Delorme (*L'État et l'économie. Un essai d'explication de l'évolution des dépenses publiques en France, 1870-1980*), montrent le passage d'un État circonscrit, correspondant à une évolution faible des dépenses publiques (celles-ci ne « pèsent » alors que 8 à 12 % du produit physique de 1789 à 1870), vers un État inséré après 1945, marqué par un changement de la nature des dépenses publiques et une forte progression de celles-ci.

On trouve déjà chez Wagner une approche de la croissance des dépenses publiques par rapport à la question des externalités : les dépenses publiques sont à l'origine de puissants effets externes qui favorisent la croissance.

Enfin, les travaux empiriques de Peacock et Wiseman, dans le cas britannique (*The growth of Public Expenditure in the United Kingdom,* 1967), montrent l'existence d'effets de déplacement des dépenses publiques : les périodes de guerres et de crises sont propices à une montée des dépenses publiques; celles-ci ne reviennent pas ensuite à leur niveau antérieur, d'autres dépenses, notamment sociales, venant se substituer aux dépenses de guerre.

● On peut toutefois parler d'État-gendarme pour le XIXe siècle, pour trois raisons essentielles :

- le véritable dogme de l'équilibre budgétaire : l'équilibre des dépenses publiques est la règle, le déficit budgétaire, l'exception; il faut attendre Keynes pour trouver une justification théorique au déficit budgétaire utilisable à des fins de relance économique;
- l'archaïsme de la fiscalité du XIXe siècle, notamment en France avec les « quatre vieilles », peu sensible à l'activité économique, et qui illustre l'importance d'une économie de rente. Ce n'est qu'en 1914, par la création de l'impôt sur le revenu (J. Caillaux), qu'une fiscalité plus moderne est introduite;
- malgré des incursions dans des domaines nouveaux (santé, éducation...), l'essentiel des dépenses publiques reste cantonné aux fonctions régaliennes. Le rôle des guerres doit être souligné : les dépenses publiques servent à les préparer, les faire, puis tenter d'en réparer les séquelles économiques et sociales.

● Enfin, si ces analyses sont vraies pour la France ou la Grande-Bretagne, elles ne le sont pas pour des pays à industrialisation tardive. A. Gerschenkron, dans son ouvrage *Economic backwardness in historical perspective* (1962), montre que, contrairement aux thèses de Rostow, les disparités nationales dans le processus d'industrialisation sont importantes. Le rôle de l'État et des dépenses publiques est ici fondamental : elles remplacent l'initiative privée insuffisante, le manque de capitaux et d'épargne préalable : c'est le cas de l'Allemagne de Bismarck ou du Japon de l'ère Meiji.

2. La relation dépenses publiques-croissance : l'apport fondamental de la théorie keynésienne

J.M. Keynes a écrit en réaction à la crise de 1929. Frappé par son ampleur, il expose sa théorie, en opposition aux thèses classiques, et, en particulier à la synthèse marshallienne, dans deux grands ouvrages : le *Traité sur la monnaie* (1931) et la *Théorie générale de l'emploi, de l'intérêt et de la monnaie* (1936). C'est cette dernière contribution qui pose les fondements de la macro-économie moderne et de l'analyse des dépenses publiques dans la croissance économique.

- La théorie générale réfute la synthèse marshallienne sur deux point fondamentaux :
  - l'économie est un jeu de pouvoirs, et non une science désincarnée; des forces s'exercent sur le marché;
  - l'équilibre économique peut se fixer durablement en sous-emploi, et le niveau de l'emploi dépend de la demande effective, anticipée par les entrepreneurs.

Ces postulats impliquent l'intervention de l'État : la « main visible » de l'État doit se substituer à la « main invisible » du marché, par une politique expansive fondée sur les dépenses publiques, dont les effets sont amplifiés par le mécanisme du multiplicateur.

Ce principe du multiplicateur constitue le fondement de toute politique de relance. Introduit originellement par Kahn (1931), et repris par Keynes, il justifie la relance de l'activité économique accompagnée d'un déficit budgétaire. Une hausse de la composante investissement de la demande effective, hausse financée par le déficit budgétaire, donne lieu à une succession de vagues d'ampleur décroissante, le rapport entre le supplément de revenu global obtenu et le supplément d'investissement étant égal au multiplicateur $k = 1/1 - c$ (c étant la propension à consommer). Le théorème de Haavelmo montre qu'un budget équilibré a également un effet multiplicateur.

L'économie keynésienne est donc une économie de la dépense; elle fonde l'idée d'une utilisation anticyclique des dépenses publiques, qui nécessite une large socialisation de l'investissement et le recours au déficit budgétaire.

- Dès 1937, sous l'influence de J.R. Hicks *(Mr. Keynes and the Classics. A suggested interpretation*, Econometrica), une synthèse entre l'apport keynésien et la tradition néoclassique s'est imposée au point de devenir la théorie macroéconomique standard d'après-guerre. Il s'agit du modèle IS-LM. Associé, un peu plus tard, aux enseignements tirés de la courbe de Phillips, cet ensemble a permis de fonder les politiques de stabilisation et de relance conjoncturelles d'après-guerre, dans lesquelles les dépenses publiques jouent un rôle clé.

– Le modèle IS-LM repose sur la combinaison, dans un cadre méthodologique d'équilibre général d'inspiration néoclassique, d'une courbe IS (ensemble des équilibres possibles entre investissement et épargne sur le marché des biens et services) et d'une courbe LM (représentant les équilibres possibles sur le marché des capitaux). L'intersection de ces deux courbes détermine un revenu global d'équilibre, mais qui peut correspondre à un équilibre de sous-emploi. La résorption de ce chômage peut se faire soit par la politique budgétaire expansive, soit par la politique monétaire, soit par une combinaison des deux. Toutefois, l'existence d'une trappe à liquidité entraîne une moindre efficacité de la politique monétaire : le modèle macroéconomique standard aboutit ainsi à une nette domination de la politique budgétaire, la politique monétaire étant plutôt conçue comme accompagnement.

Avec les travaux de A.W. Phillips et de Lipsey, qui montrent l'existence d'une relation empirique entre inflation et chômage, la politique économique se résume à un réglage fin (« *fine tuning* »), consistant à déterminer un sentier de croissance : le taux de chômage le plus faible possible, compte tenu du niveau d'inflation tolérable.

En définitive, toute l'ambiguïté de la révolution keynésienne réside dans le fait qu'il s'agit d'une analyse de court terme. Le « *fine tuning* » consiste, finalement, à modifier continuellement les données budgétaires afin d'agir sur la conjoncture. Or, la croissance n'est pas un phénomène conjoncturel. Indéniablement, les politiques économiques keynésiennes ont permis une action conjoncturelle par les dépenses publiques. Mais qu'en est-il à long terme ? C'est sur ce point que la divergence avec les idées libérales est la plus nette.

3. *Les faits montrent que, de 1945 à la crise actuelle, les dépenses publiques ont contribué à la croissance économique*

L'après-guerre constitue un véritable tournant. « L'économie cesse d'être considérée comme un donné pour être appréhendé comme un construit » (P. Rosanvallon, *L'État en France de 1789 à nos jours*). Lorsque P. Mendès-France écrit, en 1954, *La science économique et l'action*, il exprime bien ce nouvel état d'esprit qui considère l'économie comme un nouveau champ d'action pour le politique, l'instrument budgétaire et la dépense publique étant désormais considérés comme éléments de régulation économique et sociale. L'État-providence moderne devient le moyen de garantir la croissance.

- En premier lieu, c'est un vaste renouvellement du haut personnel de l'État, dans l'immédiat après-guerre, qui permet une telle évolution : il s'agit, dans le cas français, d'un véritable keynésianisme par le haut, qui rejoint la tradition jacobine et colbertiste. Autour de P. Mendès-France, des hommes comme S. Nora, P. Massé (successeur de J. Monnet au Commissariat au Plan), F. Bloch-Lainé… développent une nouvelle conception du rôle de l'État et des dépenses publiques. La création de l'ENA, en 1945, va contribuer à diffuser les idées keynésiennes à toute une génération de hauts fonctionnaires. C'est aussi à cette époque que des structures nouvelles apparaissent : le Plan, la Comptabilité nationale, la Direction de la prévision, l'INSEE…
- Le rôle des dépenses publiques est visible à deux niveaux :
  - sur un plan structurel, la période de l'après-guerre a vu la mise en place de la Sécurité sociale, c'est-à-dire l'institutionnalisation du salaire indirect. Le rôle contra-cyclique de la dépense publique est ici particulièrement important. L'État a également financé un développement important des infrastructures ; après la reconstruction, les années soixante et soixante-dix sont marquées par l'impératif industriel : le volontarisme de l'État est sans doute à son apogée. Les dépenses publiques constituent bien l'instrument privilégié de la modernisation et de la croissance françaises ;

– sur le plan conjoncturel, l'après-guerre est marqué par un activisme de la politique budgétaire. Le déficit des dépenses publiques varie, sur la période, de 2 à 5 % du PIB ; la politique budgétaire joue un rôle essentiel dans la régulation conjoncturelle et la recherche de plein-emploi (G. Pompidou : « Mieux vaut l'inflation que le chômage »).

Cette utilisation offensive du déficit des dépenses publiques débouche souvent sur des tensions inflationnistes que des plans de stabilisation (Rueff-Pinay en 1958, par exemple) cherchent à juguler.

• Sur le plan international, on retrouve cette domination de l'approche keynésienne des dépenses publiques.

Aux États-Unis, sous l'impulsion de A. Okun et W. Heller, président, de 1961 à 1964, du Comité des conseillers économiques de la Présidence, une nouvelle approche des dépenses publiques et de la politique budgétaire se développe, fondée sur la recherche prioritaire du plein-emploi. Ces « *New Economics* » reposent sur la notion de PNB potentiel (PNB nécessaire pour atteindre le plein-emploi) et sur la notion de budget de plein-emploi : un « *spending deficit* » peut combler la différence entre PNB attendu et PNB potentiel (gap d'Okun).

Adoptée par les administrations Kennedy et Johnson, cette nouvelle approche plus offensive des dépenses publiques aboutit à une forte croissance (la plus élevée depuis la guerre), mais se heurtera, à partir de 1965, à une aggravation du déficit budgétaire à la suite de l'engagement au Vietnam.

Le rôle des dépenses publiques et de la politique budgétaire active est également sensible en Grande-Bretagne et au Japon. Seule, dans une certaine mesure, la RFA fait exception. Les orientations keynésiennes y sont nettement moins affirmées; le choix de l'indépendance de la Bundesbank, la lutte prioritaire contre l'inflation, ont conduit à une politique moins systématique des dépenses publiques pour stimuler la croissance, ce qui, il faut en convenir, n'a pas empêché celle-ci.

II. Les dépenses publiques face à la crise : remise en cause et émergence d'une nouvelle légitimité

1. La crise et les impasses de la régulation keynésienne ont conduit à de nouvelles interrogations sur les dépenses publiques et à un retour des idées libérales en matière de politique budgétaire

• L'entrée dans la crise constitue un tournant pour les dépenses publiques et ceci à deux niveaux :

– avec un taux de croissance réduit de moitié, voire moins, par rapport aux Trente Glorieuses, alors même que la crise engendre des dépenses publiques plus élevées, la progression des recettes s'est fortement ralentie. En 1993, par exemple, le chômage a coûté 163 milliards de francs, dont 123 au titre de l'indemnisation et, dans le même temps, il a entraîné un manque à gagner de 130 milliards de recettes fiscales. C'est donc une véritable crise des ciseaux que connaissent les dépenses publiques;

– de plus, un certain nombre de facteurs socio-économiques et démographiques viennent aggraver la situation : l'accroissement de l'espérance de vie, le vieillissement de la population active, la baisse de l'âge de la retraite dégradent fortement le rapport cotisants/ayants droit. L'accès de tous à la santé, le développement de l'infrastructure médicale, la forte élasticité-revenu de la demande de santé, ont tiré vers le haut les dépenses médicales. La mise en œuvre de plans successifs de maîtrise de ces dépenses de santé (ticket modérateur, forfait hospitalier, CSG, plan Juppé pour la Sécurité sociale...) n'a pas empêché une dérive très nette et un déficit structurel de la branche maladie de la Sécurité sociale.

• Sur un autre plan, l'entrée dans la crise est marquée par l'échec des politiques d'inspiration keynésienne, fondées sur la stimulation budgétaire. La déformation du carré magique à partir du premier choc pétrolier montre le développement d'une stagflation remettant en cause les enseignements de la courbe de Phillips. Les politiques de relance budgétaire traditionnelles (plan Chirac de relance de 1975, par exemple) ne débouchent que sur des tensions inflationnistes, sans endiguer le chômage. À la fin des années soixante-dix, avec le second choc pétrolier, la cause est entendue : la régulation keynésienne fondée sur l'utilisation conjoncturelle des dépenses publiques laisse la place à des politiques libérales monétaristes : la lutte contre l'inflation devient l'objectif prioritaire.

Au total, la crise a rompu le consensus sur les dépenses publiques qui prévalait dans les années de croissance. Désormais, la question de l'efficacité est posée. Les prélèvements excessifs ne pénalisent-ils pas l'activité économique ? La protection sociale ne génère-t-elle pas l'oisiveté, l'assistanat et les comportements de type « cavalier seul » ? La théorie reprend à son compte cette remise en cause de l'État-providence.

• À mesure que les ressorts de la croissance économique d'après-guerre s'épuisent et que les politiques de relance keynésiennes s'essoufflent, on assiste à un retour des thèses libérales, dont le renouveau théorique, dans les années soixante-dix et quatre-vingt est très important.

À l'origine, la réinterprétation de la courbe de Phillips par M. Friedman et E. Phelps montre l'existence d'un taux de chômage naturel, quel que soit le niveau d'inflation : la courbe de Phillips ne serait valable qu'à court terme ; à long terme, les anticipations adaptatives des agents économiques rendent illusoire toute relance par les dépenses publiques : la courbe de Phillips est, en fait, verticale. À l'activisme keynésien, Friedman oppose la mise en œuvre de règles intangibles fondées sur la neutralité budgétaire (l'équilibre budgétaire devrait selon lui être inscrit dans la Constitution américaine), et un strict contrôle de la masse monétaire.

Ces analyses rejoignent les travaux de l'école du Public Choice. Pour les principaux auteurs de ce courant de pensée (Buchanan, Tullock...), la croissance des dépenses publiques s'explique non par une extension des besoins collectifs, mais par le fonctionnement démocratique : les coalitions d'électeurs, agissant en groupes de pression, obligent les hommes politiques à accroître les dépenses de l'État ; il en résulte un cycle électoral des dépenses publiques, qui ne correspond pas à la croissance économique réelle.

• Dépassant, dans le courant des années soixante-dix, le point de vue monétariste, la nouvelle macro-économie classique refonde durablement la théorie libérale à partir de la notion d'anticipations rationnelles, introduite par F. Muth (1961) et développée par R. Lucas et T.J. Sargent (1972). Elle aboutit à une conclusion radicale : l'inefficience de toute politique de régulation conjoncturelle monétaire ou budgétaire.

Les implications de ces nouvelles approches sur les dépenses publiques ont été notamment développées par R. Barro en 1974, qui, reprenant une analyse de D. Ricardo, montre, à travers le théorème d'équivalence, que des dépenses publiques financées par l'emprunt ne produiront pas l'effet de relance attendu car les agents économiques rationnels escompteront, pour le futur, une croissance des impôts destinés à financer le remboursement de cet emprunt et vont donc accroître leur épargne en prévision.

2. De nouvelles politiques visant à contenir, voire à baisser les dépenses publiques sont mises en œuvre, mais avec des résultats peu probants

• Sous l'influence de ces nouvelles idées libérales, en raison de la crise, de la stagnation des revenus et d'une certaine lassitude fiscale, la plupart des pays développés ont tenté de limiter, voire d'abaisser les dépenses publiques. La célèbre « courbe de Laffer », déclinée sous sa forme la plus simpliste (« Trop d'impôts tue l'impôt ») a servi de référence. À la fin des années soixante-dix, aux États-Unis, l'économie de l'offre constitue un des éléments fondamentaux de la politique économique du président Reagan. Les « *supply-side economics* » reposent sur trois éléments essentiels :

- en juillet 1981, vote de l'ERTA (*Economic Recovery Tax Act*) instituant une réduction des taux d'imposition sur le revenu de 25 % en 3 ans;
- une réduction des dépenses publiques (hors dépenses militaires, qui tendent plutôt à augmenter), centrée surtout sur les budgets sociaux;
- une politique de déréglementation, appliquée de manière radicale dans le transport aérien, les télécommunications...

• En Grande-Bretagne, la rupture avec près de trente années de keynésianisme sera consommée avec l'arrivée au pouvoir de Mme Thatcher en 1979. Il s'agit là encore de baisser les dépenses publiques, de mettre en place l'économie de l'offre et la déréglementation.

Seule la France tente une expérience keynésienne avec l'arrivée de la gauche au pouvoir en 1981. La politique de M. Mauroy, premier ministre de 1981 à 1983, cherche une sortie de crise par des politiques keynésiennes de relance de la demande (hausse du SMIC et des prestations sociales, embauche de fonctionnaires...). Ce « keynésianisme dans un seul pays » débouche sur un déficit commercial record en 1982 : la contrainte extérieure s'impose désormais comme un élément incontournable de la politique économique. L'alignement sur le monétarisme se fera dès la fin de l'année 1982.

• Les tentatives de baisse de dépenses publiques ont-elles réussi ? La réponse est plutôt négative.

Aux États-Unis, la forte reprise économique des années 83-85 est due, pour l'essentiel, à l'ampleur du déficit budgétaire. C'est donc une relance par les dépenses publiques, conforme, sinon à l'esprit, du moins à la lettre au programme keynésien. L'ampleur du déficit public est tel que, en 1985, la loi Gramm-Rudman-Hollings préconise un retour programmé à l'équilibre budgétaire à l'horizon 1991. Cette loi n'a guère été appliquée, le déficit budgétaire restant élevé sous la présidence de G. Bush. Par contre, avec la forte croissance économique accompagnant le second mandat de M. Clinton, l'idée d'un équilibre des finances publiques n'est plus désormais une utopie. Dans sa présentation, le 6 février 1997, du projet de budget fédéral, M. Clinton vise l'équilibre budgétaire en 2002. La croissance économique a donc été la condition nécessaire pour permettre à cet objectif de retrouver une actualité.

En France, les tentatives de réduction des dépenses publiques n'ont guère été concluantes. Elles se sont heurtées à la faiblesse de la croissance économique, qui ne laisse que très peu de marge de manœuvre en raison de la stagnation, voire de la baisse des recettes fiscales et de la forte inertie des dépenses publiques.

3. Les dépenses publiques aujourd'hui : une nouvelle légitimité ?

Après le vaste renouvellement théorique libéral des années soixante-dix et quatre-vingt, et l'application des préceptes de politique économique monétaristes, une réhabilitation du rôle de l'État et des dépenses publiques est en cours actuellement.

- La théorie de la croissance endogène, fondée sur la notion d'externalités positives montre que l'État et les dépenses publiques peuvent puissamment contribuer à la croissance par l'internalisation de ces effets externes : les dépenses publiques de recherche-développement (modèle de Romer), d'infrastructures publiques (modèle de Barro), d'éducation-formation (modèle de Lucas) ont donc un rôle à jouer dans la croissance.

Toutefois, ces analyses privilégient une approche structurelle et de long terme, et non une approche keynésienne conjoncturelle des dépenses publiques.

- La nouvelle macro-économie keynésienne (Stiglitz, Greenwald, Mankiw...) cherche à refonder la macro-économie traditionnelle en incorporant les aspects micro-économiques largement négligés par Keynes, et qui en constituent le maillon faible. Éclaté en nombreux courants, ce renouveau de la pensée keynésienne n'a pas encore produit de préceptes de politique économique, mais dans leur ensemble, ces nouveaux keynésiens considèrent qu'il convient de réinterpréter Keynes dans un sens moins conjoncturel et plus structurel, ce qui rejoint les thèses de la croissance endogène.

Conclusion

Les dépenses publiques, indéniablement, ont joué un rôle fondamental dans la croissance d'après-guerre. À la fois instrument de régulation conjoncturelle, dans une perspective keynésienne, et à travers la politique budgétaire, les dépenses publiques ont aussi contribué à créer les infrastructures matérielles et sociales de la croissance : Sécurité sociale, système de retraites, transports, communications...

Si aujourd'hui l'utilisation des dépenses publiques à des fins conjoncturelles est durablement remise en cause, à la suite des déboires des politiques keynésiennes et du retour en force des idées libérales, la théorie économique reconnaît aux dépenses publiques, à travers les analyses les plus récentes (croissance endogène...) un rôle déterminant au niveau structurel. Enfin, le faible succès, voire l'échec des tentatives visant à réduire le niveau absolu des dépenses publiques montre bien qu'elles correspondent à des besoins incompressibles, et les perspectives sociodémographiques à moyen terme des pays développés laissent penser que leur importance est loin de décliner.

Bibliographie

Ouvrages

En faisant une sévère sélection dans une bibliographie très vaste, on peut citer :

- Ch. ANDRÉ et R. DELORME, *L'État et l'économie*, Seuil, 1983.
- P. ROSANVALLON, *La crise de l'État-providence*, Seuil (coll. Points), 1981.
- F. EWALD, *Histoire de l'État-providence*, Hachette, 1985.
- R. CASTEL, *Les métamorphoses de la question sociale*, Fayard, 1994.

Ces quatre livres sont particulièrement importants sur le sujet.

Revues

- *Problèmes économiques* n° 2424 (mai 1995) et n° 2506 (1996).
- *Cahiers français* n° 261 (mai 1993) et n° 271 (mai 1995).

SUJET 6

Les politiques monétaires et politiques budgétaires durant les deux grandes crises du XXᵉ siècle

(Ecricome 1993)

Analyse du sujet

● Il s'agit d'un sujet à la confluence de l'histoire et de l'analyse économique, et, comme tel, demande un sens développé de la synthèse. Deux points sont à éclairer :

1. Le sujet exige que les politiques monétaires et budgétaires soient confrontées aux faits historiques ; il faut donc éviter deux écueils :
   - les longs développements théoriques sans confrontation aux faits ;
   - à l'inverse, une suite d'événements et de décisions de politique économique sans restituer leur fondement théorique.
2. Les deux grandes crises du XXᵉ siècle ont été des moments de basculement des théories économiques, de ruptures épistémologiques, ce que Thomas Kuhn nomme des « révolutions scientifiques » ; un paradigme nouveau finit par s'imposer. La crise de 1929 voit ainsi l'échec des politiques libérales traditionnelles et le New Deal apparaît comme le champ d'expérimentation d'une politique budgétaire active, les politiques européennes choisissant plutôt la voie d'une solution plus traditionnelle et plus libérale, nettement déflationniste (Laval en France, Brüning en Allemagne). La crise actuelle est, à son tour, marquée par le déclin du paradigme keynésien et, à la suite du renouveau des idées monétaristes et de la Nouvelle Économie classique (singulièrement les tenants de la théorie des anticipations rationnelles), d'une importance accrue de la politique monétaire, l'instrument budgétaire ayant perdu, dans un contexte de mondialisation de l'économie et de difficultés persistantes de l'État-providence, de nombreux degrés de liberté.

● Les deux notions centrales du sujet – politiques monétaires et budgétaires – doivent être définies.

1. La politique monétaire est une composante de la politique générale ; à ce titre, ses objectifs ne diffèrent pas des objectifs assignés à toute politique économique : croissance, plein-emploi, lutte contre l'inflation... Toutefois, la politique monétaire n'agit pas directement sur ces objectifs, mais elle se fixe des objectifs intermédiaires dont la réalisation doit permettre d'atteindre les buts fixés. On peut distinguer trois grands objectifs intermédiaires :
   - l'objectif de masse, portant sur l'évolution des agrégats monétaires (principalement M3), et consistant en la fixation par la banque centrale d'une norme de croissance de la masse monétaire ;

– l'objectif de taux d'intérêt, qui ne peut qu'être incitatif dans un contexte d'ouverture internationale;

– l'objectif de change : le choix du « bon » taux de change est devenu un élément fondamental de la stratégie économique du gouvernement car il constitue une des bases de la compétitivité-prix et oriente le pays soit vers une stratégie de monnaie forte, soit vers une stratégie de monnaie faible.

2. La politique budgétaire consiste à utiliser le budget de l'État comme instrument d'intervention sur le niveau de la demande et, donc, sur l'activité économique. Deux remarques s'imposent :
   – il s'agit du budget au sens strict; il faut donc éviter de traiter des dépenses de protection sociale, c'est un autre sujet;
   – l'action par le budget procède essentiellement de deux moyens : le niveau des dépenses publiques et/ou celui des recettes, donc des prélèvements : il faut donc associer politique budgétaire et politique fiscale.

Pour parachever la définition des notions, il faut évoquer le problème de l'efficacité et de la compatibilité des politiques monétaires et budgétaires; en effet, la compatibilité entre objectifs internes (lutte contre l'inflation, soutien de l'activité...) et objectifs externes (stratégie de monnaie forte ou stratégie de monnaie faible...), n'est pas facile à obtenir et des conflits peuvent apparaître. Le tableau suivant le montre.

Situation interne / Situation externe	Stabilité relative des prix + faible inflation	Inflation
Stratégie de monnaie faible	I. CONFLIT	II. POLITIQUE RESTRICTIVE
Stratégie de monnaie forte	III. POLITIQUE EXPANSIVE	IV. CONFLIT

(in M. Beziade 1989)

● Enfin, quelques extraits du rapport de jury Ecricome permettent de préciser les attentes des correcteurs face à ce sujet :

« Il est peu probable que les candidats arrivent à comparer dans le détail les différentes politiques et leurs infléchissements, et il importe de valoriser les candidats capables de mener à bien des comparaisons et de construire un raisonnement sans chercher à trouver de faux parallélismes... »

«Il faut valoriser les candidats qui mettront en évidence les tâtonnements des politiques, les spécificités nationales et/ou qui évoqueront certains débats actuels – exemples : faut-il mener des politiques mixtes? (politique budgétaire expansive, politique monétaire restrictive); quels sont les effets du déficit budgétaire? (Eisner contre Friedman), ou les effets de son financement? L'endettement public n'est-il qu'un impôt différé?... »

Introduction

Ce XXe siècle finissant aura connu deux crises fondamentales. La crise est selon Marx « la grande accoucheuse de l'Histoire », et, à ce titre, celle des années trente et celle d'aujourd'hui ont changé le monde et aussi notre façon de le comprendre et d'agir sur lui. En d'autres termes, les crises sont, en matière économique, les moments privilégiés où de nouveaux paradigmes émergent et où d'autres déclinent.

Ainsi, la crise de 1929 a mis fin à ce que Stefan Zweig dans ses *Souvenirs d'un Européen* appelait « le monde d'hier » : le laissez-faire libéral cède la place à une politique économique de plus en plus active, et singulièrement, sur une nouvelle approche des politiques monétaires et budgétaires.

Les deux grandes crises du XXe siècle, la crise de 1929 et la crise actuelle constituent bien des ruptures. Pour autant, elles ne peuvent être mises sur le même plan. La crise des années trente marque la fin d'un régime d'accumulation extensive et, en ce sens, elle appartient encore à la logique des crises du XIXe siècle ; l'utilisation des instruments de politique monétaire et budgétaire ressort nettement de cette logique. La crise actuelle marque, quant à elle, les limites et les apories d'un régime d'accumulation intensive de type fordiste : c'est la véritable crise du XXe siècle (pour reprendre le titre de l'ouvrage de Lorenzi, Pastré et Toledano). L'utilisation des politiques monétaires et budgétaires se fera, là aussi, selon des modalités et un arrière-plan théorique nettement différenciés.

Nous traiterons donc le sujet à travers la problématique suivante : la crise de 1929 marque une rupture du mode de régulation concurrentielle et l'émergence d'une politique économique active fondée essentiellement sur une nouvelle approche budgétaire (1re partie), alors que la crise actuelle apparaît comme la superposition de deux dérèglements : une rupture du régime d'accumulation intensive d'après-guerre et donc des instruments de régulation associés, d'où une phase de tâtonnements et d'hésitation des politiques monétaires et budgétaires (2e partie) qui conduira, dans les années quatre-vingt et quatre-vingt-dix, à une nette domination de la politique monétaire, associée, dans un contexte d'ouverture internationale, à la politique de change (3e partie).

I. La crise de 1929 marque une rupture du mode de régulation concurrentielle et l'émergence d'une politique économique active fondée essentiellement sur une nouvelle approche budgétaire

En quoi la crise de 1929 constitue-t-elle une rupture en matière de politique économique ? Trois points essentiels doivent être évoqués.

- La crise de 1929 est marquée par l'échec du marché comme mécanisme de régulation unique.

- Selon les théoriciens « classiques », l'équilibre économique est spontané, en vertu de la loi de Say ou loi des débouchés. Dans un tel cadre, l'État n'a pas de fonction de régulation ; il se limite aux trois fonctions régaliennes définies par Adam Smith dans le Livre V de la *Richesse des Nations*. On peut donc parler, avant 1929, de « préhistoire » de la politique économique, selon l'expression de J.-P. Thomas (*Les politiques économiques*, 1994), bien que le modèle libéral soit un idéal type parfois éloigné de la réalité puisque des interventions ponctuelles ont pu avoir lieu.

• C'est lors de la crise des années trente que les premières ruptures apparaissent ; deux critères nouveaux, dont l'importance ne cessera de croître, constituent, selon Musgrave, les fondements des politiques économiques modernes :

- la conquête de nouveaux territoires d'intervention de l'État : c'est le début du Welfare State ;
- la cohérence des politiques économiques, c'est-à-dire leur inclusion dans un discours théorique qui les sous-tend.

1. Les principales mesures

La conférence de Londres de 1933 marque l'échec des tentatives visant à une solution internationale de la crise. Désormais, les solutions nationales prévaudront ; le cas américain, fondé sur l'isolationnisme, ainsi que le cas de la France peuvent être analysés.

• Politique monétaire et budgétaire aux États-Unis face à la crise de 1929

Deux étapes peuvent être distinguées.

- De 1929 à 1932, sous Hoover, la politique monétaire est privilégiée, mais elle se révèle mal adaptée et entachée de nombreuses erreurs de jugement ; c'est notamment l'analyse de Milton Friedman et Anna Schwartz dans leur importante étude *A Monetary History of the United States*, 1867-1960 : face à la déflation, une politique monétaire expansionniste aurait dû être pratiquée, ce qui fut le cas sous l'autorité du gouverneur de la Banque de New-York, Benjamin Strong. Or, cette politique expansionniste, basée sur l'open-market, est arrêtée en juin 1930 et la banque fédérale ne joue plus son rôle de prêteur en dernier ressort, ce qui prolonge le phénomène de récession. Ce sont donc des erreurs de politique monétaire, et notamment une mauvaise adaptation de celle-ci à la situation économique qui seraient, selon ces auteurs, responsables de la crise.
- Avec l'arrivée de F.D. Roosevelt au pouvoir et l'entrée dans le New Deal, la politique budgétaire devient l'instrument privilégié d'une politique volontariste.

Cette utilisation de l'instrument budgétaire relève d'un empirisme certain ; le lien avec la théorie keynésienne doit être réfuté pour au moins deux raisons : le caractère éminemment pragmatique des mesures, dictées davantage par l'urgence que par le souci de la cohérence doctrinale et, d'autre part, pour Roosevelt et les membres de son brain-trust, le New Deal ne devait pas remettre en cause l'organisation fondamentalement libérale du capitalisme américain : le New Deal était ressenti comme une parenthèse, un mal nécessaire.

Le cœur du New Deal est constitué par les deux lois célèbres, le *National Industrial Recovery Act* et l'*Agricultural Adjustement Act*, qui constituent l'essentiel des « 100 jours ». Un « second New Deal », à connotation plus sociale, se développera après 1935, avec le vote, en particulier, de la loi Wagner.

Enfin les résultats de cette politique de déficit budgétaire associée à une politique monétaire assez expansive sont très mitigés. Certes, le chômage a reculé (12,6 millions de chômeurs en 1933 contre 7,2 millions en 1937), mais la conjoncture reste instable, les tendances déflationnistes restent permanentes (en 1938 et 1939, les prix sont encore en baisse), enfin, le chômage reste préoccupant. C'est finalement le passage à l'économie de guerre qui permettra une réelle sortie de crise.

- **Les impasses de la politique économique française face à la crise : la déflation inefficace**

Le cas de la France illustre bien l'échec des politiques anti-crise des années trente. R. Poincaré et son successeur A. Tardieu, bien que profondément libéraux, tentent une politique de dépenses publiques, mettant à profit les marges de manœuvre budgétaires héritées de la fin des années vingt : programme de grands travaux (notamment le logement social avec le vote de la loi Loucheur créant les HBM), mise en place des premières assurances sociales (Tardieu). Cette politique contribua sans doute à retarder quelque peu la crise.

Mais dès 1931, cette politique volontariste est abandonnée au profit d'une politique monétaire circonstancielle, essentiellement déflationniste et notamment la politique Laval de 1935, très impopulaire, qui débouchera sur le Front populaire. Celui-ci s'inspire du New Deal avec un programme de grands travaux et des mesures de relance conjoncturelles, ainsi qu'une nette dévaluation du franc. Mais les conservateurs reprennent le pouvoir dès 1938.

2. Une nouvelle approche théorique de l'action de l'État : la théorie keynésienne

Keynes évoque moins la crise que la sortie de crise; dans sa *Théorie générale de l'emploi, de l'intérêt et de la monnaie* (1936) – la place donnée à l'emploi dans le titre est révélatrice – il propose une nouvelle vision économique fondée sur le circuit. Quatre éléments doivent être ici valorisés.

- La politique budgétaire doit être anticyclique, le déficit budgétaire utilisé à des fins de relance en raison de l'effet multiplicateur des dépenses publiques, schéma vertueux fondé sur l'idée qu'un investissement public supplémentaire, financé éventuellement par déficit budgétaire génère un accroissement plus que proportionnel du revenu global, en fonction du niveau de la propension à consommer. C'est donc l'entrée dans le *deficit spending*, c'est-à-dire de l'activité par la dépense publique, ce qui a des vertus anticycliques et permet de retrouver un sentier de croissance équilibré.

- Le modèle IS-LM de J. Hicks, présentation schématique de la théorie keynésienne dans un cadre d'équilibre général walrasien permet de préciser les conditions d'efficacité des politiques monétaires et budgétaires. Ainsi, dans le contexte des années cinquante et soixante (notamment la structure des taux d'intérêt), le modèle IS-LM privilégie nettement la politique budgétaire, la politique monétaire accompagnant activement celle-ci.

- À partir d'une étude publiée en 1958 portant sur la Grande-Bretagne entre 1861 et 1957, A.W. Phillips montre l'existence d'une relation inverse entre taux de chômage et taux de croissance des salaires nominaux, transformée par l'économiste Lipsey en relation inflation-chômage. Cette courbe constitue, avec le modèle IS-LM, la « boîte à outils » des économistes et responsables politiques des années cinquante et soixante, et donne une base théorique aux politiques de « *stop and go* » combinant politique monétaire restrictive et politique budgétaire expansive.

- Enfin, dès l'après-guerre, les règles d'utilisation des politiques budgétaires et monétaires ont été précisées :
  - règle de Tinbergen ou principe de cohérence : une politique économique doit avoir autant d'instruments que d'objectifs ;
  - règle de Mundell ou principe d'efficience : chaque instrument doit être employé pour atteindre l'objectif sur lequel il agit relativement le plus directement ;
  - N. Kaldor propose une représentation célèbre des contraintes et des objectifs des politiques monétaires et budgétaires : le carré magique, indicateur permettant de visualiser les performances d'un pays dans les quatre principaux objectifs de la politique économique (croissance du PIB, équilibre extérieur, inflation et emploi).

Transition : les politiques monétaires et budgétaires d'après-guerre seront fortement marquées par ce renouvellement théorique et reposeront largement sur les enseignements du modèle IS-LM et la courbe de Phillips.

II. La crise actuelle apparaît comme la superposition de deux crises : une rupture du régime d'accumulation intensive et des instruments de régulation associés d'où une phase de tâtonnements et d'hésitation des politiques monétaires et budgétaires

1. Les années 1973-1979 : échecs et tâtonnements

Deux aspects peuvent être analysés.

- Le retournement de conjoncture s'opère au début des années soixante-dix ; le choc pétrolier se produit dans des économies déjà nettement inflationnistes, marquées par les conflits sociaux de la fin des années soixante et la baisse générale du niveau de rentabilité du capital productif. La déformation du carré magique est générale et la crise s'installe malgré les pronostics optimistes des experts de l'OCDE (notamment le rapport McCracken, 1977). Surtout, le phénomène de stagflation pose un problème nouveau : la courbe de Phillips et la possibilité d'un arbitrage inflation-chômage semblent remis en cause.

• Les politiques sont marquées par une longue phase d'hésitation et de tâtonnements, ce qui révèle le caractère ambigu de la crise à la fois déflationniste et inflationniste :

- déflationniste car la facture pétrolière correspond à une ponction de pouvoir d'achat et – c'est l'analyse de Muet et Fonteneau dans *La gauche face à la crise*, 1984 – à une fuite de capitaux vers des pays à faible propension à consommer;
- inflationniste car la période est marquée par une exacerbation des tensions sociales : des groupes sociaux cherchent à se protéger de l'inflation en tentant d'en reporter la charge sur d'autres groupes.

Cette situation confuse débouche sur des politiques monétaires et budgétaires qui semblent avoir perdu leurs repères habituels : le cas de la France éclaire bien cette période de mutation.

En France, la politique économique oscille entre plans de refroidissement et plans de relance. Ainsi, le gouvernement Chirac (1974) tente dans un premier temps de maîtriser la dérive inflationniste par l'encadrement du crédit et la hausse des taux d'intérêt, mais l'ampleur de la récession provoquée par ce plan combinée à la récession mondiale exige une relance qui aura lieu en septembre 1975 et qui annule quasiment les effets de la politique précédente; on le voit : d'anticyclique, la combinaison des politiques monétaire et budgétaire devient procyclique et aggrave les effets de la crise.

• Deux éléments montrent toutefois que l'on s'oriente vers une nouvelle politique économique :

- la principale innovation en politique monétaire est l'introduction, sous le gouvernement Barre (1976-1981), d'une norme de croissance de la masse monétaire, ce qui procède d'une vision plutôt monétariste qui s'épanouira dans les années quatre-vingt;
- la politique budgétaire semble perdre de son efficacité et son utilisation à des fins de relance est désormais compromise. La politique Mauroy de 1981 et 1982 apparaît comme une parenthèse en ce domaine.

2. Ces évolutions sont confirmées par l'évolution du débat théorique qui met l'accent sur les blocages keynésiens et pose les fondations d'une approche plus rigoureuse de la régulation monétaire

• Les critiques de E. Phelps et M. Friedman (et de l'ensemble de la Nouvelle École classique) sur la courbe de Phillips sonnent le glas des politiques anticycliques de *stop and go* : la stabilité et, plus radicalement, l'existence même de cette courbe sont remises en cause. En fait, niveau des prix et niveau de chômage sont déconnectés et il existe un taux de chômage naturel s'imposant à l'économie qui ne peut s'en écarter durablement. La courbe de Phillips serait donc verticale et forme le « *NAIRU* » (*Non Accelerating Inflation Rate of Unemployment*).

- Il ressort de ces analyses :
  - que la politique monétaire doit être nettement restrictive, reposant sur un objectif de masse clairement énoncé ;
  - que la politique budgétaire doit être la plus neutre possible (bien que cette notion de neutralité soit contredite par le théorème de Haavelmo), en raison de l'effet d'équivalence Barro-Ricardo : les ménages sont supposés avoir des anticipations rationnelles et sont capables de prévoir les effets probables d'une politique budgétaire expansionniste ; ils vont donc adopter un comportement (épargne de précaution notamment) tel que l'effet multiplicateur recherché sera neutralisé.

- Enfin, la relecture des politiques budgétaires s'inscrit dans une critique plus large du rôle de l'État dans l'économie, impulsée en particulier par l'école du Public Choice. Pour les tenants de cette analyse (Down, Buchanan, Tullock...), la croissance de l'État est le produit de l'activité des groupes de pression qui cherchent à promouvoir des intérêts particuliers ou catégoriels. Il en résulte un cycle électoral de dépenses publiques, celles-ci ayant tendance à croître à chaque élection. La politique budgétaire est ainsi disqualifiée : elle n'est qu'un instrument aux mains des coalitions d'électeurs.

III. ... qui conduira dans les années quatre-vingt à une nette domination de la politique monétaire associée dans un contexte d'ouverture internationale à la politique de change

1. Le tournant de 1979 et les politiques monétaires et budgétaires des années quatre-vingt

- En 1979, deux événements marquent la rupture avec les politiques d'inspiration keynésienne :
  - le sommet des chefs d'État qui s'est tenu à Tokyo en juillet 1979 se conclut par un engagement solennel à adopter une attitude orthodoxe en matière de lutte contre l'inflation. Celle-ci devient désormais la priorité : c'est la hiérarchisation des objectifs. Le plein-emploi n'est plus un objectif prioritaire, mais une simple résultante. Ainsi, les gouvernements cherchent de plus en plus à conduire leur politique économique dans une perspective de moyen terme, qui s'oppose nettement aux politiques conjoncturelles de court terme qui prévalaient dans les années soixante-dix, et qui se sont traduites par le déficit budgétaire croissant et une accoutumance des agents économiques à la dérive continuelle des prix. La conséquence est que dans un tel cadre, la politique monétaire, selon la règle de Mundell, est plus appropriée que la politique budgétaire ;
  - l'arrivée de Paul Volcker à la tête de la FED marque un tournant très net et traduit cette nouvelle volonté de crédibilité des politiques restrictives.

- La politique monétaire devient ainsi l'instrument privilégié. Dès octobre 1979, P. Volcker impose la lutte prioritaire contre l'inflation. L'arrivée au pouvoir du président Reagan en 1981 ne remet pas en cause cette orientation : les « *Reaganomics* » consistent en une combinaison de monétarisme et d'économie de l'offre (« *supply-side economics* »), fondée sur les analyses de Laffer, Evans et Gilder. Pour ces auteurs, qui se réfèrent à la loi de Say, la crise est liée non à l'insuffisance de la demande mais aux blocages de l'offre : celle-ci doit être libérée par la déréglementation et la baisse de la pression fiscale.

Symbole de cette nouvelle orientation, le président Reagan fait voter l'*Economic Recovery Tax Act*, mettant en place une baisse des impôts de 25 % sur trois ans : c'est la politique de « *tax-cut* ».

• Les résultats de cette combinaison entre politique monétaire restrictive et économie de l'offre sont édifiants : la reprise économique très nette de 1983 est obtenue au prix d'un déficit budgétaire considérable; les dépenses publiques et notamment militaires (programme IDS...) ont atteint des sommets : il s'agit bel et bien d'une relance de type keynésien. Combinées à une politique monétaire restrictive, trois conséquences fondamentales sont apparues :

- les taux d'intérêt s'envolent, ainsi que le dollar (10,21 F en mars 1985), ce qui constitue sans doute un des phénomènes majeurs des années quatre-vingt, et font des États-Unis une économie de plus en plus tournée vers la finance;

- les déficits jumeaux (budgétaire et commercial) associés à ces taux élevés tendent à drainer l'épargne mondiale : c'est un nouveau « déficit sans pleurs ». Les États-Unis reportent ainsi sur les générations futures les conséquences de leur endettement massif. Les tentatives pour limiter le déficit budgétaire et, à terme, parvenir à l'équilibre semblent vouées à l'échec : ainsi, la loi Gramm-Rudman-Hollings (*Balanced Budget and Emergency Deficit Control Act*, 1985) n'a guère eu d'application concrète;

- c'est donc bien, au-delà des prises de position théoriques, le pragmatisme qui domine dans l'utilisation des instruments monétaires et budgétaires aux États-Unis. Cette orientation sera poursuivie par les présidents Bush et Clinton.

• En Europe, et singulièrement en France, le tournant de la rigueur est pris :

- rigueur budgétaire, fondée sur la stabilité et, si possible, la décrue des dépenses publiques, plutôt que sur l'économie de l'offre, mais les résultats sont, en ce domaine, décevants : la politique budgétaire ne dispose plus, désormais de marges de manœuvre très importantes ;

- rigueur monétaire, afin de juguler l'inflation, et, pour la France, de parvenir à inverser le différentiel d'inflation avec l'Allemagne avec l'objectif de restaurer la compétitivité-prix et d'améliorer les échanges extérieurs;

- cette rigueur monétaire et budgétaire est élevée au rang de véritable dogme avec l'engagement dans le traité de Maastricht; les critères de convergence exigent en effet la poursuite de cette politique.

En conclusion, deux voies ont donc été suivies :

- une voie plutôt pragmatique (les États-Unis, notamment) : un monétarisme largement tempéré par une prise en compte de la demande intérieure ;
- une voie plus rigoureuse (l'Europe), sur le modèle allemand, qui a maintenu une stricte hiérarchisation des objectifs et où la désinflation a été une réussite, mais au prix d'un éloignement des objectifs de croissance et de plein-emploi ; la poursuite de cette politique est désormais l'objet de débats.

2. Les résultats de dix années de désinflation compétitive et le retour du débat théorique

• La désinflation constitue sans doute le principal succès. Elle semble durablement acquise : actuellement 1,7 % en France, 2,8 % aux États-Unis, 1,8 % en Allemagne... L'amélioration des comptes des entreprises est également importante : désendettement, forte remontée du taux d'autofinancement (112,6 % en France en septembre 1996).

• Les politiques monétaires et budgétaires sont aujourd'hui, et de manière déterminante, confrontées à la mondialisation de l'économie ; les conséquences en sont analysées par le « triangle des incompatibilités » de Mundell : dans un contexte de liberté de circulation des capitaux, la stabilité monétaire internationale passe par la coordination des politiques économiques.

• Par contre, trois inquiétudes majeures subsistent :

- la situation de l'emploi : le chômage a été, en Europe surtout, le prix à payer pour la désinflation : 12,6 % en France, 11 % en Allemagne... Par contre, le pragmatisme américain a permis de revenir, grâce à un taux de croissance assez élevé à un taux de chômage de 5 %, proche du taux de chômage frictionnel ;
- les déficits publics sont difficiles à contenir et ont connu un dérapage ces dernières années ;
- les évolutions de l'indice des prix au cours de l'année 1996 montrent, en France, l'existence d'un danger déflationniste.

• Ces inquiétudes alimentent actuellement le débat économique et politique. En fait, ce débat est plus ancien : dès 1991, plusieurs voix s'élèvent pour demander un changement de politique économique (A. Cotta, dans son livre *La France en panne*, E. Malinvaud, dans un article au titre explicite « *Pour un nouveau New Deal européen* » *Le Monde*, novembre 1993...). L'argumentation de base est la suivante : la politique de désinflation compétitive était certes nécessaire, mais elle a fait son temps ; il faut revenir à une politique budgétaire plus expansive, utiliser la marge de manœuvre obtenue par les gains de productivité pour une politique salariale plus dynamique, et enfin, obtenir un assouplissement des contraintes liées aux critères de convergence du traité de Maastricht. Les risques inflationnistes d'une telle politique semblent aujourd'hui faibles : concurrence internationale forte, mécanismes d'auto-entretien de l'inflation démantelés.

Conclusion

L'examen des politiques monétaires et budgétaires dans les deux grandes crises du XXe siècle permet, à l'issue de cette dissertation, de mettre en lumière quelques lignes de force.

La crise de 1929 a inauguré la mise en place de politiques conjoncturelles actives. Ce sont des expériences empiriques du New Deal que sont issus les outils de régulation budgétaire et monétaire et surtout que le cadre conceptuel d'inspiration keynésienne a été mis en place. Les années de croissance qui ont suivi ont sans doute constitué un âge d'or de cette régulation conjoncturelle.

Avec la crise actuelle, les certitudes théoriques s'estompent. Il y a bien une crise d'efficacité de la politique budgétaire, confrontée à la contrainte extérieure. Bénéficiant d'un important renouvellement théorique, la politique monétaire s'impose. Elle est aujourd'hui le principal instrument de politique conjoncturelle, mais la généralisation du monétarisme semble avoir éteint le débat économique pourtant nécessaire. Celui-ci semble aujourd'hui reprendre, stimulé par la meilleure réussite des politiques plus pragmatiques, fondées comme au États-Unis sur une pratique renouvelée du « *fine tuning* ». En économie comme en politique, la pensée unique n'est pas souhaitable.

Bibliographie

La bibliographie sur ce thème est extrêmement vaste. Un choix sera donc forcément incomplet, on peut citer toutefois :

Ouvrages

- J. P Thomas, *Les politiques économiques au XXe siècle*, A. Colin, collection Cursus, 1994. Excellente synthèse, les aspects économiques sont constamment éclairés par les faits historiques.
- Ch. De Boissieu, *Principes de politique économique*, Economica, 1980. Un grand classique, un peu difficile, et de haut niveau théorique.
- J. Néré, *Les crises économiques au XXe siècle*, A. Colin, collection Cursus, 1989.
- Y. Crozet, Inflation ou déflation, actualité d'un dilemme, Nathan, Circa, 1994.
- R. Sandretto, *Le pouvoir et la monnaie*, Economica, 1990.
- A. Cotta, *La France en panne*, Fayard, 1991.

Revues

- *Cahiers français*, nos 255 et 265, La documentation française. Excellents articles pouvant éclairer utilement le sujet.
- *Revue française d'économie*, été 1988, article de R. Boyer « D'un krach boursier à l'autre ».

Thème 3

Marché du travail et changement social

Sujet 7

L'évolution du rôle de l'entrepreneur
de la révolution industrielle à aujourd'hui (inédit)

Sujet 8

Les enjeux de la réduction du temps de travail (inédit)

Sujet 9

Dans quelle mesure peut-on parler d'une crise du syndicalisme
en France aujourd'hui ? (inédit)

Sujet 10

Depuis le début du XIXe siècle, quelle est la place du travail dans
le processus d'intégration sociale ? (Essec 1996)

SUJET 7

L'évolution du rôle de l'entrepreneur de la révolution industrielle à aujourd'hui

(inédit)

Analyse du sujet

Il s'agit d'analyser, sur le long terme, le rôle de l'entrepreneur dans la croissance économique depuis la révolution industrielle.

- Au mot « entrepreneur », le Petit Robert précise « toute personne qui dirige une entreprise pour son propre compte et qui met en œuvre les divers facteurs de production, agents naturels (sic), travail, capital, en vue de vendre des produits ou des services ». Ce même dictionnaire complète la définition par une citation de Charles Gide : « L'entrepreneur est le pivot de tout le mécanisme économique ».

On peut rapprocher cette définition, somme toute assez opérationnelle, de celle de J. Schumpeter, qui assigne à l'entrepreneur un rôle fondamental dans le système capitaliste : « les entrepreneurs sont les agents dont la fonction est d'exécuter les nouvelles combinaisons ». C'est donc l'esprit d'innovation qui caractérise l'entrepreneur.

Cette analyse oppose donc une vision de long terme, stratégique, de l'entreprise, fondée sur la capacité à gérer l'innovation, à une vision de court terme, qui est celle des néoclassiques, où l'entrepreneur est avant tout préoccupé à maximiser son profit.

- Il ne faut pas perdre de vue, toutefois, la caractère foncièrement pessimiste de l'analyse de Schumpeter, qui voyait dans le processus de concentration et d'accroissement de taille des entreprises le signe du déclin de l'entrepreneur individuel, progressivement remplacé par de nouvelles formes d'organisation et de gestion des entreprises, plus bureaucratiques et remettant en cause la dynamique interne du capitalisme.

- Le sujet a une forte connotation historique (« ... depuis la révolution industrielle »). Un angle d'attaque intéressant serait donc d'analyser l'évolution du rôle de l'entrepreneur à travers les transformations du système capitaliste. L'entrepreneur est à la fois un acteur fondamental de ces transformations, et, en même temps, son rôle économique et social se modifie avec l'évolution des structures, des systèmes techniques, et des relations sociales. L'entrepreneur est alors non plus seulement un acteur, mais il est contraint par les évolutions du capitalisme. Nous pouvons donc proposer une périodisation et la justifier.

- On pourrait distinguer trois phases :
  - de la révolution industrielle à la seconde moitié du XIXe siècle, le rôle de l'entrepreneur correspond assez bien à la définition de Schumpeter. Les structures économiques et sociales, la nature des systèmes techniques favorisent l'émergence et le développement d'un capitalisme individuel

et familial, souvent fondé sur l'innovation et l'exploitation d'un procédé. Les destinées individuelles de ces entrepreneurs pionniers sont déterminantes pour comprendre la nature du capitalisme de la révolution industrielle et du XIXe siècle. Les historiens ne s'y sont pas trompés, eu égard à l'abondance des monographies patronales concernant cette période ;

– avec le développement des méthodes tayloriennes et fordistes et l'avènement de la grande firme industrielle, produit des vastes mouvements de concentration de la seconde moitié du XIXe siècle, le capitalisme entre, pour reprendre l'expression de James Burnham, dans l'ère des organisateurs. Les méthodes d'organisation rationnelle du travail se doublent d'une réflexion sur la gestion de l'entreprise, avec notamment l'apport d'H. Fayol. En même temps, le rôle économique de l'entrepreneur s'infléchit dans un sens plus gestionnaire. Cette évolution se prolongera jusqu'à la fin des années soixante et le déclin du fordisme ;

– enfin, avec la crise actuelle, et sous le coup de la mondialisation des flux économiques, les formes de gestion héritées de la fin du XIXe siècle et du fordisme deviennent caduques. Si l'entrepreneur au sens de Schumpeter reste une réalité vivante pour les petites et moyennes entreprises, les formes de propriété, de contrôle de l'entreprise et de gestion ne permettent guère de conserver cette définition.

Les travaux du sociologue américain N. Fligstein (*The Transformation of corporate Control*, 1990) permettent de retrouver les grandes étapes de cette évolution dans le cas américain. Le tableau suivant en fait la synthèse.

	Contrôle direct	Contrôle industriel	Contrôle commercial	Contrôle financier
Période	De la fin de la guerre de Sécession à la Première Guerre mondiale	De la Première Guerre mondiale à la grande crise des années trente	De la grande crise aux années soixante	À partir des années soixante
Critères d'efficacité	Stabilité des prix Rente de situation	Baisse des coûts Barrière économique	Part de marché Barrière concurrentielle	Rentabilité financière Valeur de la firme
Figure représentative	L'entrepreneur	L'ingénieur	Le produit	Le financier

Introduction

L'entrepreneur représente la figure emblématique du système capitaliste ; il incarne en effet les valeurs fondamentales du capitalisme : esprit d'entreprise, goût de l'innovation, philosophie de la réussite individuelle... C'est le pilier de l'économie car à l'instar d'Adam Smith et de sa théorie de la main Invisible, sa recherche de l'intérêt individuel contribue à l'émergence de l'intérêt général. En ce sens, l'entrepreneur, personnage principal de la « *Richesse des Nations* » est aussi le « héros » de la révolution industrielle et du capitalisme naissant.

Très vite, les économistes ont établi une relation entre croissance économique et entreprise capitaliste. Pour Schumpeter, notamment, les entrepreneurs sont «*les agents dont la fonction est d'exécuter de nouvelles combinaisons*». Le rôle de cet agent est ainsi perçu comme déterminant dans la définition des cycles économiques.

Cette relation est si forte que l'on peut affirmer que l'évolution du rôle de l'entrepreneur épouse étroitement l'évolution des économies et des sociétés capitalistes. L'histoire du capitalisme est faite, certes, des grandes évolutions structurelles, mais aussi des trajectoires sociales et des destins de ces entrepreneurs. Il suffit, pour s'en convaincre, de penser à des entrepreneurs comme Henri Ford, ou, au XIXe siècle, à la dynastie des Rothschild pour entrevoir leur importance dans la transformation du système capitaliste.

Toutefois, ce rôle éminent de l'entrepreneur dans la croissance économique se trouve confronté, dès la seconde moitié du XIXe siècle, aux évolutions structurelles du capitalisme. Au capitalisme familial et individuel de la révolution industrielle et du début du XIXe siècle, a succédé un capitalisme financier et de grandes entreprises concentrées. Les méthodes de gestion ont été dépassées par la révolution managériale et les techniques de production taylorienne et fordiste. Aujourd'hui, si la crise que traversent les pays développés a amené un retour en force de l'esprit d'entreprise, la définition actuelle de l'entrepreneur s'est sensiblement modifiée.

C'est ce rôle des entrepreneurs dans l'évolution du capitalisme, et particulièrement leur fonction novatrice au sens de Schumpeter que nous tenterons d'analyser.

Nous privilégierons une approche historique, en distinguant trois périodes successives : la période de la révolution industrielle et du XIXe siècle correspond à un capitalisme familial et individuel : c'est l'âge des pionniers (1re partie). Avec la concentration des entreprises et la généralisation de la production de masse commence l'âge des organisateurs et des managers, qui nous conduit jusqu'à la crise actuelle (2e partie), qui voit une évolution des formes de propriété et de gestion, à la suite notamment de la mondialisation des échanges (3e partie).

I. L'entrepreneur de la Révolution industrielle et du XIXe siècle : l'âge des pionniers

1. Capitalisme et esprit d'entreprise

• À l'origine, les fondateurs de l'école classique, tel Adam Smith ou David Ricardo, n'accordent guère de place importante à l'entrepreneur dans leur réflexion, sinon, chez Smith, pour expliquer le mécanisme de la «main invisible» : c'est en recherchant leur propre intérêt que les entrepreneurs contribuent à l'intérêt général. Il faut attendre J.B. Say pour trouver une analyse pertinente de l'entrepreneur, pierre angulaire, selon lui, de la dynamique capitaliste. Say distingue, dans le processus industriel, les «recherches du savant», les «applications de l'entrepreneur» et «l'exécution de l'ouvrier». Il élabore ainsi une théorie assez proche de celle de Schumpeter. Sans conteste, l'approche néoclassique appauvrit considérablement l'analyse de l'entrepreneur. Celui-ci n'est plus qu'un producteur soumis à la dictature du marché, et l'analyse se limite à un choix en faveur de la combinaison productive qui permet de maximiser le profit au moindre coût.

• Il faut donc se tourner vers les approches historiques et sociologiques pour trouver une analyse plus convaincante du rôle de l'entrepreneur dans la révolution industrielle.

Ainsi, dans ses travaux sur *L'éthique protestante et l'esprit du capitalisme* (1905) Max Weber a apporté une contribution fondamentale à l'étude des structures mentales et des représentations religieuses, et leur rôle dans la naissance et la diffusion du capitalisme. Weber montre, en effet, la forte influence du protestantisme dans l'émergence de « l'esprit capitaliste » et des valeurs fondamentales de l'entrepreneur : goût de l'épargne et du risque, abstinence, refus du luxe, discipline du travail, forment un *ethos*, c'est-à-dire un ensemble de valeurs partagées par un groupe social. Dans son livre *L'industrialisation de l'Alsace* (1987), l'historien M. Hau décrit les mentalités et les comportements sociaux de la bourgeoisie entrepreneuriale d'une ville industrielle comme Mulhouse : mentalité façonnée par le protestantisme, comportement proche de celui des puritains anglo-saxons, travail considéré comme une ascèse...

L'apport de la *Nouvelle Histoire économique*, et de Douglass North, en particulier (Prix Nobel 1995, auteur de *Structure and Change in Economic History*, 1981), est fondé sur les droits de propriété : l'affirmation de ces droits (propriété de la terre, des brevets d'invention...) offre un cadre juridique dans lequel l'entreprise pourra s'épanouir.

2. Entrepreneur et révolution industrielle

• L'idéal type de l'entreprise de la révolution industrielle et du XIXe siècle est la petite ou moyenne entreprise, financée et gérée de manière personnelle et familiale. C'est bien ce modèle qui est valorisé et dont les caractéristiques apparaissent les plus favorables au développement capitaliste : cohérence institutionnelle, sécurité et préservation du secret des procédés (cas de l'entreprise Michelin, par exemple...), constitution de dynasties familiales d'entrepreneurs.

F. Le Play, par exemple, voyait dans l'entreprise familiale le secret de la réussite industrielle fondée sur l'« esprit de suite » et la continuité. Comme l'écrit Louis Bergeron (*Les capitalistes en France*, 1978) : « dans le patronat du Nord, l'idéal était de rester maître après Dieu de son entreprise ».

Dans ce contexte, l'entrepreneur correspond assez bien à la définition de Schumpeter. L'origine sociale des entrepreneurs de la première révolution industrielle, et les trajectoires sociales suivies montrent bien l'importance de l'innovation. Beaucoup d'entreprises sont fondées sur l'exploitation d'un procédé technique ou d'une innovation importante. La diffusion de l'innovation doit beaucoup à ces entrepreneurs comme le montre le cas du textile. La diffusion de l'innovation dans cette branche entre les activités de tissage et celles de filature montre l'existence de goulets d'étranglement qui déclenchent d'autres innovations :

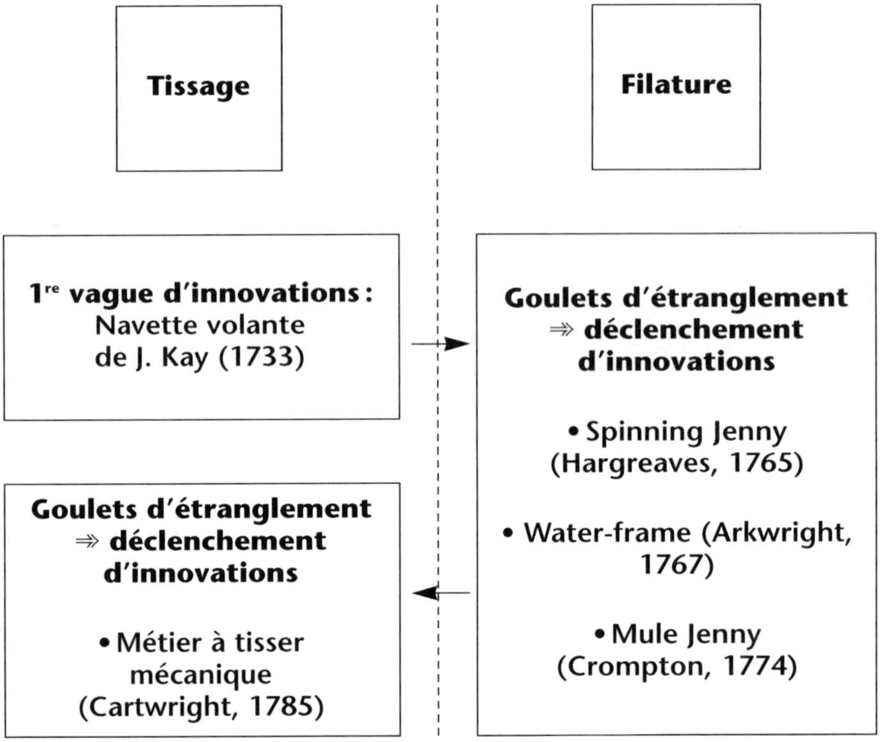

Ces évolutions, fondées sur l'émergence d'un capitalisme familial, ont été favorisées par l'abolition des anciennes réglementations qui prédominaient avant la Révolution française :

- la loi Le Chapelier (1791) qui supprime les corporations ;
- la mise en place du Code civil qui renforce la propriété privée et la déclare « sacrée et inviolable » ;
- le contrôle des employeurs sur la main d'œuvre par la création du livret ouvrier.

II. L'entrepreneur face à la concentration du système capitaliste : l'ère des organisateurs

1. Le modèle de l'entreprise individuelle et du capitalisme familial rencontre ses limites dans la seconde moitié du XIXe siècle

● Dès le milieu du XIXe siècle, et notamment avec l'avènement du chemin de fer, les fortunes privées ne sont plus à même d'assurer le financement d'infrastructures aussi importantes. Progressivement, une évolution majeure se dessine ; le capitalisme financier supplante progressivement l'entrepreneur individuel, ce qui entraîne plusieurs conséquences :

– la structure de la propriété se modifie avec le développement des sociétés par actions (1867 en France, 1856 en Grande-Bretagne) : l'entrepreneur doit désormais compter avec les actionnaires et les banques ;

– le développement des grandes entreprises introduit une séparation de plus en plus nette entre le travail de gestion de l'entreprise et la technique, dévolue aux ingénieurs, catégorie sociale en forte expansion au XIXe siècle. La complexité de la technique exige désormais un savoir-faire et des compétences scientifiques dispensées par les écoles d'ingénieurs dont l'importance ne cesse de croître : école Polytechnique, Ponts et Chaussées, Mines… L'origine sociale des entrepreneurs s'en trouve sensiblement modifiée. L. Bergeron écrit : « à des degrés divers, l'ingénieur sort du patronat avant d'y revenir ». Les idées de Saint-Simon recueillent un écho favorable dans cette nouvelle couche sociale en quête de reconnaissance sociale.

● Cette évolution vers la grande entreprise capitaliste a été analysée par Marx. Pour lui, les capitalistes sont prisonniers de la dynamique même du système. C'est la concurrence entre capitalistes qui pousse à l'innovation et à l'accumulation du capital productif, et qui constitue la contradiction fondamentale du capitalisme. On peut schématiser ainsi ce processus :

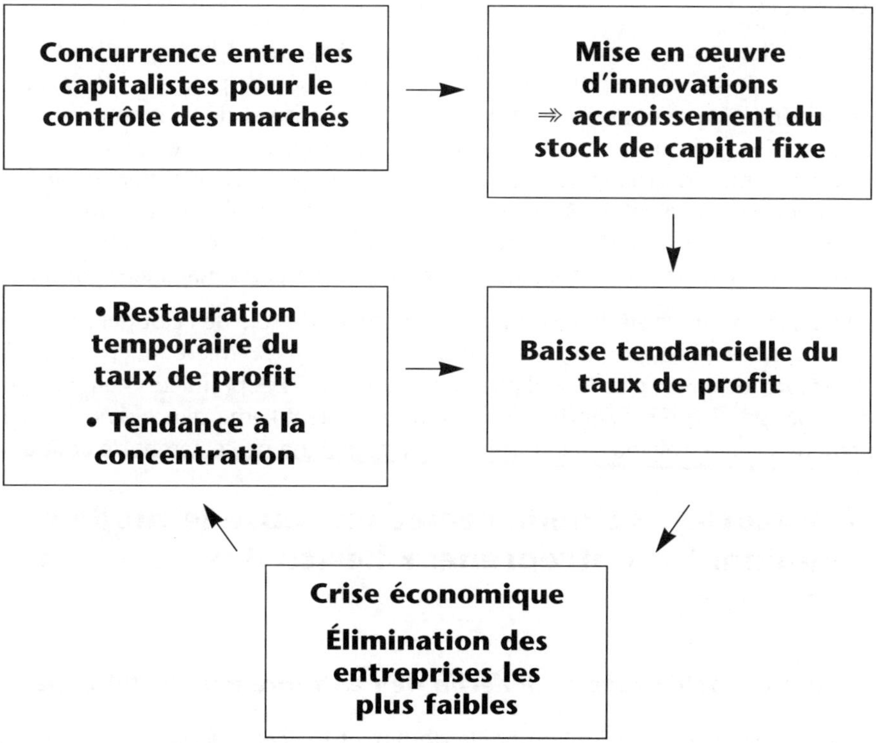

C'est à partir de cette démonstration de Marx de la nécessité des crises dans la régulation du capitalisme et du caractère cyclique de ce phénomène que, à partir des années 1860-1870, les économistes se sont intéressés aux cycles :

Kondratieff, Juglar, Simiand... Joseph Schumpeter, dans son ouvrage fondamental *Business Cycles* (1939), place l'entrepreneur au centre de l'explication des cycles longs : l'entrepreneur-innovateur est récompensé par un « surprofit », une rente de situation. De plus, ces innovations apparaissent par « grappes », formant un véritable système technique qui va « tirer » la croissance. Avec Marx comme avec Schumpeter, l'entrepreneur est placé au cœur de la dynamique capitaliste, mais, alors que l'entrepreneur de Marx est sous l'emprise des structures économiques, celui de Schumpeter reste un acteur économique agissant.

2. À la fin du XIXe siècle, le taylorisme puis le fordisme accentuent la séparation entre gestion et innovation dans l'entreprise

● La fin du XIXe siècle voit l'accélération du processus de concentration (trusts, cartels...) : le rôle de l'entrepreneur individuel semble en déclin. La divergence entre propriété de l'entreprise et gestion s'accentue : l'entrepreneur laisse de plus en plus la place au gestionnaire.

Le taylorisme transforme radicalement le processus de production. Le fait que Taylor soit un ingénieur et non un entrepreneur montre bien la place grandissante de ces ingénieurs dans l'innovation qui requiert de plus en plus de compétences techniques.

● Avec le fordisme, ce mouvement s'accentue ; on assiste à l'organisation fonctionnelle de la firme : organisation hiérarchique, délégation de pouvoir... H. Fayol est le théoricien de cette nouvelle conception de l'entreprise et de l'entrepreneur : celui-ci n'est plus compris comme un technicien, qui met en œuvre l'innovation, mais plutôt comme un organisateur. Dans son livre de 1916, *Administration générale et industrielle*, H. Fayol jette les bases de la théorie des organisations et du « management » et insiste sur la nécessité de donner une formation administrative, commerciale et non seulement technique aux dirigeants : l'ère des managers commence.

● Enfin, la fin du XIXe siècle voit un développement du rôle de l'État dans l'industrie, qui ne cessera de prendre de l'ampleur après la première guerre mondiale. L'entrepreneur n'est plus le seul pilier de l'économie. Les premières nationalisations de 1936, puis l'après seconde guerre mondiale voient l'émergence d'un État-entrepreneur, dont le rôle dans l'innovation et la recherche ne cesseront de croître.

III. L'évolution actuelle remet en cause le modèle dominant d'entrepreneur hérité des années de croissance

1. La technostructure et le déclin de l'entrepreneur traditionnel

● Jusqu'à la crise actuelle, le modèle dominant est celui de la grande entreprise fordiste. Mais une question se pose : peut-on encore parler d'entrepreneur dans un tel cadre ? Pour J. K. Galbraith, qui publie en 1968 *Le nouvel État industriel*, un ouvrage sur l'évolution du système industriel américain, la réponse est clairement négative.

L'analyse classique avait largement négligé la question du pouvoir dans l'entreprise, s'en tenant à une définition extrêmement neutre : l'entrepreneur, dans un cadre marqué par les hypothèses de concurrence pure et parfaite, combine des facteurs de production pour maximiser un profit. Galbraith reconnaît que Marx a « projeté le thème du pouvoir au cœur de la discussion économique », puis il montre qu'il se produit dans l'économie américaine un transfert de pouvoir comparable à celui qui s'est amorcé au moment de la révolution industrielle au détriment de la terre et au profit du capital : ce pouvoir n'est plus aux mains de l'entrepreneur « personnage mythique, figure du système industriel qui s'estompe », mais à celles d'un nouvel agent que Galbraith propose d'appeler la technostructure, appareil de direction collégiale, « englobant le président, l'administrateur délégué, les directeurs généraux, les chefs de service... ». Ainsi, avec la technostructure, la réalité du pouvoir ne se confond pas avec la propriété juridique de l'entreprise : l'entrepreneur, le propriétaire, l'actionnaire ont été écartés au profit du « management ». La forme juridique la plus propice à l'émergence de la technostructure reste toutefois la société anonyme, le dépérissement du rôle des actionnaires et la dispersion du capital étant des éléments particulièrement favorables.

Du coup, les théories de l'organisation, dont Taylor et Fayol ont jeté les bases, connaissent un renouvellement important et suivent l'évolution, décrite par Galbraith, du passage de l'entrepreneur individuel vers la technostructure : mouvement des relations humaines avec E. Mayo, les behavioristes dans les années soixante, avec les travaux de Cyert et March et de H. Simon (Prix Nobel 1978), le courant psychosociologique, impulsé par Max Weber, et qui se développe avec la sociologie des organisations (M. Crozier). La synthèse de ces courants a été tentée dans les années soixante-dix avec l'analyse systémique des organisations (Mintzberg, Porter).

● Ce modèle général admet toutefois des variantes nationales assez marquées : on peut parler de modèles nationaux d'entrepreneurs et d'entreprises.

Le modèle allemand est plutôt fondé sur la logique d'entreprise : la plupart des dirigeants proviennent du vivier de l'entreprise, par la voie de la promotion interne.

Le modèle français est nettement diversifié, avec un rôle plus important dévolu au système de formation. L'exception française est à rechercher dans l'importance considérable des grands corps de l'État dans la production de l'autorité légitime, y compris dans les entreprises. La pratique du « pantouflage », peu développée ailleurs, fournit nombre de cadres et de dirigeants d'entreprises notamment dans le cas des entreprises publiques.

Enfin, le cas japonais paraît proche du modèle allemand : le système de promotion interne y est très développé, le dirigeant effectuant toute sa carrière au sein de l'entreprise.

2. À la faveur de la crise économique actuelle, un retour de l'entrepreneur ?

● Les échecs du fordisme et la crise actuelle remettent à l'honneur l'esprit capitaliste et le rôle de l'entrepreneur ; on assiste à une véritable redécouverte de l'entreprise : phénomènes médiatiques, succès du livre *Le prix de l'Excellence*... De plus, les PME sont considérées comme un vaste réservoir d'emplois, ce qui n'est pas le cas des grandes entreprises. La notion d'entreprise-citoyenne apparaît comme une solution possible à la « fracture sociale ». Malgré cette redécouverte, le rôle de l'entrepreneur reste limité, d'une part en raison d'une conjoncture économique plus difficile à maîtriser, et, d'autre part, en raison d'un poids de l'État qui est et restera durablement important. De plus, dans un contexte de mondialisation des échanges, la stratégie de l'entreprise passe par la croissance externe et la nécessité de constituer des réseaux d'alliance.

● L'émergence récente de nouvelles formes de propriété et de gestion des entreprises contribue à ce mouvement :

- le « *corporate governance* » ou implication croissante des actionnaires, notamment institutionnels (comme les fonds de pension, par exemple), dans la gestion des entreprises ;
- le « *reenginering* » ou mise en place de normes de gestion très sévères, qui tendent à généraliser le modèle entrepreneurial anglo-saxon au détriment du modèle rhénan.

Conclusion

L'évolution du rôle de l'entrepreneur a donc épousé étroitement l'évolution du système capitaliste. Au capitalisme de la révolution industrielle et du début du XIXe siècle, marqué par l'entreprise familiale et l'initiative de quelques novateurs poussés par le goût de l'innovation et du risque, a succédé au XXe siècle l'ère des organisateurs et de la technostructure, consommant le divorce entre propriété juridique et direction effective de l'entreprise.

L'entrepreneur tel que l'imaginaire social le conçoit s'est réfugié dans les PME qui entretiennent encore la flamme de l'aventure industrielle et commerciale. On peut songer à l'exemple de la société Apple, qui, confrontée à de graves difficultés, et après avoir été dirigée par des managers extérieurs à la société, a rappelé à sa tête Steve Jobs, précédemment évincé pour non-conformisme, qui est l'un des fondateurs de l'entreprise et un pionnier de la micro-informatique. Une belle revanche !

Bibliographie

Ouvrages

Deux ouvrages remarquables et clairs sur les aspects historiques du sujet.

- A. Louat et J.-M. Servat, *Histoire de l'industrie française jusqu'en 1945*, Bréal, 1995.
- P. Verley, *Entreprises et entrepreneurs du XVIIIe siècle au début du XXe siècle*, Hachette supérieur, 1994.
- D. Diatkine et J.-M. Gayman, *Histoire des faits économiques*, Tome 1, Nathan Circa : ouvrage plus général, 1995.
- D. Taddéi et B. Coriat, *Made in France*, Le livre de poche, Biblio-essai, 1991.

Articles

- *Problèmes économiques*, n° 2412 (février 1995) et surtout n° 2482 (août 1996).

SUJET 8

Les enjeux de la réduction du temps de travail

(inédit)

Analyse du sujet

Ce sujet présente un risque majeur : le candidat peut se laisser influencer par le fait que la réduction du temps de travail (RTT) est au cœur du débat de politique économique actuellement. Il risque donc de se limiter à ce débat, où la RTT est plutôt comprise (par ses partisans, du moins) comme un moyen de résorber le chômage.

Or, le sujet a aussi une dimension historique; la RTT est, en effet, un phénomène de longue durée, rythmé par des temps forts (revendication des 8 heures par jour au début du siècle, des 40 heures hebdomadaires en 1936, passage aux 39 heures en 1982...). De plus, l'usage du pluriel dans l'intitulé du sujet doit laisser penser que la RTT n'a pas pour enjeu unique la lutte contre le chômage. En fait, ce sont plutôt des motifs liés à l'amélioration des conditions de vie qui ont été avancés en premier lieu. C'est surtout à la faveur de la crise actuelle que l'argument du chômage prend le pas sur les autres considérations pour justifier la RTT.

La problématique suivie cherche donc à mettre en lumière, dans une perspective historique, l'évolution de ces enjeux.

La RTT est comprise, en premier lieu, comme un élément d'émancipation et d'amélioration des conditions de vie (1re partie); elle ne devient que plus tardivement, et surtout à la faveur de la crise actuelle, un enjeu des politiques de l'emploi, dont il faut expliciter les mécanismes (2e partie). La pertinence de la RTT comme instrument de lutte contre le chômage est d'ailleurs au cœur du débat actuel de politique économique (3e partie).

Introduction

En cette fin de siècle, le chômage semble bien installé au cœur de l'économie française. Depuis l'entrée dans la crise, de crête en crête, de reprise avortée en dépression, les caps des deux puis des trois millions de sans-emploi ont été franchis. Certes, il est toujours possible d'avancer des chiffres : 236 milliards de francs par an, soit le budget de l'Éducation nationale, près de 3,5 % de la richesse nationale. Mais il y a aussi ce qui ne se chiffre pas, ou mal : le dualisme qui s'installe et mine la cohésion sociale, le coût humain lié à la nouvelle pauvreté, la multiplication des situations de précarité...

Devant ce redoutable problème, il faut reconnaître que les voies à explorer, si elles existent, sont peu nombreuses. Attendre une hypothétique reprise économique créatrice d'emplois et gérer au mieux le chômage en attendant; provoquer cette reprise économique par un vaste programme néo-keynésien de relance à l'échelle européenne, enfin, quelque peu atypique, la réduction et l'aménagement du temps de travail : travailler moins pour travailler tous. En ce dernier sens, la réduction du temps de travail rejoint l'utopie du « temps choisi » ; elle soulève aussi des critiques : politique passive, qui s'accommode trop facilement de la crise, gestion de la pénurie... Plus profondément, elle peut être comprise aussi comme le signe d'une valeur travail en voie de disparition.

En fait, la réduction du temps de travail semble inscrite dans l'évolution historique de nos sociétés. Nous travaillons déjà deux fois moins qu'au siècle dernier pour un niveau de vie bien supérieur, et la baisse du temps de travail a longtemps constitué une des grandes revendications unifiantes ainsi que l'une des premières conquêtes ouvrières. La mémoire collective se souvient encore des premiers congés payés et de la journée de huit heures.

La réduction du temps de travail n'est donc certes pas une idée neuve. Instrument de l'amélioration des conditions de vie, enjeu de conflits et de luttes (1re partie), elle ne devient que tardivement un enjeu de la politique de l'emploi (2e partie). Il nous faut donc dégager ce double enjeu et, pour ce qui est de la situation actuelle, en discuter la pertinence et l'efficacité (3e partie).

I. Historiquement, le réduction du temps de travail est d'abord un enjeu de luttes sociales, rythmées par des temps forts

1. Une évolution socialement favorable...

• La notion de temps de travail n'a guère de sens dans les sociétés à dominante rurale précapitalistes. Cette notion devient centrale avec le passage à la société industrielle dans laquelle le salarié est justement en situation de vendre sa force de travail et son temps sur un marché et en échange d'un salaire. Dès lors, la durée du travail devient un enjeu de luttes et de conflits : c'est l'avènement de la discipline d'atelier. Il suffit d'étudier les règlements d'usine du siècle passé pour voir à quel point cette question était centrale...

C'est sans doute la théorie de Marx qui éclaire le mieux en quoi la durée du travail est un élément central. Dans son analyse de la plus-value, Marx distingue deux formes d'extraction de celle-ci :

- avec la plus-value absolue, forme primitive de l'exploitation capitaliste, l'employeur est amené à faire travailler ses salariés le plus longtemps possible, ce qui correspond aux débuts de la révolution industrielle ; il s'agit d'une forme extensive d'accumulation du capital ;
- avec la plus-value relative, et devant les limites évidentes de la plus-value absolue, le capitaliste va chercher à intensifier le travail, mouvement qui trouvera son illustration avec le taylorisme et le fordisme ; dès lors, la question de la durée du travail perd un peu de son acuité et la baisse de celle-ci peut commencer. Ce sont donc les gains de productivité qui ont été la condition nécessaire à la réduction du temps de travail.

• On peut donc retracer les grandes étapes de cette baisse de la durée du travail.

La première moitié du XIXe siècle voit l'apparition des premières réglementations visant à protéger les femmes et les enfants, suite aux enquêtes de F. Le Play et du Dr Villermé en France (*Tableau de l'état physique et moral des ouvriers*, 1840) et de Friederich Engels en Grande-Bretagne (*La condition des classes laborieuses en Angleterre*, 1845).

Avec la fin du Second Empire et la IIIe République, les choses s'accélèrent, sous l'effet, notamment des lois de 1864 (reconnaissance du droit de grève) et 1884 (loi Waldeck-Rousseau reconnaissant le droit syndical). Les dates importantes sont :

- 1906 : fixation d'une journée de repos hebdomadaire obligatoire (jusque-là, le dimanche était simplement octroyé) ;
- 1919 : institution de la journée de huit heures; vieille revendication (on la retrouve dès 1817 chez R. Owen et le Mouvement chartiste anglais), elle acquiert une dimension internationale et devient un mot d'ordre avec la répression sanglante du 1er mai 1886 à Chicago ;
- 1936 : avènement du Front populaire; semaine de 40 heures et congés payés (deux semaines).

L'après-guerre n'est pas une période favorable à la baisse du temps de travail : forte croissance économique, main-d'œuvre insuffisante pour des raisons démographiques; il y aura même une hausse du temps de travail par un dépassement systématique de l'horaire légal et le recours aux heures supplémentaires. Par contre, la 3e semaine de congés payés est obtenue en 1956, la 4e semaine en 1963. Ainsi, la durée hebdomadaire moyenne de travail est systématiquement au-dessus de 45 heures de 1950 à 1970.

Les accords de Grenelle en 1968 prévoient un passage aux 40 heures. Malgré le rapport Giraudet de 1980, qui préconise un engagement vers la RTT, les 40 heures apparaissent comme un véritable mur qui ne sera franchi qu'en 1981 avec l'arrivée de la gauche au pouvoir. Celle-ci va réactiver le débat sur la RTT, mais dans un contexte radicalement différent : l'emploi est désormais au cœur des préoccupations et non plus seulement la qualité de vie.

2. ... mais économiquement discutable : les cas de 1936 et 1982

Les réductions de temps de travail opérées en 1936 et 1982 sont particulièrement intéressantes à analyser, en ce sens qu'elles illustrent bien les limites d'une RTT impulsée par le haut, sans réelle négociation avec les entreprises. Elles ont été considérées comme des avancées sociales indéniables, mais aussi comme des échecs économiques.

Plus grave, elles ont, d'une certaine manière, déconsidéré la RTT comme instrument de lutte contre le chômage. Il faut donc analyser les raisons de ces échecs.

- Le cas de 1936 : les accords Matignon.

Trois points peuvent être mis en valeur :

– les conditions de passage aux 40 heures montrent qu'il n'y a pas eu, en fait, de négociation. L'ensemble du dispositif a été imposé aux patrons, notamment par l'influence prépondérante de Léon Jouhaux, qui dirigeait alors la CGT ;

– le texte de l'accord précise : « aucune diminution dans le niveau de vie des travailleurs ne peut résulter de l'application de la présente loi... » : le principe de la compensation salariale intégrale est donc acquis ;

– les travaux d'Alfred Sauvy (*Histoire économique de la France entre les deux guerres*) montrent que le choc des 40 heures fut particulièrement brutal sur l'économie, puisque l'horaire moyen était de 46 heures dans les entreprises de plus de 100 salariés, d'où un surcoût salarial d'environ 20 %. Sauvy insiste également sur la formation de goulets d'étranglement (dus en partie aussi à un net vieillissement des structures productives françaises) aboutissant à une baisse de la production : le nombre de chômeurs s'accroît à nouveau en 1938. C'est donc un échec patent. Après le conférence de Munich, la nécessité d'accélérer le réarmement face à une Allemagne menaçante conduit le gouvernement Daladier, par les décrets-lois de novembre 1938, à autoriser les heures supplémentaires.

Cette évolution, due, il est vrai, à des circonstances exceptionnellement graves, marque toutefois l'échec d'une réduction trop massive, trop uniforme. En fait, les 40 heures, qui devaient constituer un plafond, sont devenues, après 1945, une simple base légale, et cela pour longtemps : il faudra près de 40 ans pour que les 40 heures par semaine deviennent la durée effective de travail.

- Le cas de 1982 : l'échec du passage aux 39 heures.

La victoire de la gauche en mai 1981 va donner un second souffle à la politique contractuelle ; la question de la RTT revient à l'ordre du jour. Dès juillet 1981 s'engagent des négociations tripartites (CNPF, syndicats, gouvernement). L'ordonnance de janvier 1982 réduit la durée hebdomadaire légale de 40 à 39 heures et institue la 5e semaine de congés payés. Le président de la République, F. Mitterrand, opte pour la compensation salariale intégrale.

Les analyses macro-économiques ont montré que les effets obtenus ont été très décevants par rapport aux effets escomptés en termes d'emplois nouveaux créés, les chefs d'entreprise ayant contourné la difficulté par l'accroissement des gains de productivité et surtout par une organisation du travail plus efficace.

En définitive, la mesure aurait permis de créer environ 30 000 emplois nouveaux, alors que l'effet mécanique attendu était cinq fois plus élevé.

Là comme en 1936, trois éléments ont pu être mis en lumière :

– la concertation insuffisante a été ressentie par les chefs d'entreprise comme un diktat ;

– la compensation salariale intégrale, dans le contexte économique de 1982 était sans doute une erreur ; avec l'accroissement du coût du travail, le recours aux gains de productivité était prévisible ;

- l'échec de cette mesure a détourné durablement les partenaires sociaux de la RTT, d'où une nouvelle période de glaciation de la politique contractuelle dans ce domaine. Le retour des thèses libérales sur le flexibilité du travail a fait le reste : c'est cette voie qui sera, désormais, prioritairement explorée dans les années quatre-vingt et quatre-vingt-dix.

II. La RTT, enjeu des politiques de l'emploi

Comme nous venons de le voir, le débat sur la RTT s'est figé depuis 1982. L'échec de la mesure des 39 heures a amené les partenaires sociaux à camper sur leurs positions : les salariés s'opposent à une baisse du temps de travail sans compensation, les patrons (et l'État, qui est aussi un employeur) refusent l'alourdissement des coûts du travail.

Pourtant, la ralentissement économique conjugué à la poursuite de l'accroissement de la population active ont porté en France le chômage à un niveau historique : près de 13 % de population active. Le coût du traitement social, les impasses des différentes politiques de l'emploi menées depuis ont réactualisé le débat, mais dans des perspectives différentes. Désormais, c'est clairement l'objectif de l'emploi qui est visé, la qualité de vie ne venant qu'en second. De plus, le contexte est aujourd'hui différent : les entreprises ont reconstitué leurs marges bénéficiaires, l'autofinancement est très élevé, les gains de productivité sont très importants. La RTT redevient un élément possible de la politique de l'emploi. Il s'agit donc d'expliciter les mécanismes reliant RTT et emploi.

1. Les mécanismes en jeu

Point de départ du raisonnement : un calcul arithmétique simple montre que le passage de 39 à 35 heures dégagerait : 4 heures x 20 millions de salariés = 80 millions d'heures de travail = 2,3 millions d'emplois créés.

En fait, un tel calcul se révèle simpliste. Il faut tenir compte de plusieurs éléments qui s'intercalent entre la durée du travail et l'emploi.

La relation fondamentale entre population active, croissance économique, durée du travail et emploi s'écrit :

PIB = productivité horaire du travail × durée annuelle du travail × population active occupée

Trois éléments agissent directement sur ces variables :

- le taux de croissance du PIB, qui joue un rôle considérable;
- l'évolution de la productivité horaire du travail : en recherchant une amélioration de la productivité du travail, les entreprises peuvent assez facilement contourner la RTT; par exemple, la baisse d'une heure hebdomadaire du temps de travail équivaut, à niveau de production égal, à une hausse de 2,5 % de la productivité, ce qui est relativement aisé à obtenir. La conséquence est que la RTT doit être assez massive pour être efficace;

- le taux de croissance de la population active, qui dépend de deux éléments : le contexte démographique et l'évolution des taux d'activité et en particulier du travail féminin ; de plus, il faut tenir compte d'un important taux de flexion de l'emploi, notamment dans le tertiaire : une croissance de l'emploi à la suite de la RTT ne se traduira pas par une baisse équivalente du chômage. Les emplois nouvellement créés provoquent un phénomène de flexion des taux d'activité, notamment féminins, en attirant sur la marché du travail des personnes auparavant inactives. Les travaux de R. Salais ont montré que dans le tertiaire, la flexion des taux d'activité pouvait être très conséquente.

Deux éléments ont une influence indirecte : le taux d'utilisation des capacités productives et le coût du travail, qui conditionnent tous deux la substitution capital-travail.

L'ensemble de ces variables qui viennent s'intercaler entre la RTT et son impact sur l'emploi peut donc être schématisé ainsi :

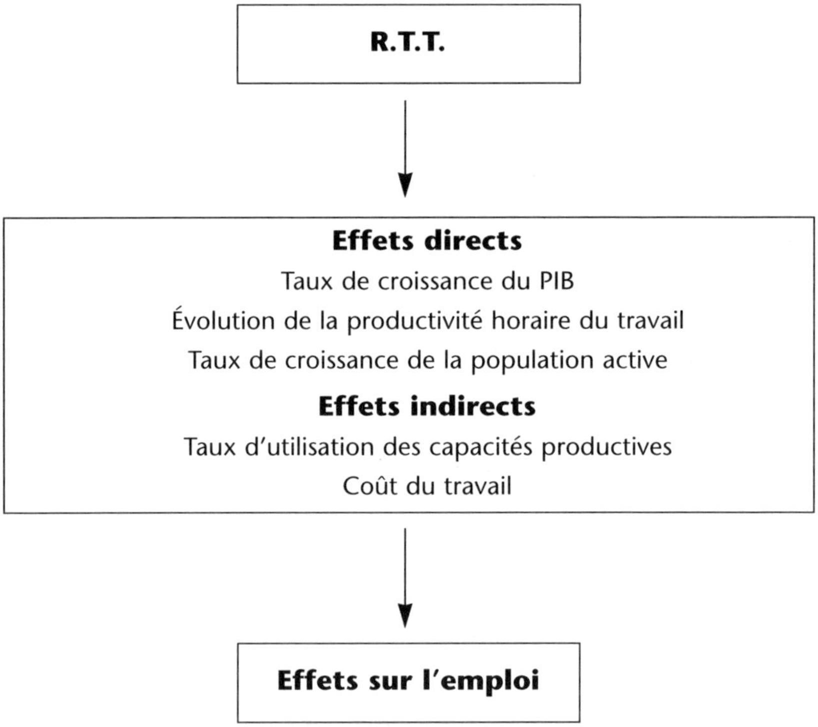

Il y a donc un véritable phénomène de percolation qui explique que l'effet de la RTT sur l'emploi passe par de nombreux filtres qui atténuent l'effet direct et mécanique escompté.

Les modèles économétriques permettent de réaliser des simulations à partir des diverses hypothèses portant sur les variables définies plus haut. Les principaux modèles sont MIMOSA pour l'OFCE, DMS pour l'INSEE. La logique de base de ces différents modèles est à peu près la même.

La plupart de ces modèles macro-économiques s'accordent sur le fait que la RTT peut créer de nombreux emplois. Les travaux réalisés lors de la préparation du XIe plan montrent, par exemple, qu'une RTT annuelle de 1 %, créerait au bout de 5 ans entre 510 000 et 720 000 emplois s'il n'y a pas compensation salariale.

2. Deux exigences fondamentales : une réorganisation du travail et un rôle actif de l'État

Deux éléments jouent un rôle-clé dans la réussite d'une politique de l'emploi fondée sur la RTT.

• En premier lieu, la mise en œuvre de la RTT exige une réorganisation du travail au sein des entreprises, autour de trois axes essentiellement :

- l'allongement de la durée d'exploitation permettant d'améliorer le taux d'utilisation des capacités productives; ceci oblige toutefois à une remise en cause de pans entiers du droit du travail : travail de nuit, du dimanche... ;
- une meilleure adaptation de la durée du travail, éventuellement par l'annualisation de celle-ci, aux fluctuations d'activité;
- le développement de formes nouvelles d'organisation du travail, moins coûteuses et plus productives, en termes de post-fordisme notamment. Ici, la RTT peut être comprise comme une politique de « donnant-donnant » : baisse du temps de travail en échange de concession significatives sur le droit social.

• Un rôle actif de l'État : celui-ci doit être partie prenante dans le processus de RTT. Le coût du chômage actuel est, en effet, considérable : on a pu calculer qu'un chômeur coûte aujourd'hui, en moyenne, 114 000 F à la collectivité. Tout chômeur évité par la RTT représente donc un gain financier pour l'État.

III. La pertinence de la RTT comme instrument de lutte contre le chômage est aujourd'hui au cœur du débat

1. De grandes difficultés de mise en œuvre...

En fait, la complexité des mécanismes et la volatilité des variables en jeu doivent porter à la prudence. Les modèles économétriques sont encore imparfaits; la fiabilité de ces modèles peut être discutée sur trois points essentiels.

• Le problème de la substituabilité des salariés : les modèles sont fondés sur l'idée d'un travail relativement homogène et donc substituable. Or, les charges de travail ne sont pas, et de loin, parfaitement divisibles et les emplois ne sont que très imparfaitement substituables. Par exemple, un informaticien travaillant sur la création d'un logiciel pourra difficilement être remplacé; beaucoup de cadres, d'autre part, sont motivés par cette « logique de l'honneur » décrite par Philippe d'Iribarne (*La logique de l'honneur*, Le Seuil) qui les pousse à ne pas ménager les heures de travail. Ainsi, près de 22 % des salariés français déclarent faire plus de 45 heures par semaine. Il apparaît donc que la RTT n'est parfaitement adaptée que dans les cas où le travail est organisé en équipes interchangeables. Encore faut-il que la flexibilité de l'utilisation du capital puisse suivre.

- Le problème de la compensation salariale constitue un redoutable obstacle à la RTT. Si l'aspiration vers une diminution du temps de travail semble largement partagée, à la fois comme solution au chômage et comme préalable à un « vivre autrement », en revanche, la crainte d'une baisse des revenus reste très vive. Seul un noyau de salariés particulièrement solidaires semble prêt à un sacrifice. De plus, le précédent de 1982 montre clairement l'échec d'une compensation non accompagnée d'une réorganisation du travail : l'alourdissement du coût du travail constitue alors une importante incitation à la substitution capital-travail.

- Le problème de la concurrence internationale et des secteurs exposés : l'accroissement des coûts salariaux liés à la compensation aurait un effet néfaste sur la compétitivité des entreprises, surtout si le prix constitue le déterminant essentiel. Il s'agit donc de compenser une inévitable dégradation de la compétitivité-prix par une amélioration de la compétitivité hors-prix (qualité notamment).

2. ... illustrées par de nombreux cas, en France et en Europe et qui incitent à explorer d'autres voies de flexibilité

- Les débats actuels autour de la loi De Robien illustrent bien les difficultés évoquées plus haut. Cette loi, adoptée en juin 1996 « tend à favoriser l'emploi par l'aménagement et la réduction conventionnels du temps de travail ». Elle constitue sans doute l'avancée la plus nette en matière de RTT depuis 1982.

Son principe est simple : toute entreprise qui s'engage à réduire son temps de travail en embauchant de manière proportionnelle des salariés, voit ses charges patronales diminuer sensiblement durant sept ans (volet offensif). Le bénéfice de la loi s'étend aussi aux entreprises en difficulté afin d'éviter des licenciements économiques (volet défensif).

Cette loi connaît actuellement un grand succès, de nombreux accords étant signés. Mais elle suscite, à gauche comme à droite, des controverses portant sur le coût très élevé de ces mesures pour l'État.

Cette loi est, depuis décembre 1997, dépassée par la loi-cadre sur les 35 heures à l'horizon 2000, mise en place par le gouvernement Jospin. Ce dispositif est, finalement, assez proche de l'esprit de la loi De Robien, puisqu'il prévoit des exonérations de charges sociales pour les entreprises qui auront, d'ici à l'échéance 2000 passé des accords de réduction du temps de travail avec les salariés. Cette loi, en l'état actuel rencontre une forte opposition patronale (les PME de moins de vingt salariés ont obtenu un sursis de 2 ans), ce qui augure mal des possibilités de négociation dans les entreprises.

- Le cas de l'Allemagne est particulièrement intéressant à étudier. Voilà un pays qui est allé très loin dans la RTT : les 35 heures hebdomadaires se sont imposées en 1990 dans le secteur métallurgique grâce à l'action du puissant syndicat IG Metall (2,9 millions d'adhérents). C'est donc un excellent moyen d'observer les effets sur l'emploi de cette mesure. Force est de constater que rien dans la situation actuelle ne montre l'efficacité de la mesure, puisque l'Allemagne a atteint un record historique de chômage avec 4 millions de sans-emploi actuellement.

Non seulement la dynamique de RTT vers les 32 heures est durablement remise en cause, mais les coûts du travail trop élevés, conséquence du passage aux 35 heures avec compensation salariale, sont montrés du doigt.

L'Allemagne tend aujourd'hui à abandonner la politique de RTT et les partenaires sociaux s'engagent dans le « réalisme des coûts », en recherchant d'autres formes de flexibilité.

Conclusion

Ainsi, la RTT est devenue, au fil du temps, un élément de lutte contre le chômage. Vilipendée par les uns, qui voient dans cette mesure un simple partage de la pénurie et une erreur majeure de politique économique, elle est portée aux nues par d'autres qui voient la possibilité d'une vie plus équilibrée.

Il est vrai que les expériences de RTT « offensive », pilotées par l'État et sans réelle concertation, n'ont pas été concluantes en termes de création d'emplois. Si, par contre, la RTT résulte d'une aspiration de l'ensemble de la société à travailler moins pour travailler tous, alors cette mesure peut être efficace. En tout état de cause, une société ne peut durablement laisser sur le bord de la route une nombre croissant de personnes.

Bibliographie

L'actualité du sujet fait qu'il existe une littérature abondante sur la RTT. On se limitera aux ouvrages suivants qui sont avant tout des synthèses :

- J. Rigaudiat, *Réduire le temps de travail*, Syros, *Alternatives économiques*, 1993.
- O. Marchand et Cl. Thélot, *Deux siècles de travail en France*, Nathan, 1991.
- G. Aznar, *Travailler moins pour travailler tous*, Syros, 1993.

Il existe également de nombreux articles sur ce thème dans les revues *Alternatives économiques* et *Problèmes économiques*.

SUJET 9

Dans quelle mesure peut-on parler d'une crise du syndicalisme en France aujourd'hui ?

(inédit)

Analyse du sujet

Ce type de sujet sera sans doute jugé difficile par les candidats. Un sujet assez proche, Ecricome 1995, intitulé « Les syndicats de salariés dans les pays capitalistes développés constituent-ils un contre-pouvoir depuis la fin du XIXe siècle ? » n'a été choisi que par un tiers des candidats à ce concours. C'est sans doute le supposé caractère « politique » et les aspects polémiques qui le sous-tendent qui peut rebuter les candidats.

Le mot clé est évidemment syndicalisme. Le terme syndicat désigne tout groupe de personnes professionnellement homogène, s'associant dans le but de défendre des intérêts communs. Le syndicalisme peut donc être basé sur le métier (forme d'ailleurs la plus ancienne), sur l'industrie, ou sur le statut (syndicalisme de cadres, ouvrier...).

Les stratégies syndicales sont multiples : à l'origine, la stratégie d'assurance mutuelle face aux risques (de chômage et d'accident du travail notamment) domine, mais l'émergence de l'État-providence rend cette stratégie caduque.

En fait, la ligne de partage fondamentale passe entre :

- le syndicalisme réformiste, de type plutôt anglo-saxon, fondé sur l'action législative, le syndicat s'apparentant alors à un groupe de pression (qui peut aller jusqu'à générer un parti politique comme c'est le cas pour le Labour Party anglais), ou la participation à la gestion des entreprises (cas de l'Allemagne avec le principe de la cogestion ou Mitbestimmung). On peut adjoindre à ce syndicalisme réformiste le mouvement issu de la doctrine sociale de l'Église catholique (encyclique Rerum Novarum de 1891), qui a été assez vivace en France (syndicalisme chrétien avec la CFTC) ;
- le syndicalisme révolutionnaire, qui, historiquement, est lié aux mouvements contestant le capitalisme. Cette contestation est essentiellement le fait du marxisme (cas de la CGT, notamment depuis la charte d'Amiens de 1906).

Le syndicalisme latin et en particulier le syndicalisme français se rattachent plus nettement à cette veine révolutionnaire ; or, avec le déclin des idéologies révolutionnaires, ce type de syndicalisme est singulièrement en crise.

Comment peut-on cerner le sujet ? Trois points doivent être mis en avant.

- Le point essentiel est la mesure de cette crise du syndicalisme : si le fait que le syndicalisme français connaît actuellement une période critique ne fait guère de doute, une préoccupation importante sera de tenter de saisir l'ampleur de ce déclin et d'en relativiser la portée.

• Le fait que le sujet porte sur la France ne doit pas faire illusion : il sera indispensable de procéder à des comparaisons, ne serais-ce que pour poser la question de la singularité française; en d'autres termes, la crise du syndicalisme français est-elle originale? Plus qu'une crise des syndicats, ne sommes-nous pas en présence d'une crise d'un modèle syndical, historiquement fondé davantage sur la revendication que sur la recherche d'un compromis social?

• Enfin, l'expression « dans quelle mesure... » doit inciter à la prudence : cette crise ne saurait se mesurer par la seule comptabilisation des effectifs syndicaux. L'influence du mouvement syndical français déborde largement ce chiffre. Surtout, il faudra rappeler que la nature du système de protection sociale français, fondé sur le paritarisme, fait des syndicats de véritables gestionnaires du social. Leur rôle est donc plus large que la seule défense des intérêts des salariés.

Nous proposons donc la problématique suivante :

I. Le syndicalisme français est aujourd'hui confronté à une double crise.

- 1. Une crise du recrutement et du militantisme...
- 2. ... et une crise d'efficacité du mouvement syndical...
- 3. ... qu'il faut toutefois nuancer : le syndicalisme reste un partenaire social de premier plan

II. Une crise aux origines diverses marquée par un épuisement du discours traditionnel.

- 1. Inadaptation et bureaucratie des appareils syndicaux
- 2. Crise économique et retour de l'individualisme
- 3. Essoufflement du mouvement ouvrier et du changement social

Introduction

C'est devenu un lieu commun, désormais, d'évoquer la crise du monde syndical, et particulièrement en France. Naguère si puissants, si présents dans les moments forts de notre histoire (le Front populaire de 1936, la Libération, Mai 68...), le syndicalisme semble atteint d'une maladie de langueur. De fait, les signes ne trompent pas : crise de l'adhésion, abstention record aux élections professionnelles... Le militant, base et fondement du mouvement syndical, se fait rare. Quant au chiffre des adhésions, c'est un secret que les centrales syndicales n'aiment guère divulguer. On leur reproche pêle-mêle leur obstruction systématique aux réformes, leur discours passéiste, les grèves interminables; le public « pris en otage »...

Mais surtout, les syndicats sont accusés de ne pas avoir su prendre la mesure des évolutions structurelles, sociétales et culturelles, de tenir encore et toujours le vieux discours ouvriériste alors que la classe moyenne domine largement, diffusant à l'ensemble du corps social ses valeurs dominantes. La conscience de classe tend ainsi à se dissoudre; la crainte du chômage constitue également un frein à la syndicalisation, particulièrement puissant dans les entreprises privées.

Le phénomène n'est pas propre à la France. Le syndicalisme anglais, par exemple, si puissant il y a seulement vingt ans, a subi la loi du thatchérisme; seul le syndicalisme allemand et ceux d'Europe du Nord semblent épargnés. Faut-il parler alors, plutôt que de crise du syndicalisme, de crise d'un syndicalisme, d'un modèle syndical fondé sur une tradition de luttes et de conflits ?

Après avoir, dans une première partie, pris la mesure de la crise syndicale française, dans ses aspects socio-économiques et culturels, nous verrons dans une seconde partie que les explications de cette crise laissent apparaître essentiellement un épuisement du discours traditionnel.

I. Le syndicalisme français est aujourd'hui confronté à une double crise

1. Une crise du militantisme et du recrutement...

Il s'agit, en premier lieu, de mesurer le phénomène de désyndicalisation. Trois points peuvent être mis en lumière.

- La chute des effectifs est indiscutable. En moins d'une décennie, un adhérent sur deux ne cotise plus. Alors que le taux de syndicalisation (nombre de syndiqués rapporté au nombre total d'actifs) atteignait encore 20 % en 1981, il se situe aujourd'hui à environ 11 %, avec de fortes disparités :

  – la syndicalisation est nettement plus forte dans le secteur public que dans le privé ;

  – la chute touche l'ensemble des catégories socioprofessionnelles : les agriculteurs restent les plus syndiqués (environ 40 %), mais la chute est brutale chez les employés (de 22 à 7 %) et chez les ouvriers (25 à 12 %) ;

  – enfin, les femmes restent très peu syndiquées (7 %) et la désaffection est particulièrement sensible chez les jeunes actifs.

Toutefois, ces données sont sujettes à caution : les centrales syndicales sont discrètes sur leurs effectifs ; de plus, la comptabilisation est difficile à opérer en raison du flou qui entoure la notion d'adhésion, variable selon les centrales. Cette imprécision des données provenant des sources syndicales peut être corrigée par l'observation des résultats des différents syndicats aux trois élections professionnelles : les élections des conseils des Prud'hommes (qui jugent les conflits du travail), les élections aux comités d'entreprise (organisées dans les entreprises d'au moins 50 salariés), enfin, les élections aux caisses primaires de Sécurité sociale. L'observation des résultats de ces élections est particulièrement éclairante :

– en premier lieu, il faut noter la forte progression de l'abstention. Sans doute faut-il voir dans ce phénomène la difficulté pour les salariés de percevoir un enjeu, à quoi s'ajoute la complexité du scrutin (surtout dans le cas des élections à la Sécurité sociale). Ce fait constitue tout de même l'indice le plus probant de la faible implantation syndicale en France ;

– en second lieu, ces données montrent une recomposition sensible des forces syndicales. La CGT notamment, tout en restant à la première place, connaît une érosion continue de son audience : un électeur sur deux en 1966, un sur quatre actuellement. Le déclin des bastions industriels (comme la fermeture du site de Renault-Billancourt, par exemple) et la montée de la tertiairisation expliquent en partie ce phénomène. La CFDT semble se stabiliser, alors que la CFTC et surtout FO connaissent une progression ;

– enfin, il faut noter la progression des listes de non-syndiqués : ils arrivent désormais en tête devant tous les syndicats : c'est le signe évident d'un certain rejet du syndicalisme établi.

• Sur le moyen et long terme, la désyndicalisation française apparaît comme un phénomène discontinu. Après 1945, en effet, de vastes mouvements de flux et de reflux sont nettement identifiables :

– en 1945, la Libération entraîne une forte poussée syndicale : le nombre d'adhésions s'approche des 6 millions, avec des pointes dans l'enseignement, les métaux, les PTT. Mais l'échec des grandes grèves de 1947 et 1948, ainsi que la scission entre la CGT et FO, en 1948, vont mettre fin à cette période faste ;

– les années cinquante marquent un net tassement et même une perte d'effectifs importante pour la CGT qui demeure toutefois dans une position dominante, fortement implantée dans les grands bastions industriels où elle mène une action dynamique aboutissant à de grandes conquêtes sociales ;

– la période 1962-1975 marque un retournement de tendance : les effectifs de la CGT se stabilisent; FO et la FEN (Fédération de l'Éducation nationale) progressent, la CFDT, créée en 1964 à la suite d'une scission avec la CFTC, connaît une progression rapide et défend l'idée d'autogestion. Le mouvement de mai 1968 entraîne une remontée sensible, mais transitoire, du taux de syndicalisation ;

– enfin, la période de 1976 à aujourd'hui marque une érosion régulière du phénomène syndical.

• La comparaison internationale montre bien l'existence d'une spécificité française : le déclin syndical apparaît en effet plus prononcé en France que dans les autres pays de l'OCDE. En Europe, si la plupart des pays connaissent un effritement syndical, les taux de syndicalisation, très dispersés, vont de 85 % environ dans le cas de la Suède, à 15 % environ pour l'Espagne. La France est donc particulièrement en retrait. Même les États-Unis et le Japon connaissent des taux plus élevés. En fait, la France apparaît comme la lanterne rouge de l'OCDE en matière de taux de syndicalisation.

2. ... et une crise d'efficacité du mouvement syndical

• En premier lieu, le syndicalisme doit faire face à une crise des revendications unifiantes. Ces revendications, comme la journée de huit heures ou les congés payés, ou encore la retraite à 60 ans, ont constitué une base revendicative forte qui a longtemps légitimé l'action syndicale et a historiquement fondé les syndicats en partenaires sociaux. Ainsi, le syndicalisme a constitué un élément de régulation des rapports sociaux tout à fait fondamental dans le mode de production fordiste.

L'après-guerre marque ainsi un tournant décisif : le syndicalisme de masse accepte sa mise à l'écart de l'organisation technique taylorienne du travail, désormais dévolue au patronat et à l'encadrement, en échange d'une hausse du niveau de vie. La négociation tripartite (État-syndicats-patronat) s'institutionnalise : en 1949, le Bureau international du travail définit une convention internationale en ce sens.

• C'est ce véritable pacte taylorien qui est aujourd'hui largement remis en cause par la montée des revendications catégorielles. Il apparaît que le syndicalisme a du mal à prendre en compte la variété et l'hétérogénéité croissantes de la demande sociale, notamment lorsque celle-ci tend à substituer aux revendications de type quantitatif (le « toujours plus »), des revendications qualitatives. Le syndicalisme est alors concurrencé et débordé par des associations et des groupements liés à un thème très précis. Le mouvement des coordinations, d'apparition récente, illustre bien ce phénomène. On peut constater aussi que ces coordinations n'apparaissent pas seulement lorsqu'il y a un « vide syndical » : elles existent dans des milieux bien syndiqués (la SNCF par exemple).

3. *Toutefois, une influence encore forte*

Ce constat de crise du mouvement syndical doit toutefois être nuancé, ne serait-ce que parce que l'audience et la capacité de mobilisation des syndicats dépassent largement le chiffre des seuls adhérents. Ainsi, l'importante grève de la fin de l'année 1995 a montré le poids encore considérable des syndicats et leur capacité de mobilisation. Les leçons que l'on peut tirer de ce vaste mouvement social de décembre 1995 sont nombreuses :

- il a d'abord révélé la faiblesse et le mauvais fonctionnement des mécanismes de négociation ; la division syndicale face aux propositions du gouvernement et du patronat ne favorise guère la recherche de solutions et ouvre la porte à la surenchère ;
- le mouvement est né dans des entreprises publiques, la SNCF notamment. On a pu ainsi parler de « grève de privilégiés ». Mais il a rencontré un écho favorable et important dans le secteur privé, à tel point que l'on a avancé que ce secteur faisait désormais grève « par procuration ».

Deux aspects sont à relever :

• En premier lieu, les syndicats jouent un rôle fondamental dans le fonctionnement de nombreuses institutions économiques et sociales : caisses primaires d'assurance maladie, caisses d'allocations familiales, UNEDIC, commissions administratives paritaires de la fonction publique... Au niveau local et au niveau de l'entreprise (délégués syndicaux, membres des comités d'entreprise...), les syndicalistes animent une part considérable de la vie sociale du pays. Enfin, en tant que conseillers aux prud'hommes, les représentants syndicaux contribuent au règlement des conflits du travail. Pierre Rosanvallon (*La question syndicale*, Hachette 1988) estime que les syndicats sont devenus de véritables fonctionnaires du social, indispensables à la régulation des rapports sociaux. Cet aspect du syndicalisme n'a cessé de se renforcer, absorbant aujourd'hui une part importante de l'activité militante.

• En second lieu, il apparaît que la généralisation, notamment dans les grandes entreprises, des techniques nouvelles de gestion des stocks (« juste à temps », flux tendus...), si elles s'avèrent rentables pour les entreprises, les fragilise aussi considérablement : un mouvement de grève, même isolé, peut avoir des répercussions graves (grève-thrombose). Les syndicats disposent ainsi d'une arme inattendue.

II. Une crise aux origines diverses, marquée par un épuisement du discours traditionnel

La crise du syndicalisme français, que nous avons cernée en première partie, ne peut s'expliquer uniquement par des raisons conjoncturelles, même s'il est vrai que le chômage persistant décourage les volontés syndicales, et que la baisse du pouvoir d'achat na facilite pas les cotisations. Il s'agit, en fait, d'un phénomène inscrit dans la longue durée. Trois aspects paraissent déterminants : l'inadaptation évidente des appareils syndicaux à l'évolution économique et sociale, la montée de l'individualisme à la faveur de la crise, l'essoufflement du mouvement ouvrier et la remise en cause des éléments qui constituent encore une référence idéologique d'une partie importante du syndicalisme français.

1. Inadaptation et bureaucratie des appareils syndicaux

• Les difficultés syndicales sont à rechercher dans la persistance de comportements bureaucratiques (lourdeur de gestion des « appareils » syndicaux) et de situations ressenties comme anachroniques ou peu démocratiques ; par exemple, la crispation sur le statut des dockers peut apparaître comme un combat d'arrière-garde.

Enfin, le syndicalisme s'est trouvé confronté à une évolution de l'entreprise : à l'exploitation brutale et à l'organisation hiérarchique se sont progressivement substituées de nouvelles formes de gestion des ressources humaines. Le social devient un élément parmi d'autres de la performance globale de l'entreprise, et la participation du personnel une préoccupation constante du chef d'entreprise. Dans cette organisation post-taylorienne, la motivation du travailleur devient essentielle dans la course à la productivité. Or, une telle évolution va à l'encontre de la culture syndicale telle qu'elle s'est formée, en France, dans l'après-guerre. Cette nouvelle organisation du travail, plus efficace, réaffirme le primat de l'individu (salaire au mérite, par exemple) mais risque de déboucher sur le corporatisme.

Mal a l'aise devant cette évolution, les syndicats apparaissent de plus en plus absents du niveau micro-économique (l'entreprise), pour se cantonner au niveau macro-économique (le partenariat social).

• Justement, le partenariat social lui-même pose problème. Comme nous l'avons indiqué en première partie, le syndicalisme français participe activement à la gestion d'importantes institutions économiques et sociales et, en particulier, la Sécurité sociale : c'est la paritarisme.

Ce principe de gestion paritaire par les syndicats et la patronat faisait partie des principes indiscutables, issus de la création même de la Sécurité sociale en 1945.

Or, ce principe est aujourd'hui remis en cause :

- le plan Juppé de réforme de la Sécurité sociale prévoit, de facto, une tutelle de l'État dans la gestion des organismes sociaux ;
- les difficultés de financement de la Sécurité sociale sont telles que la fiscalisation des recettes est désormais à l'ordre du jour, ce qui renforcera la tutelle de l'État.

Le paritarisme devient ainsi une coquille vide.

2. Crise économique et retour de l'individualisme

• Avec la crise économique, les rapports sociaux se sont distendus, l'individualisme a gagné du terrain. L'action syndicale, champ privilégié du jeu des rapports sociaux n'a pas échappé à la règle : les conditions d'un retour en force des thèses fondées sur l'utilitarisme et l'individualisme méthodologique (primat de l'individu sur le groupe), là comme ailleurs, sont ainsi réunies et le débat théorique sur l'action collective est relancé par des travaux tels que ceux de Mancur Olson (*Logique de l'action collective*, PUF, 1978).

Le thème récurrent de cette approche est le suivant : toute action collective visant à obtenir un avantage par la mobilisation d'un groupe latent suppose un coût et des contraintes. Or, cet avantage (une hausse de salaire, par exemple) est, par nature, strictement collectif : l'individu rationnel a donc intérêt à ce qu'il y ait action collective tout en n'y participant pas lui-même. C'est le paradoxe du cavalier seul (*free rider*).

• Cette analyse cherche à rendre compte, avec une certaine pertinence, de la variété des situations syndicales ; ainsi, la forte implantation syndicale en Europe du Nord et en Allemagne s'expliquerait par la distribution d'avantages réservés aux seuls adhérents. Le DGB allemand, par exemple, gère tout un réseau de services : banques, assurances, logement...

Un autre moyen de surmonter le paradoxe du cavalier seul est d'imposer un système de contraintes : il s'agit là de la tradition anglo-saxonne reposant sur la pratique du *closed-shop* (monopole de l'embauche par les syndicats dans certains secteurs) ou encore du *check-off* (prélèvement à la source de la cotisation syndicale).

A contrario, la faiblesse syndicale française s'expliquerait, selon cette grille de lecture, par l'absence à la fois de contraintes et d'avantages suffisamment attractifs. Il est vrai que l'orientation possible vers un syndicalisme de services, à l'allemande, suscite des réflexes de méfiance chez les militants.

3. Essoufflement du mouvement ouvrier et du changement social

En fait, les racines de la crise du syndicalisme français sont plus profondes que ces aspects conjoncturels. Elles dépassent nettement le cadre de la crise actuelle et sont à rechercher dans les évolutions de long terme.

Trois aspects peuvent être retenus.

- La crise syndicale française est d'abord la crise d'un modèle, produit d'une histoire, fondé sur une eschatologie (la victoire finale sur le capitalisme) et une classe ouvrière mythifiée. Autrement dit, sur une idéologie. Et il est vrai que les temps forts du syndicalisme français coïncident avec des événements fondateurs : le Front populaire, la Libération... Il est vrai aussi que des liens étroits ont existé entre le mouvement ouvrier et le syndicalisme. Le déclin de l'idéologie socialiste a donc naturellement affecté davantage le modèle syndical français.

- Une autre racine est à rechercher dans la perte d'identité de la classe ouvrière, fondement et référence du syndicalisme français. Ceci nous ramène à des débats déjà anciens (fin des années cinquante, début des années soixante), sur le thème de la « nouvelle classe ouvrière » (Serge Mallet) ainsi que la thèse, très controversée, de l'embourgeoisement de cette classe qui aurait perdu son âme, sa combativité, par l'accession à la consommation de masse.

- Enfin, le déclin syndical s'explique, sur le long terme, par la montée des classes moyennes salariées, plus difficiles à mobiliser, et qui ne se reconnaissent pas dans le traditionnel discours ouvriériste des centrales syndicales. Pour ces nouvelles catégories de main d'œuvre, tentées par le corporatisme, le syndicat apparaît comme purement instrumental, sans réel projet sociétal.

Conclusion

Il y a donc bien une crise du syndicalisme français. Celui-ci apparaît profondément divisé, subissant depuis les années soixante-dix une considérable érosion de ses effectifs qui en fait une véritable spécificité européenne avec un taux de syndicalisation particulièrement bas.

Pour autant, un tel bilan doit être nuancé. Les syndicats sont encore des acteurs de premier plan de la vie économique et sociale : rôle éminent de partenariat social, pouvoir économique encore conséquent, capacité de mobilisation encore forte, et bien au-delà du seul chiffre des adhérents.

C'est donc un syndicalisme de crise, confronté au chômage, à la précarité, à la montée de l'individualisme, s'essoufflant à suivre le changement social, peinant à mobiliser les classes moyennes salariées. C'est surtout un syndicalisme en crise : crise d'un modèle français qui a connu son heure de gloire, mais qui ne semble plus correspondre à la réalité de la société française d'aujourd'hui.

Bibliographie

Ouvrages généraux

– G. Adam, *Le pouvoir syndical*, Dunod, 1983.

– M. Noblecourt, *Les syndicats en question*, Éditions ouvrières, 1990.

– P. Rosenvallon, *La question syndicale*, Calmann-Levy, 1988.

– M. Dreyfus, *Histoire de la CGT. Cent ans de syndicalisme en France*, Éd. Complexe, 1995.

– M. Olson, *Logique de l'action collective*, PUF, 1988.

SUJET 10

Depuis le début du XIXe siècle, quelle est la place du travail dans le processus d'intégration sociale ?

(ESSEC 1996)

Analyse du sujet

- Il s'agit d'un sujet à connotation nettement sociologique, ce qui n'est guère habituel dans les sujets proposés par l'ESSEC. Le jury regrette d'ailleurs, dans son rapport, que nombre de candidats n'ont pas su valoriser cet aspect du sujet :

> « À l'évidence, les candidats ne sont pas préparés à un sujet sociologique. Nous insistons sur le fait que les nouveaux programmes font apparaître d'autres thèmes et que certains supposent l'utilisation des apports irremplaçables de la sociologie, si bien qu'il n'est plus possible de faire l'impasse sur cette discipline. Unanime sur ce point, le jury souhaiterait dans le futur que lorsque le sujet est à dominante sociologique, les noms de sociologues (et pas seulement les noms, mais surtout les analyses) l'emportent sur ceux des économistes. »

- C'est également un sujet d'actualité. À travers les thèmes de la réduction du temps de travail, du chômage, de l'exclusion, la question de la place du travail dans le processus d'intégration sociale se pose avec acuité aujourd'hui. Cette actualité est encore soulignée par la publication de nombreux ouvrages qui ont enrichi le débat : le livre de J. Rifkin (*La fin du travail*, 1996), celui plus ancien d'A. Gorz (*Métamorphoses du travail. Quête de sens*, 1988), celui également de R. Castel (*Les métamorphoses de la question sociale. Une chronique du salariat*, 1995). Il faut noter, enfin, le remarquable succès public du livre de Vivianne Forrester (*L'horreur économique*, 1995), qui propose pourtant une vision très pessimiste de la société actuelle.

- Comment lire et interpréter ce sujet ?

Les deux termes importants du sujet sont : intégration sociale et travail, deux notions qui semblent aller de soi, mais qui demandent, en fait à être explicitées et soigneusement définies.

La notion d'intégration sociale : c'est elle qui donne sa forte connotation sociologique au sujet. L'intégration sociale peut se définir à la fois comme le processus par lequel l'individu s'agrège à la société, à travers la socialisation, produite par l'école et la famille dans un premier temps et par le travail ensuite et comme l'ensemble des éléments qui assurent la cohésion sociale, leur défaillance étant à la source de l'exclusion.

Cette notion est absolument centrale dans l'œuvre d'E. Durkheim et, en particulier, dans *De la division du travail social* (1893). C'est donc une référence indispensable.

La notion de travail, qui paraît évidente, demande également à être précisée par rapport au sujet. Deux écueils apparaissent : se cantonner à une histoire du travail qui déroulerait, depuis les débuts de la révolution industrielle jusqu'à aujourd'hui, les différentes phases de l'évolution du travail et qui risque de devenir une histoire du progrès technique; se limiter à une approche exclusivement macroéconomique et traiter, en fait, du problème de l'emploi, ce qui mène au hors-sujet. On le voit, une définition est nécessaire afin d'éliminer le risque de confusion entre travail et emploi.

Le travail est, en fait, une notion complexe.

C'est, en premier lieu, une activité humaine déployée en vue d'obtenir une production propre à satisfaire des besoins. L'économie néoclassique s'en est d'ailleurs tenue à cet aspect : le travail est une marchandise s'échangeant sur un marché, la confrontation de l'offre et de la demande de travail déterminant le niveau de salaire.

Chez Marx, cette activité de production est socialisée. Le travail, certes, consiste à transformer la nature, mais, refusant les «robinsonnades» néoclassiques, Marx fait du travail un rapport social et l'étalon de mesure de toute production (théorie de la valeur-travail). Ce rapport social est le pivot autour duquel s'organise toute la société, la place de l'individu et donc son intégration dans la société étant liées à sa place dans le processus de production.

La sociologie, qui se constitue en tant que science autonome dans la seconde moitié du XIXe siècle, reprend largement à son compte cette définition du travail comme facteur essentiel d'intégration sociale.

• Enfin, le sujet comporte l'expression «Depuis le XIXe siècle…», ce qui laisse entendre que les rapports entre travail et intégration sociale doivent être placés dans le contexte historique de la longue durée.

Il s'agit donc de trouver une problématique qui :

- restitue la dimension sociologique, fondamentale dans ce sujet;
- et qui ne se limite pas à un exposé linéaire de l'évolution du travail, tout en conservant l'arrière-plan historique.

Nous proposons la problématique suivante :

I. Le travail constitue, avec la révolution industrielle et le développement du capitalisme, le principal facteur d'intégration sociale.

II. Aujourd'hui, le travail désenchanté : crise du travail et crise de l'intégration sociale.

Introduction

Les sociétés capitalistes se sont entièrement construites sur la notion de travail. Au-delà de la vieille injonction biblique («tu gagneras ton pain à la sueur de ton front»), qui fait du travail une malédiction, le signe tangible du paradis perdu, mais qui fonde dans le même temps la condition humaine, le travail a modelé les sociétés développées et en constitue encore le fondement économique et social. Si le travail a été, de tous les temps et sous tous les cieux le moyen de tirer de la nature les éléments essentiels à la vie, ce n'est que récemment, à l'échelle de l'histoire, qu'il a acquis une place prépondérante.

L'exemple des sociétés primitives ou de la Grèce antique montrent bien que le travail n'a pas toujours tenu cette place centrale. Ce n'est qu'avec l'émergence d'un « esprit du capitalisme », dès la fin du Moyen Âge, sous l'influence notamment de l'éthique protestante, qu'il a acquis un tel statut. Dès lors, la société industrielle s'est construite sur une vision véritablement prométhéenne : le travail est un instrument de libération de l'homme vis-à-vis de la nature. C'est aussi une activité sociale. Refusant les « robinsonnades » néoclassiques, Marx insiste sur le caractère social du travail, qui à travers le salariat, caractérise le système capitaliste.

Qu'en est-il aujourd'hui, où les sociétés des pays développés affrontent une crise multiforme, économique, certes, mais aussi une crise d'identité marquée par l'exclusion qui touche une part croissante de la population, et qui place le travail au cœur des problèmes ? La question de l'intégration par le travail se pose dans un contexte marqué par la précarisation, l'éclatement du collectif de travail issu d'une longue période de croissance. La fin du travail est même annoncée.

Le travail est-il encore facteur d'intégration et, en tout état de cause, peut-il encore prétendre à l'être dans des sociétés postindustrielles ?

Si le travail constitue, avec la révolution industrielle et le développement du capitalisme, le principal facteur d'intégration sociale (1re partie), la crise actuelle correspond à un désenchantement du travail (au sens de Weber) : la crise du travail correspond à une crise de l'intégration sociale (2e partie).

I. Le travail constitue, avec la révolution industrielle et le développement du capitalisme, le principal facteur d'intégration sociale

1. La révolution industrielle et le développement du capitalisme marquent l'avènement d'une société salariale où le travail constitue la référence sociale fondamentale

• Les représentations sociales du travail constituent un des fondements culturels des sociétés. L'apport de l'anthropologie invite, à cet égard, à un certain relativisme social. M. Sahlins a ainsi montré, dans son livre *Âge de pierre, âge d'abondance*, que le travail est loin d'être le référent culturel dominant dans les sociétés sans écriture. L'intégration sociale dans ces sociétés n'est pas déterminée par le processus productif, mais par d'autres déterminants sociaux.

L'Antiquité avait aussi un rapport au travail particulier; loin d'être un facteur d'intégration, il était plutôt un symbole de dépendance à l'égard de la nature. L'activité principale du citoyen était de s'occuper des affaires de la cité, le travail était le stigmate des classes inférieures de la société et des esclaves; d'ailleurs le terme lui-même est très péjoratif et est associé à l'idée de peine et de douleur. Ce n'est donc pas le travail, activité jugée vulgaire par Platon et les philosophes grecs en général, mais plutôt le non-travail (le mot loisir ne convient guère) qui fonde les vertus essentielles de l'homme.

Le Moyen Âge reconduit, mais dans une moindre mesure, cette attitude. Comme le prêt à intérêt (là, c'est l'argent qui travaille...), l'enrichissement par le travail est tenu pour suspect : n'est-il pas le signe d'un attachement excessif aux biens matériels ? Il faut attendre la Réforme protestante pour voir le travail valorisé et même sanctifié. Les travaux de Max Weber (*L'éthique protestante et l'esprit du capitalisme*, 1905) montrent le lien étroit entre éthique puritaine fondée sur un ascétisme moral et développement du capitalisme. Avec le protestantisme, le salut ne passe plus par le seul respect du dogme, mais aussi par l'activité économique : le travail est ainsi vécu comme une vocation et comme le moyen d'édifier le Royaume de Dieu sur terre.

C'est donc un nouvel *ethos* qui, historiquement, fait du travail le principal élément de l'intégration sociale et contribue à l'émergence d'un « esprit du capitalisme ».

• À partir de ce socle éthique rénové, les conceptions modernes du travail vont se développer, à la faveur des changements technologiques et sociaux nés de la révolution industrielle.

Le travail subit de profondes transformations. À l'organisation corporative, fondée sur le « métier », fortement réglementée, succède la division du travail industriel, dont A. Smith donne une description à travers l'exemple célèbre de la manufacture d'épingles. La proto-industrie se développe à travers le *domestic-system* jusque vers le milieu du XIXe siècle, où la grande industrie (*factory system*) prend l'avantage. Le développement du machinisme va déclencher les premiers conflits (luddisme) liés à la perception du travail dans une société en pleine évolution technique.

Les économistes classiques ont bien compris que, à travers la division du travail, c'est toute une organisation sociale qui se met en place, où le travail constitue désormais la référence ; la « fable des abeilles » de B. de Mandeville (1714) décrit une société où le travail de chacun produit, sans le vouloir, le bien-être collectif. A. Smith fait de la division du travail le cœur du système capitaliste et sa métaphore de la « main invisible » montre bien l'importance du travail, qui deviendra l'étalon de mesure fondamental dans la théorie classique (théorie de la valeur-travail).

• Grand lecteur des classiques, et notamment de Ricardo, Marx va développer cette analyse de la valeur-travail et l'étendre aux concepts d'aliénation et de plus-value.

C'est par le travail que, selon Marx, l'homme transforme la nature. Mais, alors que les économistes classiques se cantonnent dans une approche finalement individualiste du travail, Marx le conçoit comme une activité socialisée : le travail est un rapport social transcendant la volonté des personnes.

La manière dont le travail est organisé, associé à un état donné des forces productives, fonde un mode de production : celui-ci, encore appelé infrastructure, détermine en dernière instance la superstructure ou idéologie, et donc les formes d'intégration sociale. On peut schématiser ainsi cette approche de Marx :

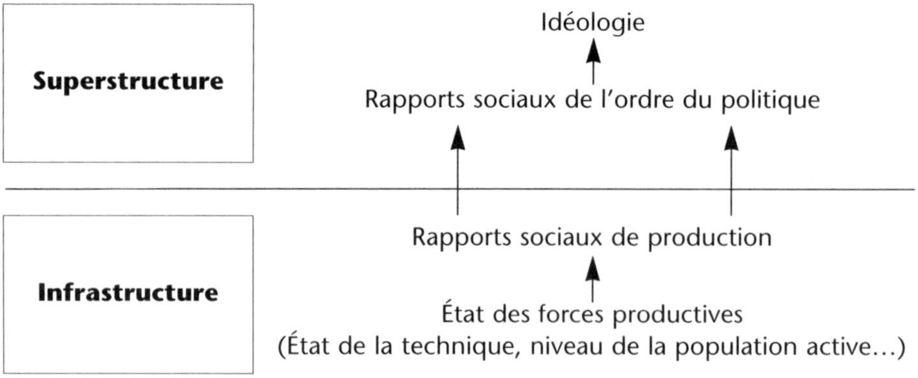

Le mode de production capitaliste est fondé sur le salariat, c'est-à-dire une dépossession du travail ouvrier en échange d'un salaire. La plus-value, produite par le travail ouvrier, est à l'origine du conflit entre les deux grandes classes du système capitaliste : la bourgeoisie qui détient les moyens de production et la classe ouvrière. C'est donc bien le travail qui fonde l'appartenance sociale chez Marx. Au-delà, l'analyse marxiste est une eschatologie : la philosophie marxiste fait du travail le principal facteur de transformation des sociétés et l'« accoucheur de l'histoire ».

2. Au tournant du siècle, transformations du capitalisme et apports de la sociologie

• Fondé sur le travail, le système capitaliste cherche constamment à en améliorer les performances. Au tournant du XIXe siècle, les recherches de F.W. Taylor conduisent à l'organisation scientifique du travail, marquée par une double division : une division verticale du travail, qui sépare les tâches de conception et d'organisation des tâches d'exécution ; et une division horizontale du travail consistant à parcelliser un travail complexe en plusieurs tâches simples.

Cette évolution entraîne un double mouvement :

- de surqualification du travail, avec la naissance d'une nouvelle catégorie sociale, les ingénieurs et les cadres, nécessaires à la gestion d'un appareil industriel de plus en plus complexe et hiérarchisé ;
- de déqualification : l'émiettement des tâches (« le travail en miettes », selon l'expression du sociologue G. Friedmann) conduit à une véritable dépossession du savoir-faire ouvrier, celui-ci étant désormais dévolu aux bureaux des méthodes et aux ingénieurs ; le travail ouvrier est progressivement vidé de sa substance.

• La sociologie, qui se constitue en champ scientifique autonome vers la fin du XIXe siècle s'intéresse très tôt au caractère intégrateur du travail.

Ainsi, dans son ouvrage fondamental *De la division du travail social* (1893), Émile Durkheim montre que la division du travail qui caractérise les société industrielles, loin d'être un facteur de désordre, produit la solidarité sociale, donc la cohésion. Il oppose ainsi les sociétés précapitalistes à faible division du travail, à solidarité mécanique, et les sociétés industrielles, où la place des individus dans la société est fortement liée à l'exercice d'une profession, et caractérisées par une solidarité organique : l'intégration au corps social est permise par la division du travail, véritable opérateur de cohésion sociale.

● Ainsi, au tournant du siècle, le travail constitue de plus en plus nettement le pivot autour duquel se structure le social : c'est désormais par son apport de travail que chacun participe à la société, elle-même essentiellement définie par le travail, catalyseur des rapports sociaux.

Le syndicalisme, qui se développe à la fin du XIXe siècle (loi Waldeck-Rousseau de 1884, création de la CGT en 1895), marque l'émergence d'une conscience de classe ouvrière fondée sur le sentiment d'exploitation. Le chômage constitue une déchéance sociale; le chômeur est un marginal qu'il faut surveiller (création du livret ouvrier sous le Second Empire). Il perd toute référence sociale, ce qui dessine « en creux » ou en négatif toute l'importance du travail dans l'intégration sociale. Il faut attendre la fin du siècle pour que la notion même soit reconnue, selon N. Baverez, R. Salais et E. Reynaud (*L'invention du chômage*, 1986).

La bourgeoisie, elle aussi, s'est constituée par la référence au travail. Les premières générations bourgeoises faisaient du travail la référence suprême, un véritable ascétisme. Mais, à la fin du XIXe siècle, les nouvelles générations se définissent de plus en plus par le non-travail, le loisir marquant la « barrière » (selon l'expression d'E. Goblot) entre ceux qui possèdent les capitaux et les nouvelles classes aisées montantes (cadres, ingénieurs, professions libérales...) qui ne possèdent pas les moyens de production. C'est l'émergence d'une classe de loisirs, étudiée par Th. Veblen.

3. La croissance d'après-guerre et le développement du salariat renforcent le rôle intégrateur du travail

La croissance économique d'après-guerre est fondée sur une dynamique de production de masse et de consommation de masse, et sur une utilisation de plus en plus intensive de la force de travail. Elle a profondément bouleversé le travail et ses représentations sociales et a conforté le travail comme facteur d'intégration sociale.

● En premier lieu, la croissance a été marquée par un déclin de l'agriculture et une croissance des industries et surtout des services, qui s'explique en particulier par les différences de gains de productivité entre les trois secteurs (théorie du déversement de Sauvy). Associés aux effets du fordisme, ces changements modifient le rapport au travail et les qualifications : le groupe ouvrier se diversifie, mais domine encore jusque dans les années soixante la société française.

Le travail et ses valeurs restent encore, durant les Trente Glorieuses, le référent culturel et le facteur d'intégration de la classe ouvrière, et en particulier dans cette « aristocratie ouvrière » que constituent les cheminots, les métallurgistes, les mineurs ou les ouvriers du livre. Cette valorisation du travail comme facteur d'intégration sociale est encore renforcée par le caractère collectif du contrat de travail (création du SMIG en 1950, du SMIC en 1970, conventions collectives, indexation prix-salaires...), qui tend à unifier les conditions de l'intégration sur le modèle du contrat à durée indéterminée. Le syndicalisme français, foncièrement ouvriériste dans son discours, reflète bien cette domination culturelle.

Toutefois, les besoins en main-d'œuvre de l'industrie font que l'intégration à la classe ouvrière se fait de plus en plus par le recrutement à l'extérieur du groupe : appel à l'immigration, développement du travail féminin (en ce sens, le travail est aussi vécu comme une émancipation), exode rural... ce qui, à terme, tend à brouiller les références culturelles du groupe.

• La croissance de la classe moyenne, liée à la montée du secteur tertiaire et à l'extension de l'État-providence a également contribué à modifier le rapport au travail. Si celui-ci reste une valeur importante, d'autres référents culturels apparaissent, comme le consumérisme ou les loisirs : le travail n'est plus le seul critère de reconnaissance sociale. Les analyses de M. Weber sur les groupes de statuts (différenciation sociale basée sur le prestige, le style de vie, et non sur le seul critère économique) ainsi que les approches empiriques de la sociologie (travaux de Warner, notamment) tentent de rendre compte de ces évolutions.

• La montée de la tertiairisation s'accompagne d'un éclatement du collectif de travail forgé par la civilisation industrielle. À l'usine, du XIXe siècle et des Trente Glorieuses, qui marque l'apogée d'une culture ouvrière de masse (on peut penser aux forteresses ouvrières comme Renault-Billancourt), fondée sur une conscience de classe et sur une unité de destin, s'oppose le tertiaire au travail désynchronisé et délocalisé. La division du travail fordiste prend la forme d'une spécialisation de plus en plus poussée qui tend à « atomiser » le collectif de travail et dissout les solidarités traditionnelles. Comme l'écrit B. Perret (*Le Nouvel Observateur*, février 1993) : « Le monde du travail n'est plus producteur de modèles de référence susceptibles de favoriser la reconnaissance mutuelle et l'agrégation de groupes sociaux de grande taille ».

II. Aujourd'hui, le travail désenchanté : crise du travail et crise de l'intégration sociale

1. La crise s'accompagne de mutations qui ont provoqué une montée de l'exclusion, liée essentiellement au développement du chômage

• La crise actuelle est d'abord une crise du travail fordiste, qui se traduit, à la fin des années soixante, par un fléchissement des gains de productivité, qui ont été le moteur de la croissance d'après-guerre ; dès lors, l'intensification de la croissance devient de plus en plus coûteuse en capital.

Cet épuisement des ressorts de la croissance renvoie à une véritable crise de l'organisation fordiste du travail et des technologies associées : développement des mouvements sociaux (grève des OS chez Renault, par exemple), rejet des cadences, absentéisme, turn-over. Les nouvelles générations ouvrières, refusant le compromis social auquel leurs parents avaient adhéré, rejettent la trop grande parcellisation des tâches. Un travail parcellisé, instrumentalisé, dévalorisé, vidé de son contenu peut-il encore prétendre constituer le principal facteur de l'intégration sociale ?

- Ensuite, la crise se traduit par une forte dégradation de l'emploi.

Le chômage se développe et atteint, par paliers successifs, le niveau de 12,5 % de la population active. Les caractéristiques de ce chômage de masse ont été analysée par J. Freyssinet, qui montre que, à côté d'un chômage répétitif concernant les jeunes et les femmes, et un chômage de reconversion touchant les travailleurs qualifiés, il existe désormais un chômage d'exclusion qui rassemble les personnes, en général peu qualifiées, enfermées dans un chômage de longue durée qui aboutit à la perte d'identité sociale et à la pauvreté.

Cette dégradation n'est pas seulement quantitative. La crise a également modifié les politiques de gestion de la main-d'œuvre par les entreprises. Au modèle de l'emploi à durée indéterminée, très dominant dans les années de croissance et fortement intégrateur dans un collectif de travail stable, les entreprises tendent à substituer un double marché du travail : se constitue ainsi un marché du travail primaire, caractérisé par l'emploi stable, les salaires plus élevés, les perspectives de carrière, et un marché du travail secondaire, beaucoup plus instable, précarisé, aux salaires plus faibles, où règnent contrats à durée déterminée, temps partiel, petits boulots sans avenir… C'est la théorie de la segmentation, analysée notamment par Piore et Doeringer, opposant les *insiders* du marché primaire et les *outsiders* précarisés.

- La conséquence de ces évolutions est que, avec la crise, le travail n'a plus la même force d'intégration. Le collectif de travail somme toute assez homogène des années de croissance a volé en éclat, provoquant un émiettement des conditions de travail, des statuts, et remettant en cause l'identification sociale par le travail, chez les jeunes notamment. Le mal-vivre et la désespérance des banlieues s'expliquent avant tout par ce phénomène.

2. … ce qui remet en cause le rôle du travail dans l'intégration sociale

- Ces évolutions posent en effet la question du sens du travail. Il n'existe pas, en effet, une seule forme d'intégration par le travail. Dans son livre *L'identité au travail* (1985), le sociologue R. Sainsaulieu explique qu'il existe quatre grandes formes de relations au travail :

  – le modèle fusionnel, correspondant aux métiers qualifiés, où la défense du statut est très importante et l'intégration par le travail très forte. Le travail correspond alors à une forte adhésion à des valeurs corporatistes; c'est le modèle de l'élite ouvrière et technicienne;

  – le modèle négociateur, celui des cadres très qualifiés, et investis dans leur emploi, négociant sans cesse leur reconnaissance sociale. Ce modèle correspond non à une identité corporatiste, mais à une appartenance communautaire : le cadre s'identifie à l'entreprise, ce qui implique une conception polyvalente du travail et une « logique de l'honneur » (selon l'expression de Ph. D'Iribarne), qui consiste à y sacrifier une part de la vie privée. Le licenciement est vécu comme un véritable drame social;

- le modèle du retrait comprend les personnes qui se sentent peu impliquées dans leur emploi : leur travail est alors purement instrumental et définit de moins en moins une identité sociale, celle-ci se déterminant hors du travail (famille, activités associatives, sport...);
- enfin, le modèle affinitaire, stratégie de mobilité professionnelle liée à l'existence d'un réseau de relations personnelles.

• D'autres évolutions rendent illusoire le mythe d'un retour à un « âge d'or » révolu.

Le développement du télétravail, encore peu fréquent aujourd'hui, semble promis à un bel avenir avec le développement des réseaux informatiques. La notion de communauté de travail traditionnelle sera remplacée par une communauté virtuelle dont on voit mal comment elle pourrait assurer une intégration sociale si ce n'est par le revenu que le travail procure. De plus, la coupure entre temps de travail et temps de loisirs n'aura pas non plus de signification.

La réduction du temps de travail, phénomène quasi continu depuis le XIXe siècle, permet le développement d'un temps libre qui occupe l'espace social, favorisant sans doute une sociabilité hors travail, et la possibilité d'autres formes d'intégration sociale, par la vie associative notamment.

Le nombre croissant des inactifs pose également le problème de la perception du travail dans la société.

3. ... et suscitant un important débat sur la fin du travail

• Les périodes de crise comme celle que nous vivons s'accompagnent d'un véritable brouillage des repères sociaux, qui favorise l'émergence d'interrogations parfois radicales sur la fin du travail en tant que valeur fondamentale de la société.

Ainsi, de nombreux ouvrages ont activé le débat sur une possible « fin du travail » (pour reprendre le titre du livre de J. Rifkin, 1995), ou sur les *Métamorphoses de la question sociale* (R. Castel, 1995). Il faut signaler également le grand succès public du livre de Vivianne Forrester (*L'horreur économique*, 1995), qui, sur le mode littéraire, dresse un constat dramatique de la disparition du travail comme principe fondamental d'intégration sociale, du développement de la misère et de l'exclusion, et de l'accaparement par une minorité des fruits du progrès. Même si ces analyses sur la disparition du travail sont contestables sur de nombreux points (en particulier, la véritable diabolisation de l'économique par rapport au social), ce livre a touché une corde sensible et il est souvent brandi lors de manifestations.

• Ce débat sur la place du travail et sur l'exclusion a réactualisé, par voie de conséquence, le thème de l'allocation universelle (encore qualifiée de revenu d'existence ou de revenu de citoyenneté). Ce thème est évoqué, par exemple dans l'ouvrage de A. Gorz, *Métamorphoses du travail. Quête de sens* (1988). Ce revenu de citoyenneté, souvent défendu par le courant libéral, remplirait un double rôle : celui d'indemnité de chômage et, en supposant que son montant soit faible, celui d'inciter à accepter n'importe quel travail d'appoint pour survivre.

Ces analyses sont certainement critiquables, en ce sens qu'un tel revenu universel, dispensant de tout travail, nie du même coup l'importance de celui-ci en tant que facteur d'intégration et conduit à l'inexistence sociale. Il entérine la dualisation de la société et débouche sur une pérennisation du statut d'assisté.

Conclusion

C'est sans doute à travers la place du travail dans l'intégration sociale que la crise actuelle montre toute sa singularité. Les autres crises (XIXe siècle, crise de 1929), même si elles se sont accompagnées d'un chômage parfois plus massif, et de conditions d'existence plus dramatiques, n'avaient pas, pour autant, remis en cause de manière aussi radicale les représentations collectives du travail dans la société.

Nous vivons une mutation. La montée de l'exclusion, le développement de nouvelles formes de travail, l'éclatement du collectif de travail en une multitude de formes atypiques d'emploi, l'émergence d'une société de loisirs, dessinent les contours encore flous d'une société postindustrielle où le travail ne sera plus le seul élément de l'intégration sociale.

Bibliographie

Depuis quelques années, de nombreuses publications sont venues enrichir le thème du travail dans la société, à côté des grands classiques, notamment sociologiques, sur cette question.

Ouvrages

- A. Gorz, *Les métamorphoses du travail. Quête de sens*, Galilée, 1988.
- J. Rifkin, *La fin du travail*, La Découverte, 1996.
- R. Castel, *Les métamorphoses de la question sociale. Une chronique du salariat*, Fayard, 1995.
- D. Meda, *Le travail, une valeur en voie de disparition*, Aubier, 1995.
- V. Forrester, *L'horreur économique*, Fayard, 1995.

Revues

- *Problèmes économiques*, n° 2396-2397, nov. 1994 : « Mutations du travail et politiques de lutte contre le chômage ».
- *Le Débat*, mars-avril 1996, article de D. Olivennes : « Le désenchantement du travail ».

Thème 4

Monnaie et finances

Sujet 11

L'inflation est toujours et partout un phénomène d'origine monétaire. Que penser de cette affirmation à la lueur de l'expérience historique française ? (HEC 1983)

Sujet 12

Le rôle des banques centrales dans la détermination et la conduite de la politique monétaire depuis 1945 (inédit)

SUJET 11

L'inflation est toujours et partout un phénomène d'origine monétaire. Que penser de cette affirmation à la lueur de l'expérience historique française ?

(HEC 1983)

Analyse du sujet

Le sujet repose sur une affirmation qu'il s'agit d'évaluer à la lumière des faits historiques : c'est donc la confrontation d'une théorie avec la réalité. Cette affirmation – « l'inflation est toujours et partout un phénomène monétaire » – est de Milton Friedman, chef de file du courant monétariste. Elle résume, de manière emblématique, l'essentiel de l'approche monétariste de l'inflation. Pour ce courant théorique, aujourd'hui dominant dans l'analyse des phénomènes monétaires, l'inflation constitue le mal absolu, qu'il faut combattre en priorité parce qu'elle concentre tout ce que les tenants de cette analyse condamnent.

Mais cette affirmation correspond-elle à la réalité ? Peut-on se limiter à une approche strictement monétaire de l'inflation ?

En fait, cette explication exclusivement monétaire de l'inflation, affirmée dès le XVIe siècle, si elle peut s'avérer, dans les grandes lignes, suffisante jusqu'à l'entre-deux-guerres, ne convainc plus aujourd'hui, en raison de faits majeurs :

- les travaux de Keynes et des néo-keynésiens (école de Cambridge en particulier) ont mis à jour d'autres sources d'inflation : inflation par les coûts, par la demande, et par les structures, ce qui a permis un renouvellement théorique très important ;
- la complexité croissante des économies après 1945 montre que l'on ne peut s'en tenir à une approche exclusivement monétaire de l'inflation.

La problématique exige donc que l'on présente, en premier lieu, cette thèse monétariste sur laquelle repose le sujet. Puis, il faudra confronter cette analyse aux faits historiques, en se limitant, comme l'exige le sujet au cas de la France.

Introduction

Mot d'origine médicale, l'inflation désigne un des plus redoutables et, sans doute, des plus difficiles à analyser des phénomènes économiques. Il reste de son étymologie médicale l'idée de « mal », de « pathologie », de problème à traiter. Sa définition, par ailleurs, pose problème ; confondant l'effet avec sa cause, une des acceptions de l'inflation serait : « gonflement de la circulation monétaire », suggérant ainsi clairement un lien très étroit entre la circulation de monnaie et l'inflation.

La question est en fait fort ancienne. Jean Bodin, monétariste avant la lettre, expliquait déjà l'inflation comme résultant d'un excès de moyens de paiement dans l'économie, suite notamment à l'arrivée d'or des territoires nouvellement découverts. Cette analyse de l'inflation d'origine monétaire restera le dogme durant le XIXe siècle, d'ailleurs marqué par une grande stabilité des prix et des monnaies.

Tout change dès les années vingt. L'inflation fait désormais partie du paysage économique, avec son cortège de néologismes : hyperinflation, inflation rampante ou galopante, désinflation, voire déflation. Nous sommes entrés, selon J. Rueff, dans l'ère de l'inflation. Cette permanence de l'inflation depuis la première guerre mondiale a également amené un renouvellement de l'analyse économique du phénomène, à la suite des travaux de Keynes.

La vieille lecture monétariste de l'inflation, réactualisée par M. Friedman, reste aujourd'hui une référence : l'inflation désigne un déséquilibre économique strictement limité à la sphère monétaire, celle-ci restant disjointe de la sphère réelle et la monnaie étant réduite au statut de « voile ». C'est désormais cette analyse qui oriente largement, et avec un certain succès, les politiques de lutte contre l'inflation des grands pays industriels depuis les années quatre-vingt.

Cette lecture monétariste de l'inflation est-elle conforme à l'histoire économique française ?

Il s'agira, dans une première partie, de présenter l'argumentation monétariste, fondée sur la nature strictement monétaire de l'inflation, définition qui semble corroborée par l'évolution économique du long XIXe siècle. Puis, dans une seconde partie, nous montrerons que l'entrée dans l'ère de l'inflation et le renouvellement théorique keynésien mettent en lumière les sources non monétaires de l'inflation, et notamment que l'inflation constitue aussi un choix de société.

I. La logique monétariste : l'inflation comme phénomène strictement monétaire

1. Exposé du modèle monétariste et de ses conséquences

• L'approche monétariste de l'inflation repose sur l'idée de corrélation entre masse monétaire et évolution des prix. Ainsi, analysant les caractéristiques économiques de l'« âge classique » dans son livre *Les mots et les choses*, Michel Foucault écrit : « Les signes qui indiquaient les richesses et les mesuraient devaient en porter eux-mêmes la marque réelle. Pour pouvoir dire le prix, il fallait qu'ils soient précieux... Et il fallait aussi que toutes ces qualités fussent stables pour que la marque qu'ils imposaient fût une véritable signature, universellement lisible ». Cette idée est donc déjà ancienne : Jean Bodin publie en 1568 ses « Réponses aux paradoxes de M. De Malestroit touchant au renchérissement de toute chose », dans lequel il considère que l'inflation européenne du XVIe siècle est due à l'afflux d'or provenant du pillage des Amériques.

• Ricardo reprendra à son compte cette approche dans ses travaux théoriques qui lui permettront d'énoncer, en 1810, le « *currency principle* » : l'émission de monnaie fiduciaire par la banque centrale doit être strictement couverte par l'encaisse-or. Ce principe, qui s'oppose au « *banking principle* » (favorable à une gestion plus souple des émissions qui doivent surtout tenir compte des besoins du commerce), sera adopté par la Banque d'Angleterre en 1844 (*Peel Act*). Cette analyse est reprise et approfondie par J.-B. Say et le courant néoclassique. Elle repose sur une dichotomisation de l'économie en une sphère réelle (lieu de la production de biens et de services) et une sphère monétaire. C'est la théorie de la monnaie-voile, qui postule qu'il n'y a pas d'interaction entre la sphère réelle (dans laquelle se détermine le niveau de production et d'emploi) et la sphère monétaire. Au début du XXe siècle, les travaux d'Irving Fisher (1907) permettent de formaliser cette théorie de la monnaie-voile; il existe, selon Fisher, une relation étroite entre la sphère réelle et la sphère monétaire qui peut se formuler ainsi :

$$M.V = P.T$$

(avec M : masse de monnaie en circulation, V : vitesse de circulation de la monnaie, P : niveau général des prix et T : volume des transactions).

Cette équation est normative; elle postule que la quantité de monnaie en circulation ne doit pas être supérieure à la valeur sous peine de voir se développer l'inflation. Autrement dit, l'accroissement incontrôlé de la masse monétaire est fortement inflationniste. La conséquence est double :

- l'inflation est considérée comme un phénomène strictement monétaire;
- pour juguler l'inflation, mal suprême de l'économie, il faut et il suffit de contrôler étroitement les mécanismes de création monétaire.

• La théorie keynésienne conteste les postulats et les conclusions de la théorie quantitative de la monnaie, notamment sur les points suivants :

- selon Keynes, l'accroissement de la masse monétaire ne conduit pas systématiquement à l'inflation; tant que l'économie est en situation de sous-emploi, la croissance de la masse monétaire n'est pas inflationniste : l'inflation ne se développe que dans le cas de la pleine utilisation des moyens de production; il y a alors surchauffe. C'est donc un excès de demande de biens et non un excès d'offre de monnaie qui est à l'origine de l'inflation : l'explication fondamentale de l'inflation se déplace du marché de la monnaie vers le marché des biens; avec la théorie keynésienne, l'origine strictement monétaire de l'inflation est donc remise en cause;
- selon Keynes, la politique monétaire doit être au service du plein-emploi. L'outil principal est l'action sur les taux d'intérêt. Ainsi, Keynes s'oppose nettement aux libéraux qui préfèrent l'objectif de masse et qui cherchent à limiter l'activisme économique.

2. Le renouvellement théorique

• L'analyse libérale a bénéficié depuis les années soixante, d'un considérable renouvellement théorique avec les travaux de Milton Friedman et de l'école de Chicago. Dans ses ouvrages (notamment *Inflation et systèmes monétaire*, 1976, et un important article de 1956 « The Quantity of money : a restatement »), Friedman dénonce les « faux prétextes » de l'inflation, débouchant sur des recommandations en matière de lutte contre l'inflation : objectif de masse, hiérarchisation des objectifs... Ce renouvellement théorique repose en grande partie sur la critique, formulée à la fin des années soixante, de la courbe de Phillips. Cette courbe, en effet, qui jouait un rôle fondamental dans la légitimation théorique des politiques conjoncturelles anticycliques, devient instable (phénomène de stagflation). Les travaux de M. Friedman et E. Phelps ont permis d'expliquer ce comportement aberrant : il existe un taux de chômage naturel à long terme et à ce taux, le dilemme inflation-chômage disparaît. En fait, la courbe de Phillips est verticale et forme le « NAIRU » (*Non Accelerating Inflation Rate of Unemployment*). Les implications de cette analyse sont tout à fait considérables : la politique conjoncturelle est condamnée : toute tentative de faire descendre le taux de chômage au-dessous du taux naturel ne fait que stimuler l'inflation sans améliorer l'emploi. Cette approche monétariste est particulièrement intéressante du point de vue théorique en ce qu'elle permet de « donner sens » à l'histoire économique : une lecture monétariste de l'inflation et des questions monétaires est ainsi possible. M. Friedman et A. Schwartz ont tenté une telle lecture dans le cas des États-Unis avec leur monumentale *Histoire monétaire des États-Unis*.

• Le courant des anticipations rationnelles, avec les travaux de Lucas, Sargent et surtout J. Muth (*Rational Expectations and the Theory of Price Movements*, 1961) complète cette analyse de l'inflation en montrant la nocivité des politiques keynésiennes de relance : en raison des phénomènes d'anticipation, seule une politique monétaire stable est efficace, condamnant ainsi toute forme d'activisme.

3. *L'évolution économique du long XIXe siècle, en France, confirme sur de nombreux points cette approche monétariste*

• Le XIXe siècle est à la fois le siècle de la stabilité monétaire et celui de l'étalon-or. Faut-il y voir une relation de cause à effet ?

Les principes de la création monétaire sont rigoureux : *currency principle* (cas anglais), ou *banking principle* (dans le cas français), mais avec plafond d'émission. Il y a bien un lien entre création monétaire limitée et contrôlée et inexistence d'inflation. Ainsi, la monnaie ne pouvait être créée qu'en contrepartie soit d'or et de devises résultant des échanges internationaux, soit de créances achetées par la banque centrale au Trésor public (mais le XIXe siècle est fortement marqué par l'orthodoxie budgétaire), soit enfin de créances représentatives de crédits consentis achetées par la banque centrale au système bancaire (mécanisme du réescompte).

Au niveau international, le mécanisme des points d'entrée et de sortie d'or contribue à la stabilité des monnaies et évite donc les cercles vicieux des monnaies faibles. Chaque monnaie nationale n'est finalement que la déclinaison d'une monnaie internationale commune l'or.

Dans ce contexte, l'inflation n'est qu'un phénomène exceptionnel, lié aux phases de découvertes d'or et qui ne s'auto-entretient pas en raison de l'inexistence de mécanismes d'indexation, comme la spirale prix-salaires par exemple.

Enfin, l'efficacité de cet encadrement monétaire reposait sur un comportement social particulier : il existe, selon les travaux de l'historien Jean Bouvier, une explication sociale, assez particulière à la France, de la « non-inflation » du XIXe siècle :

la bourgeoisie, classe dominante, a réussi à imposer les valeurs de l'épargne, de l'économie, le choix raisonné d'une consommation maîtrisée. Effectivement, l'épargne est très forte à cette époque, ce qui empêche toute dérive inflationniste de la demande.

La logique monétariste semble ainsi s'appliquer assez bien à l'économie française du XIXe siècle. L'absence d'inflation s'explique par le contrôle étroit de la masse monétaire : cela confirme que l'inflation est bien, pour cette période, essentiellement un phénomène monétaire. Mais déjà, l'explication sociale de l'inflation se fait jour. Elle ne cessera de prendre de l'importance avec le passage, après la première guerre mondiale, à l'ère de l'inflation.

II. Inflation, croissance et crise : l'entrée dans l'ère de l'inflation et la mise à jour de ses sources non monétaires

1. La rupture des années vingt et l'entrée dans l'inflation de croissance mettent en lumière l'existence de sources non monétaires de l'inflation

• Des premières récriminations contre la « vie chère » à « l'âge de l'inflation » (selon l'expression de Jacques Rueff), l'entre-deux-guerres marque l'apparition de grandes poussées inflationnistes en France : 1914-1926 et 1936-1938.

À la fin de la Grande Guerre, l'inflation apparaît comme un véritable scandale, et, en tout cas, comme le signe tangible que le monde stable du XIXe siècle est révolu. Longtemps encore, l'origine monétaire de l'inflation prédomine :

- c'est bien le « décrochage » durant la guerre entre le stock d'or et la circulation monétaire qui dévalorise la monnaie et accroît les prix (notamment par l'intermédiaire de la hausse des prix des produits importés);
- de plus, l'illusion que « l'Allemagne paiera » entraîne les gouvernants sur la pente du déficit budgétaire, qui favorise l'inflation.

• A contrario, la stabilisation Poincaré apparaît aussi comme une illustration de l'origine monétaire dominante de l'inflation. Selon J.-Ch. Asselain (*Un siècle d'inflation française*), « la stabilisation des prix suit, avec un léger décalage celle de la monnaie ». D'ailleurs, les monétaristes et la Nouvelle Économie classique ont cru trouver dans la politique de R. Poincaré une confirmation de leurs thèses, et ceci à deux niveaux :

- l'arrêt de l'inflation par la contraction de la masse monétaire, ce qui correspond aux enseignements de la théorie quantitative de la monnaie;
- les aspects psychologiques qui expliquent la réussite de l'opération (la confiance retrouvée grâce à la personnalité de Poincaré qui incarne la rigueur) et qui illustrent l'hypothèse des anticipations rationnelles.

• Enfin, cette période marque la découverte par les Français de nouveaux mécanismes dont ils n'avaient guère l'habitude; l'inflation profite aux endettés et notamment à l'État et pénalise les épargnants : c'est la fameuse euthanasie des rentiers dont parle Keynes pour s'en féliciter.

2. L'inflation de croissance, après 1945, constitue, en réalité, la véritable rupture avec une approche exclusivement monétariste de l'inflation

• Les années d'après-guerre sont les années de l'« inflation mal contenue » (J.-Ch. Asselain), qui éclate par bonds successifs. Certes, la composante monétaire est encore fondamentale, la IVe République ayant à gérer une nette disproportion entre la masse monétaire et les ressources disponibles. Mais plusieurs éléments doivent être relevés.

Keynes et les néo-keynésiens (Hicks, Hansen, Robinson, l'école de Cambridge) ont renouvelé l'approche théorique de l'inflation en termes de barrière d'inflation et de dilemme inflation-chômage; l'inflation n'est plus cantonnée au strict domaine monétaire, mais à la conjonction de la sphère réelle et de la sphère monétaire. La présentation de la problématique keynésienne par le schéma IS-LM et les recommandations de politique économique qui en découlent, associés à la courbe de Phillips et aux règles du gradualisme selon J. Tinbergen, constitueront pour de longues années l'alpha et l'omega de toute politique économique.

Il existe désormais une inflation par les coûts salariaux liée à l'indexation des salaires (loi Pinay 1952 sur l'échelle mobile des salaires) qui est à l'origine d'une spirale inflationniste tout à fait caractéristique :

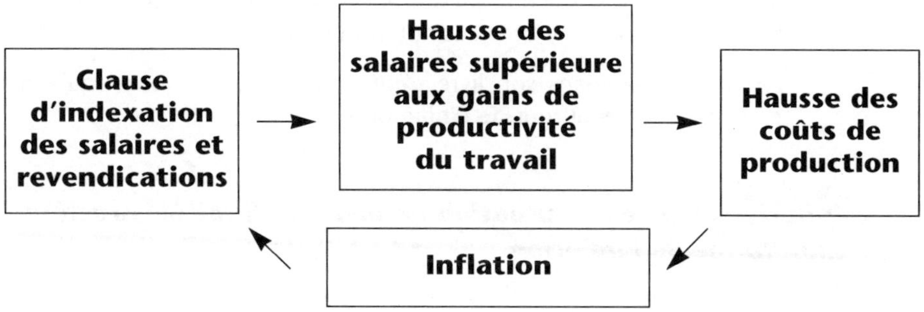

Les déséquilibres des marchés des biens, habituels après les guerres, mais qui tendent à se développer avec la concentration des entreprises : situations de monopoles, d'oligopoles, appelant des politiques structurelles de lutte contre l'inflation ; il s'agit là d'une inflation par les structures. Il faut souligner également les rigidités liées aux circuits de distribution, ainsi que le manque d'ouverture à la concurrence internationale. Selon A. Straus, « il paraît bien avoir existé, à côté des causes communes aux autres économies, une spécificité française dans les causes de la forte inflation de croissance et dont l'origine se serait située dans la pérennité de comportements abrités par un long isolement relatif de l'économie française » (in *Cahiers Français*, n° 255, mars 1992).

Enfin, il faut compter désormais avec une dimension sociale et politique de l'inflation : chaque groupe social participe à la création de richesses et donc perçoit une part du revenu national. Pour voir cette part augmenter, chaque groupe accroît son effort productif, mais cet effort est annulé si les prix de vente des biens se détériorent ; d'où la nécessité, selon les libéraux, de la stabilité des prix qui permet seule une croissance saine. Mais on voit bien qu'une autre solution existe : un groupe peut chercher à infléchir les prix en sa faveur et ainsi se trouver favorisé sans avoir contribué à la richesse nationale. Si chacun adopte la même stratégie, l'inflation se déclenche, donnant ainsi momentanément l'illusion d'une amélioration de la situation de tous. L'inflation et le mécanisme de l'illusion monétaire, déjà analysé par Keynes et les néo-keynésiens de l'école de Cambridge, peuvent donc être des éléments de compréhension du social : l'inflation devient dans cette analyse un arbitre social. La variante politique de cette approche a été illustrée à maintes reprises dans l'histoire économique française ; on peut citer, par exemple, le choix du général De Gaulle à la Libération, en faveur de René Pleven (politique « laxiste » au niveau monétaire) contre la rigueur incarnée par Pierre Mendès-France. Il y a eu ainsi, dès la Libération, un choix délibéré de l'inflation. Ce choix s'est maintenu tout au long des années de croissance. Grâce à un effet de levier positif, continu sur la période, l'inflation a favorisé les emprunteurs et, parmi eux, l'État. L'inflation n'est donc pas exclusivement d'origine économique : les années d'après-guerre correspondent aussi, dans le contexte historique et psychologique de la France de cette époque, à un véritable choix politique.

• Deux contributions particulièrement éclairantes permettent de comprendre l'inflation française de cette période :

- les travaux d'Alain Cotta (*Inflation et croissance en France depuis 1962*) montrent clairement qu'il existe un véritable modèle français de l'inflation de croissance, à forte connotation sociale ;
- Albert Meister, dans son livre *L'inflation créatrice* montre également le consensus social autour de l'inflation.

3. Inflation et crise : la situation actuelle confirme le caractère multiforme de l'inflation

• La lutte contre l'inflation devient prioritaire dès la fin des années soixante-dix avec le retour en force des idées monétaristes. En France, c'est M. Raymond Barre qui inaugure, dès 1976, la régulation de l'inflation par la mise en place d'un objectif de masse consistant en la fixation, ex-ante, d'une marge de croissance de la masse monétaire. La corrélation assez étroite entre cet objectif intermédiaire et l'évolution de la hausse des prix montre que l'origine monétaire de l'inflation est forte, même si elle n'est pas exclusive.

• Mais le véritable succès dans la lutte contre l'inflation consiste en la combinaison de cet objectif intermédiaire de limitation de la masse monétaire avec une politique structurelle agissant sur les facteurs de non-compétitivité de l'économie française. L'enchaînement peut être schématisé ainsi :

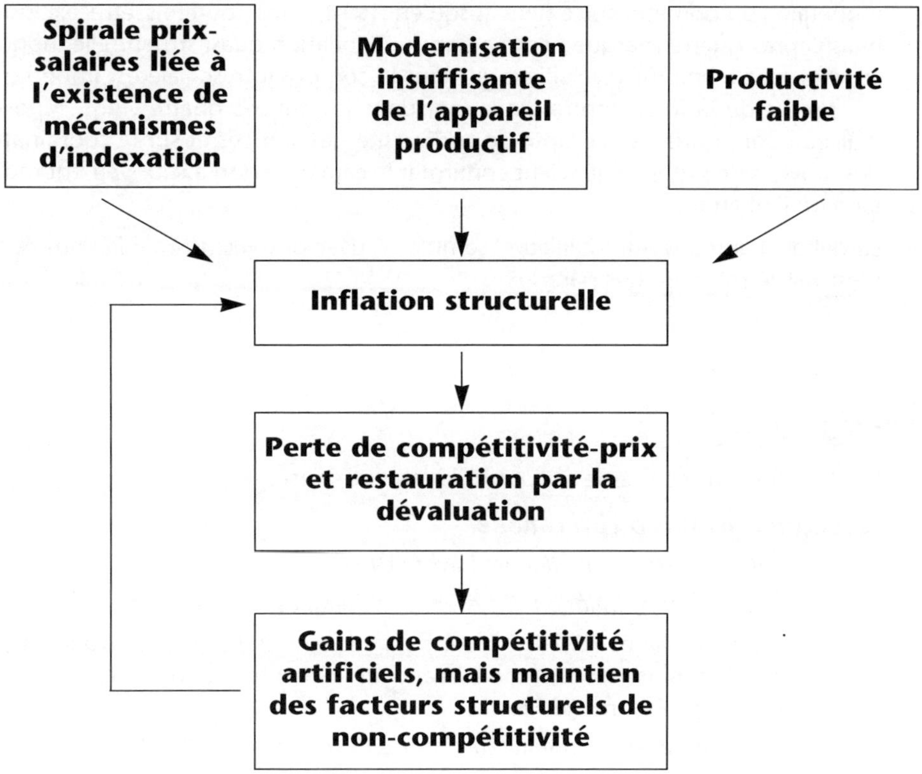

C'est la prise en compte, à partir de 1983, des effets néfastes de ce cercle vicieux des monnaies faibles et du caractère évident de la contrainte extérieure qui a motivé le passage à une politique de désinflation compétitive que J.-C. Trichet, gouverneur de la Banque de France, définit par les quatre composantes suivantes :

- une politique monétaire restrictive;
- une politique de finances publiques équilibrées;
- une politique de maîtrise des coûts dans l'économie;
- enfin, une politique de réformes structurelles visant à développer la concurrence.

C'est reconnaître que l'inflation n'est pas seulement d'origine monétaire... Le succès de cette politique est remarquable pour ce qui concerne l'objectif essentiel de la maîtrise des prix. De plus, l'indépendance de la Banque de France, acquise depuis 1993, va permettre une certaine pérennité de cette politique, puisque la stabilité monétaire est désormais inscrite dans ses statuts.

Conclusion

À l'issue de cette dissertation, nous pouvons conclure que l'histoire économique de la France montre le caractère extrêmement changeant du phénomène inflationniste. L'affirmation de Friedman sur le caractère exclusivement monétaire de l'inflation ne paraît guère convaincant. Les faits montrent plutôt que l'origine monétaire prédomine nettement jusqu'en 1914, sans toutefois être exclusive; mais l'après-guerre marque l'entrée dans une inflation quasi structurelle, dont les sources sont bien plus diversifiées, et dont la composante sociale est importante. Les succès de la lutte contre l'inflation, dans les années quatre-vingt, reposent d'ailleurs sur la prise en compte de la diversité des sources et sur la coordination des moyens de lutte, ce qui vient confirmer le caractère non exclusivement monétaire de l'inflation.

Le débat d'aujourd'hui, d'ailleurs, semble trouver des vertus à l'inflation, ce qui n'est pas le moindre des paradoxes.

Bibliographie

La littérature sur ce thème est particulièrement dense.

Quelques grandes références

- J. Rueff, *L'âge de l'inflation*, Payot, 1967.
- M. Friedman, *Inflation et systèmes monétaires*, Calmann-Lévy, 1969.
- Deux ouvrages d'Alain Cotta : *Inflation et croissance en France depuis 1962* et, plus récent et qui a beaucoup alimenté le débat actuel *La France en panne*, Fayard, 1991.
- M. Aglietta et A. Orlean, *La violence de la monnaie*, PUF, 1985.

Ouvrages de synthèse

Trois références indispensables sur le sujet :

- Y. Crozet, *Inflation ou déflation, actualité d'un dilemme*, Nathan, Circa, 1994.
- *Cahiers français*, n° 267 (1994), Monnaie et politique monétaire.
- Un article de fond, à lire absolument pour l'éclairage historique du sujet : « Un siècle d'inflation française », J.-Ch. Asselain, *Revue l'Histoire*, n° 120 (mai 1989).

SUJET 12

Le rôle des banques centrales dans la détermination et la conduite de la politique monétaire depuis 1945
(le cas français pourra être privilégié)

(inédit)

Analyse du sujet

Il s'agit indéniablement d'un thème d'actualité. Depuis 1993, en effet, la Banque de France est régie par un nouveau statut d'indépendance vis-à-vis du pouvoir politique. Elle définit et conduit la politique monétaire rompant ainsi avec un cadre de dépendance où la banque centrale se limitait à mettre en œuvre la politique monétaire du gouvernement et à exercer un contrôle sur le système bancaire. Dans un tel cadre de dépendance, la politique monétaire est un instrument de régulation conjoncturelle à la disposition du gouvernement qui recherche les objectifs du carré magique de Kaldor.

Cette indépendance procède, en fait, de trois raisons essentielles.

- Un cadre théorique renouvelé : la politique monétaire a connu un véritable bouleversement théorique, à la suite des travaux fondateurs de Robert Lucas sur les anticipations rationnelles. De nouvelles approches, fondées notamment sur les notions de crédibilité et de règle, s'opposent à la conception discrétionnaire de la politique monétaire dans la tradition keynésienne.
- Le passage d'une économie d'endettement à une économie de marchés financiers au sens de Hicks, dans un contexte de désinflation générale, ce qui entraîne une transformation importante du rôle de la banque centrale dans le financement du système financier.
- Enfin, dans le cadre européen, l'adoption du traité de Maastricht entraîne l'alignement sur le modèle allemand de banque centrale indépendante, qui devient un véritable idéal type. Le tableau suivant montre toutefois que d'autres modalités continuent d'exister :

	Indépendance en matière monétaire	Compétence générale en système bancaire	Contrôle du système	Choix du régime de change
France	oui depuis 1993	oui	oui	par le gouvernement
Allemagne	oui depuis 1957	oui	non	par le gouvernement
Grande-Bretagne	non	non	oui	par le gouvernement
Japon	non	partagée avec le gouvernement	non	par le gouvernement
États-Unis	oui	partagée	oui	par le gouvernement

La problématique que nous proposons tient compte à la fois de cette évolution vers l'indépendance des banques centrales et du contexte économique qui préside à cette évolution.

Introduction

Depuis longtemps, la place et le statut des banques centrales dans la détermination et la conduite de la politique monétaire a fait l'objet de débats et d'analyses entre économistes, juristes et responsables politiques. Si ce débat a pu sembler dépassé, il suscite aujourd'hui un net regain d'intérêt, si l'on s'en réfère à l'abondante littérature concernant ce thème. Le nouveau statut d'indépendance de la Banque de France, en 1993, dans la perspective de la préparation à l'Union monétaire prévue par le traité de Maastricht a également contribué à relancer le débat.

Dès la Libération, la nationalisation de la Banque de France a doté le gouvernement d'un instrument efficace d'intervention sur l'économie ; la politique monétaire discrétionnaire, associée à une politique budgétaire expansive, assurait, dans la pure logique keynésienne et dans le cadre d'une économie d'endettement, le maintien de l'économie dans le « sentier de croissance » défini par les pouvoirs publics. Ainsi, à la voie française d'une banque centrale dépendante du pouvoir politique, instrument de la mise en œuvre d'une politique monétaire définie par le gouvernement, s'oppose la voie allemande de l'indépendance de la banque centrale, acquise dès 1957, les autres pays se situant entre ces deux voies.

Aujourd'hui, la Banque de France dispose d'un nouveau statut destiné à la rendre, comme son homologue allemande, indépendante du pouvoir politique. Pourquoi celui-ci accepte-t-il de se dessaisir d'un instrument qui est devenu, au fil des années, le principal moyen d'action des pouvoirs publics, compte tenu de ses grandes qualités et des faibles marges de manœuvre que laisse désormais l'action par le budget ? C'est que ce statut correspond à une « nouvelle donne », un point de convergence de quatre grandes évolutions : économique, avec la crise qui se prolonge, mais dans un contexte désormais non inflationniste ; théorique, avec le déclin des idées keynésiennes et un vaste renouvellement des analyses monétaires ; financière, avec les transformations considérables des marchés financiers dans les années quatre-vingt ; politique, enfin, avec le traité de Maastricht, qui laisse apparaître l'indépendance des banques centrales comme inéluctable.

I. De 1945 aux années quatre-vingt, les banques centrales ont suivi, le plus souvent, un modèle de dépendance par rapport au pouvoir politique, dans un contexte d'économie d'endettement. C'est notamment le cas français

1. Une variété de situations, mais le modèle de dépendance est le plus fréquent

On peut constater une assez grande variété des formes d'intervention et des degrés d'indépendance des banques centrales dans les grands pays développés.

• Le cas français illustre particulièrement bien, pour la période, l'évolution vers la dépendance. La Banque de France est créée en janvier 1800 sous l'impulsion de Bonaparte, Premier Consul : il s'agit alors d'une banque privée, en commandite par actions. Cette création répondait à plusieurs préoccupations, notamment à la nécessité de favoriser la reprise de l'activité économique à l'issue de la période révolutionnaire.

À l'origine, la Banque de France a clairement un statut privé et d'indépendance vis-à-vis du pouvoir politique; toutefois, avec la généralisation du privilège d'émission en 1848, la Banque de France dut consentir à l'État des avances lorsque la situation des finances publiques l'exigeait. Le *banking principle* (possibilité de dépassement de l'encaisse-or par l'émission fiduciaire) triomphe, alors que la Grande-Bretagne applique le *currency principle* (strict respect de la couverture en or de l'émission fiduciaire), avec le *Peel Act* de 1844. Le système français s'avère plus souple et jouera progressivement le rôle de prêteur en dernier ressort. Le taux de réescompte constitue le principal mécanisme de contrôle de la masse monétaire.

Les relations conflictuelles de la Banque de France avec le pouvoir, notamment sous le Cartel des Gauches (1924-1926) ont accéléré l'évolution vers la dépendance.

Avec la réforme des statuts de 1936, un pas décisif est franchi : l'État est désormais majoritaire dans le capital de la banque centrale, et dispose de moyens d'intervention importants dans sa gestion.

Cette réforme de 1936 ne constitue toutefois qu'un prélude à la nationalisation pure et simple de décembre 1945. Un conseil général, nommé par l'État, est mis en place. Le statut de la Banque de France la place désormais sous la tutelle du gouvernement. Elle devient un instrument de conduite, de suivi et de contrôle de la politique monétaire discrétionnaire jusqu'en 1993.

Le financement de l'économie française de 1945 aux années quatre-vingt se caractérise donc par une forte intervention de l'État sur la régulation monétaire, un rôle très actif de la Banque de France dans le refinancement du réseau des banques de second rang, dans le cadre d'une économie d'endettement au sens de Hicks.

• Le cas allemand illustre l'orientation précoce vers un modèle d'indépendance, acquise dès la création de la Bundesbank en 1957, et inscrite dans la loi fondamentale. La politique monétaire allemande repose ainsi sur une analyse nettement monétariste :

- aversion marquée pour l'inflation, séquelle du véritable traumatisme de l'hyperinflation des années vingt;
- neutralité de la monnaie sur le long terme, et donc rejet des politiques monétaires discrétionnaires au profit de la règle;
- application du principe de réputation au sens de Barro et Gordon.

Ce monétarisme avant la lettre n'empêche pas, par ailleurs, un certain pragmatisme dans la conduite de la politique monétaire.

- Les autres pays se situent diversement par rapport à ces deux idéaux types :
  - longtemps privés de banque centrale, les États-Unis devront attendre 1913 pour voir la création, par le Congrès, d'une banque fédérale de réserve. La FED est une institution indépendante du pouvoir politique ; en fait, elle définit et conduit la politique monétaire sur délégation du Congrès ;
  - les cas anglais et japonais sont assez voisins, et marqués par une dépendance assez nette vis-à-vis du pouvoir politique : nomination des dirigeants, détermination des objectifs de politique monétaire par le gouvernement.

2. *Cette dépendance participe d'une politique monétaire discrétionnaire, contracyclique, à objectifs alternatifs, dans le cadre d'une économie d'endettement*

- Depuis J. Hicks (*La crise de l'économie keynésienne*, 1974), on a coutume de distinguer deux types de financement de l'économie :
  - une économie d'endettement (*overdraft economy*), caractérisée par un endettement des entreprises auprès des banques (financement de bas de bilan) et par le fait que la banque centrale soit prêteur en dernier ressort. Les marchés financiers jouent donc un rôle limité ; c'est un système de financement indirect ;
  - par opposition, dans une économie de marchés financiers, les entreprises assurent leur financement par accès direct au marché financier, par émission de titres (financement de haut de bilan), l'endettement auprès du système bancaire étant peu important ; dans un tel cadre, l'action de la banque centrale dans la conduite de la politique monétaire se fait en particulier par l'*open-market* et la politique de réserves obligatoires.

De 1945 aux années quatre-vingt, le contexte français est celui d'une économie d'endettement :

- recours au crédit bancaire pour le financement des entreprises en raison d'un taux d'autofinancement faible (54 % en moyenne sur la période 1955-1970, à comparer aux 110 % réalisés actuellement). Le système bancaire est cloisonné, avec un important secteur nationalisé à la Libération (Crédit Lyonnais, Société Générale…) ;
- rôle simplement complémentaire des marchés financiers : l'émission de valeurs mobilières ne représente pas même un tiers des ressources externes des entreprises ;
- la Banque de France assure le bouclage du circuit de financement par son rôle de prêteur en dernier ressort. Son action est essentiellement réglementaire. Une première tentative de réforme aura lieu avec l'important rapport Marjolin-Sadrin-Wormser de 1968, mais la rupture avec les pratiques dirigistes et l'entrée dans une économie de marchés financiers aura lieu dans les années quatre-vingt grâce à l'action de P. Bérégovoy, mais aussi sous la pression des marchés financiers internationaux, déjà largement dérégulés.

- Dans ce contexte d'économie d'endettement, l'action de la banque centrale est essentiellement contracyclique et discrétionnaire. L'arrière-plan théorique est fourni par les analyses keynésiennes (modèle IS-LM) complété par la courbe de Phillips.

Dans ce cadre, la politique monétaire constitue un instrument indirect d'action sur l'activité. Ce caractère indirect de la politique monétaire fait qu'elle n'est utilisée qu'en complément de la politique budgétaire (*policy mix*) qui a donc la prééminence.

Il s'agit donc, conformément aux enseignements de la courbe de Phillips, d'un « *fine tuning* » entre niveau d'inflation tolérable et taux de croissance souhaité.

3. Les limites de ce modèle d'économie d'endettement et les impasses de la politique monétaire discrétionnaire suscitent des critiques et un renouveau des idées monétaristes

- Les limites de l'économie d'endettement sont atteintes au cours des années soixante-dix.

Par nature, un système d'économie d'endettement est inflationniste : l'inflation allège les dettes, tous les agents économiques y trouvent intérêt. La spécificité française en matière d'inflation de croissance trouve là une explication. Par ailleurs, les dérèglements de la courbe de Phillips, au début des années soixante-dix, ainsi que l'aggravation de la contrainte extérieure, ont rendu inopérant le « *fine tuning* » des années soixante.

L'économie d'endettement est une économie fondée sur le crédit. Elle nécessite de lourdes mesures administratives d'encadrement du crédit et l'établissement de règles très contraignantes pour les banques. Or, ce système n'est plus en phase avec l'internationalisation des mouvements de capitaux qui se développe à la fin des années soixante-dix, et la concurrence accrue des banques au niveau international.

- L'efficacité de la politique monétaire conjoncturelle et du rôle de la banque centrale est désormais contesté par le courant monétariste. Ces critiques résultent des travaux de Milton Friedman et de l'école de Chicago dès les années soixante. Les monétaristes contestent la validité de la courbe de Phillips. Les analyses de Friedman et Phelps concluent à l'existence d'une courbe de Phillips verticale (le NAIRU), ce qui tend à démontrer l'inefficacité des politiques monétaires discrétionnaires : toute politique monétaire expansive se résout en inflation.

- Selon les monétaristes, la politique monétaire doit être fondée sur la théorie quantitative de la monnaie. L'objectif fondamental doit être la lutte contre l'inflation. L'action de la banque centrale doit se limiter à fixer un objectif de croissance de la masse monétaire égal au taux de croissance anticipé de la production, ce qui exclut, a priori, tout dérapage inflationniste. La banque centrale doit donc abandonner la manipulation des taux d'intérêt au profit d'une action sur les réserves obligatoires et sur le refinancement par intervention sur le marché monétaire.

Ce choix monétariste s'est progressivement imposé au cours des années quatre-vingt à l'ensemble des banques centrales des pays développés, même si, le plus souvent, le monétarisme orthodoxe friedmanien a laissé la place à un monétarisme pragmatique.

II. Aujourd'hui, l'indépendance des banques centrales se généralise, en réponse à d'importantes évolutions théoriques et structurelles, ce qui pose des problèmes spécifiques

1. Un important renouvellement théorique

L'indépendance des banques centrales s'inscrit dans le contexte d'un vaste renouvellement théorique, initié dans les années soixante-dix, qui conteste le bien-fondé des politiques économiques actives en général et la conduite de la politique monétaire discrétionnaire en particulier.

● Point de départ et cadre général, les travaux de Robert Lucas, prix Nobel 1995, sur les anticipations rationnelles qui fondent la Nouvelle macroéconomie classique, débouchent sur une remise en cause des politiques de stabilisation actives keynésiennes, mais aussi des politiques monétaires de type friedmanien. Cette remise en cause est radicale : la règle de Lucas (les anticipations des agents rendent inopérante toute politique économique active) conduit à un postulat d'inefficacité des politiques économiques ; en particulier, les politiques monétaires sont soumises aux effets d'invariance et de surprise, qui les rendent inefficientes :

- l'effet d'invariance signifie que toute politique visant à fixer un taux de croissance normatif à la masse monétaire se heurte aux anticipations rationnelles des agents économiques : l'inflation anticipée sera effectivement réalisée, mais les niveaux de production et d'emploi n'auront pas été modifiés ;
- l'effet de surprise : compte tenu de ce principe d'invariance, seule une variation imprévue de la masse monétaire peut s'avérer efficace, mais la capacité d'apprentissage des agents est telle que l'effet de surprise finit par s'émousser.

● Ce cadre théorique a été encore développé par les travaux portant sur la notion de crédibilité : si la politique monétaire discrétionnaire est inefficace, c'est qu'elle n'est pas crédible aux yeux des agents. Il faut donc remplacer la discrétion par la règle. Ces analyses reposent sur les travaux de Kydland et Prescott (*Rules rather discretion : the inconsistency of optimal plans*, 1977). Selon ces auteurs, l'annonce par le gouvernement d'un plan de lutte contre l'inflation fondé sur une norme de croissance de la masse monétaire ne suffira pas à persuader les agents de sa réelle volonté et de la fermeté de ses engagements. Il faut que la décision gouvernementale soit irréversible, c'est-à-dire fondée sur des règles, sur la déconnexion de la politique monétaire des cycles politiques et électoraux, et sur la cohérence intertemporelle des choix, c'est-à-dire une continuité de la politique monétaire. La solution réside dans l'indépendance de la banque centrale par rapport au pouvoir politique.

Enfin, les travaux de K. Rogoff (1985) tendent à montrer que le gouvernement a intérêt à se lier les mains en confiant la responsabilité de la politique monétaire à une banque centrale dirigée de manière conservatrice, c'est-à-dire par un « banquier conservateur » dont la lutte contre l'inflation est un objectif indiscutable, et dont le conservatisme garantit la continuité de cet objectif, et donc la crédibilité de la banque centrale. Cette notion de « banquier conservateur » serait même, selon Rogoff, plus intéressante que celle d'une règle rigide, puisqu'elle permettrait une meilleure adaptabilité de la politique monétaire.

2. *L'indépendance des banques centrales tend aujourd'hui à se généraliser*

• L'idée d'indépendance des banques centrales dispose désormais d'un arrière-plan théorique bien affirmé. En Europe, le traité de Maastricht impose, de facto, aux pays membres, de procéder à des réformes de fond qui tendent vers le modèle d'indépendance. Ce serait presque un sixième critère de convergence. C'est aujourd'hui le modèle dominant en Europe.

La France a entérine ce principe en confiant en 1993 la responsabilité de la politique monétaire à la Banque de France. À cet effet, un Conseil de la politique monétaire est créé, composé du gouverneur, des deux sous-gouverneurs, et de six personnalités.

• Les avantages attendus sont de trois ordres :

- le découplage de la politique monétaire des cycles électoraux et politiques devrait donner une plus grande cohérence de long terme à la politique monétaire et favoriser les anticipations désinflationnistes ;
- l'indépendance de la banque centrale devrait éviter le recours au seigneuriage, c'est-à-dire la dévalorisation de la dette publique par l'inflation. Cette pratique, constante durant la période de croissance (taux d'intérêt réels très bas, grâce à l'inflation), contribue à la dégradation des finances publiques. La possibilité pour une banque centrale indépendante de refuser cette facilité de financement à l'État renforce sa crédibilité dans la lutte contre l'inflation ;
- les recherches empiriques menées depuis les années quatre-vingt montrent une bonne corrélation entre fort degré d'indépendance de la banque centrale et faible taux d'inflation.

Par contre, une telle corrélation n'est pas prouvée en ce qui concerne la croissance et la déficit budgétaire. C'est notamment le cas des États-Unis, où l'indépendance de la Fed a longtemps coexisté avec de forts déficits budgétaires.

3. *Mais des limites et des problèmes demeurent*

• La notion d'indépendance pose problème. Jusqu'à quel point une institution responsable de la politique monétaire peut-elle être indépendante ?

En France, par exemple, le gouverneur est nommé par le chef de l'État. De plus, les risques de tensions entre la banque centrale et le gouvernement existent. En France, régulièrement, des voix s'élèvent pour réclamer un engagement plus important de la banque centrale en faveur de la baisse des taux d'intérêt.

• De plus, l'indépendance de la banque centrale conduit à confier la politique monétaire, dont on sait l'importance aujourd'hui, à un groupe de techniciens, hors du contrôle démocratique.

• Enfin, les critiques de l'indépendance des banques centrales font valoir que des pays comme le Japon ou la Grande-Bretagne, dont les banques centrales sont dépendantes, font aussi bien que les autres en matière d'inflation et ne souffrent pas d'un manque de crédibilité dans la conduite de leur politique monétaire.

Conclusion

Qu'elles soient dépendantes du pouvoir politique, simples instruments de la politique monétaire définie par le gouvernement ou qu'elles soient indépendantes, les banques centrales, aujourd'hui comme hier, restent au cœur du système financier.

Ainsi, la Banque de France est passée, de 1945 à nos jours, d'un statut de dépendance dans le cadre d'une économie d'endettement et de politique monétaire discrétionnaire, à un nouveau statut d'indépendance depuis 1993, et où son action, délaissant le court terme, se fonde sur la crédibilité à long terme.

Ce modèle tend à se généraliser dans les pays développés, et c'est ce statut qu'adoptera la future banque centrale européenne. Le renouveau théorique qui a précédé cette évolution est remarquable. Il n'en reste pas moins que tous les problèmes ne sont pas réglés par ce seul changement de statut; se pose notamment la question du contrôle démocratique de ces institutions.

Bibliographie

Ouvrages

- M. Bassoni et A. Beitone, *Monnaie, théorie et politiques*, Syrey, 1994.
- M. de Mourgues, *La monnaie, système financier et théorie monétaire*, Economica, 1990.
- S. Diatkine, *Institutions et mécanismes monétaires*, A. Colin, Cursus, 1992.
- J.-P. Faugère et C. Voisin, *Le système financier français*, Nathan, Circa, 1994.
- D. Besnard et M. Redon, *La Banque de France*, PUF, Que-sais-je ? 1996.

Revues

- *Revue d'économie politique*, numéro spécial juillet-aout 1996 : « Actualité des politiques monétaires et financières » ; voir notamment l'excellent article de A. Lavigne et P. Villieu : « La politique monétaire : nouveaux enjeux, nouveaux débats ».
- *Revue d'économie politique*, mai-juin 1995, Ch. Aubin : « L'argument du conservatisme reconsidéré ».

Thème 5

Économie internationale

Sujet 13

L'ampleur du chômage dans les pays industrialisés confrontés à la concurrence des pays en développement à bas salaires a mis en lumière le phénomène des délocalisations industrielles et tertiaires. Quels sont les enjeux de ce phénomène ? (inédit)

Sujet 14

Il y a vingt ans, en 1976, les accords de la Jamaïque officialisaient le système de changes flottants. Quelle a été son évolution et quel bilan peut-on en faire aujourd'hui ? (inédit)

Sujet 15

À l'heure de la mondialisation de l'économie, l'intégration économique et monétaire de l'Europe a-t-elle encore un sens ? (Ecricome 1995)

Sujet 16

L'Europe sociale existe-t-elle ? (ESSEC 1994)

SUJET 13

L'ampleur du chômage dans les pays industrialisés confrontés à la concurrence des pays en développement à bas salaires a mis en lumière le phénomène des délocalisations industrielles et tertiaires. Quels sont les enjeux de ce phénomène ?

(inédit)

Analyse du sujet

Ce sujet ne pose pas de problème d'interprétation majeur : il s'agit d'analyser le phénomène des délocalisations et, en particulier, son impact sur l'emploi dans les pays développés. Quatre points doivent être soulignés afin de bien cerner le sujet.

- Le coût du travail dans les pays développés est l'argument le plus souvent avancé pour expliquer le phénomène des délocalisations. Le graphique ci-dessous montre, en effet des différences considérables entre les pays développés et les pays émergents, d'Asie du Sud-Est, mais aussi d'Europe de l'Est.

Coûts salariaux horaires ouvriers en dollars pour 1993

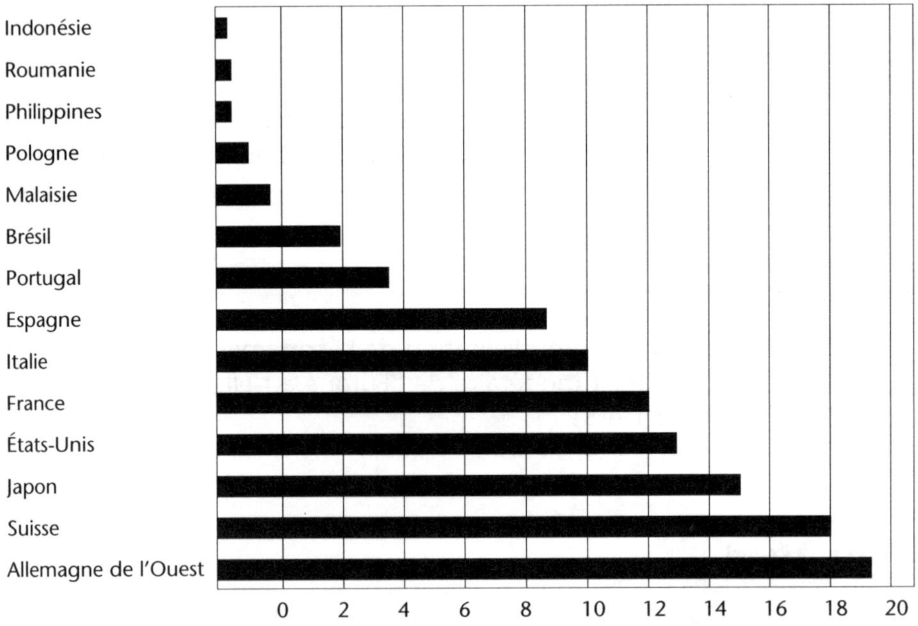

D'après *Cahiers Français*, n° 269, janvier 1995.

Il faut toutefois éviter de focaliser la problématique sur cette seule question du coût du travail puisque les délocalisations sont fondées sur d'autres raisons. Cette question est toutefois importante et doit être analysée.

● Il faut mettre en lumière les autres causes des délocalisations : problème des industries polluantes (en termes d'internalisation des effets externes par les entreprises), existence de subventions... De plus, la mesure du phénomène pose problème. Il suffit d'observer le tableau ci-dessous : les estimations de l'impact des délocalisations dans le cadre de l'ALENA sont pour le moins divergentes : 150 000 créations nettes selon le MIT, près de 500 000 disparitions selon l'AFL-CIO principal syndicat américain...

Impact de l'ALENA sur l'emploi aux États-Unis - Prévisions de différents organismes			
	Department of Labour	MIT	AFL-CIO
Emplois créés	88 000	-	peu
Emplois supprimés	24 000	-	500 000
Créations nettes	64 000	150 000	env. - 500 000

D'après *Cahiers Français*, n° 269, janvier 1995.

● Ne pas exagérer l'ampleur du phénomène en montrant que les flux commerciaux impliquant les délocalisations restent tout à fait mineurs par rapport aux flux commerciaux entre pays développés. Il faut également relever l'existence d'une forte délocalisation intra-européenne qui pose le problème de l'émergence d'une Europe sociale.

● Les délocalisations peuvent avoir aussi des effets positifs qu'il s'agit de mettre en lumière.

Introduction

L'insertion des pays en voie de développement dans le commerce international est au centre d'âpres débats et d'une sourde inquiétude dans les pays développés. Il est loin le temps où la division internationale du travail mettait les pays du Nord à l'abri de la concurrence. Aujourd'hui, de nombreuses entreprises françaises font produire des vêtements, des chaussures, des bagages... dans des pays où le coût de la main d'œuvre est sans commune mesure avec celui des pays d'Europe. Les transferts de technologie, les flux d'investissements directs à l'étranger et singulièrement les délocalisations tiennent de plus en plus lieu de boucs émissaires pour expliquer un chômage croissant. Ainsi, l'évocation d'une concurrence déloyale, d'un « dumping social » se généralise-t-elle dans les opinions publiques, oubliant que le commerce extérieur de la France avec de nombreux pays du Sud-Est asiatique est excédentaire.

Cette impression défavorable est encore accrue par deux évolutions majeures ; d'une part, l'entrée en scène de ces véritables mastodontes démographiques que sont l'Inde et la Chine, celle-ci, en particulier faisant office de véritable eldorado des délocalisations futures avec ses taux de croissance de 10 % actuels, et, d'autre part, aux portes même de l'Union européenne, une Europe de l'Est qui a bien l'intention de faire valoir ses niveaux de salaire particulièrement bas.

On le voit, les raisons de l'inquiétude ne manquent pas. Une prise de conscience se fait néanmoins, comme le montre en France le rapport Arthuis, et il nous faut prendre la mesure de ce phénomène.

Nous montrerons dans une première partie que les délocalisations sont un phénomène difficile à saisir, mais clairement lié à la mondialisation croissante des économies ; puis dans une seconde partie, nous verrons les facteurs et enjeux de la délocalisation, enfin, dans une troisième partie, nous étudierons les effets des délocalisations, un débat difficile à trancher.

I. Un phénomène difficile à saisir, mais clairement lié au processus de mondialisation croissante des économies

1. Une notion difficile à saisir

• Au sens strict du terme, la délocalisation consiste, pour une entreprise, à modifier la localisation d'une activité économique qui peut représenter tout ou partie de sa production : dans ce sens, il s'agit d'une forme d'investissement direct à l'étranger, motivé essentiellement par l'accès à des ressources que possède le pays d'accueil, une main d'œuvre peu coûteuse notamment.

Il existe différents types de délocalisations :

- une forme traditionnelle : création de filiales de production. C'est la forme la plus classique de délocalisation, notamment à travers les FMN. Une forme particulière est la « joint-venture » souvent utilisée avec les pays de l'Est ;
- des formes plus récentes : la licence (une entreprise française accorde, par exemple, à une firme chinoise le droit de produire un bien donné), la sous-traitance (fabrication à l'étranger à partir d'un cahier des charges), ou la compensation industrielle (lorsqu'une entreprise française, par exemple, remporte un marché important à l'exportation, le pays importateur peut parfois exiger qu'une partie de la production soit faite sur place : cas du TGV vendu aux Sud-Coréens...)

• Le rapport Arthuis (« Rapport d'information sur les délocalisations hors du territoire national des activités industrielles et de service », commission des finances de la Nation, Sénat, 1993) qui fait autorité en la matière, précise : « les délocalisations consistent à séparer les lieux de production ou de transformation des marchandises, des lieux de leur consommation ; en d'autres termes, il s'agit pour le gestionnaire de fabriquer là où c'est le moins cher et de vendre là où il y a du pouvoir d'achat ».

Le rapport Arthuis a tenté de mesurer ce phénomène en France ; il constate quatre faits essentiels :

- le phénomène des délocalisations a connu une très forte croissance dans les années quatre-vingt : les sorties d'investissements directs à l'étranger sont ainsi passées de 10 milliards de francs en 1983 à 115 milliards en 1991, plaçant la France au troisième rang mondial ;
- la répartition géographique de ces investissements est riche d'enseignements : une part fortement majoritaire (près de 90 %) s'effectue en direction des pays de l'OCDE. Il existe notamment une forte délocalisation intra-européenne en direction de pays comme le Portugal, la Grèce, l'Irlande...

- ces IDE sont surtout réalisés dans des secteurs industriels « capitalistiques », où la force de travail ne constitue pas un atout déterminant : il apparaît donc que les considérations stratégiques (débouchés notamment) semblent l'emporter sur le seul coût de la main d'œuvre ;
- toutefois, l'analyse des échanges français avec les pays du Sud-Est asiatique (importante zone de délocalisations) laisse apparaître un déficit assez important.

• En troisième lieu, on peut montrer que les délocalisations sont un processus dynamique et cumulatif en raison, selon D. Delalande (*Cahiers Français*, n° 269), de l'existence de trois engrenages fondamentaux :

- un engrenage de nature technique : lorsque quelques entreprises d'un secteur saisissent l'opportunité d'une délocalisation, elles bénéficient d'avantages. Ce qui devient très vite une contrainte pour les autres producteurs et renforce du même coup le processus de délocalisation ; ainsi, des pans entiers du secteur textile, articles de sport... sont d'ores et déjà délocalisés ;
- un engrenage de nature économique : la situation actuelle du marché des biens et services des pays développés est telle que le prix constitue de plus en plus un critère déterminant ; les entreprises délocalisent afin de conserver des parts de marché, mais c'est alors le « cercle vicieux des délocalisations » ;
- enfin un engrenage de nature géographique : apparition de nouveaux pays de délocalisation à fort potentiel de croissance (Chine, Vietnam...) et, aux portes de l'Union européenne, des pays d'Europe de l'Est. Or, ces pays se tournent de plus en plus nettement vers des modèles de développement extravertis, en raison des échecs des autres stratégies de développement.

Jusque dans les années soixante-dix, prévalait l'ancienne DIT : marchés nationaux nettement différenciés, nombreux secteurs abrités, rôle encore important des États-nations dans un cadre d'économie internationale.

Les années quatre-vingt voient l'émergence d'une nouvelle DIT : un cœur industriel composé d'une quinzaine de pays concentrant l'essentiel des flux d'IDE ; une périphérie qui tend à s'affirmer dans les industries de biens intermédiaires à forte intensité de travail et souvent polluantes (sidérurgie, textile, chimie...), et ceci dans le cadre d'une mondialisation des échanges de biens et services, des flux de capitaux et de travail, qui tend à estomper les frontières nationales.

2. Les approches théoriques du phénomène des délocalisations

Cette notion de délocalisation renvoie à diverses approches théoriques.

• Braudel a souligné, à travers la notion d'économie-monde, que la géographie changeante des échanges est calquée sur l'évolution des rapports de pouvoir. Prolongeant les analyses de Marx, S. Amin et A. Emmanuel soulignent les fondements de l'« échange inégal » et le rôle d'une exploitation des salariés nettement différenciée entre le Nord et le Sud. Il faut citer également les thèses déjà anciennes de Lénine et R. Luxembourg sur la logique impérialiste qui implique

que le marché s'étende aussi bien pour réduire les coûts de production que pour trouver des débouchés.

- Les travaux de R. Vernon sur le cycle de vie du produit apportent une intéressante contribution à l'analyse de la délocalisation. Selon cet auteur, lorsqu'un produit arrive à maturité sur le marché du pays de la firme innovatrice, celle-ci développe, dans un premier temps ses exportations. Dans un second temps, elle se délocalise sur les marchés importateurs afin de profiter des coûts de production plus bas et aussi de mieux adapter ses produits au marché.

- Les analyses de B. Lassudrie-Duchêne sur le processus de « décomposition internationale des processus de production » (DIPP) permettent d'analyser le phénomène des délocalisations à partir de la division internationale du processus productif : ainsi, une FMN peut avoir intérêt à faire réaliser dans les pays développés les étapes productives nécessitant du capital et/ou de la main d'œuvre qualifiée, et dans les PVD, les étapes productives à forte intensité de travail. L'exemple d'IBM permet d'illustrer cette analyse.

- Enfin, des travaux contemporains insistent particulièrement sur les délocalisations comme facteur de transnationalisation et de mondialisation de l'économie. Ainsi, selon Ch.-A. Michalet, les délocalisations participent de cette globalisation des marchés en constituant une part importante du commerce captif entre filiales de FMN.

II. Facteurs et enjeux des délocalisations

Les facteurs du processus de délocalisation apparaissent donc comme très divers, même si le coût du travail est souvent l'argument le plus avancé. En fait, on peut trouver trois facteurs essentiels :

- la recherche des économies d'échelle et de la taille critique;
- le contournement des barrières protectionnistes ;
- le problème de l'environnement et des effets externes : la mondialisation et la délocalisation des activités polluantes permet de régler (provisoirement) la question de l'internalisation des effets externes de certaines activités industrielles dans les pays développés en produisant dans des pays où les exigences écologiques ne sont pas élevées.

1. Un facteur fondamental : le coût du travail

- C'est évidemment le facteur principal des délocalisations. Un salarié allemand (environ 25 $ de l'heure) coûte autant que 50 salariés indonésiens (0,5 $ de l'heure); cela donne bien la mesure des écarts existants.

Il faut ajouter les éléments suivants :

- le poids de la fiscalité, sans commune mesure;
- l'absence de réglementation du travail et de syndicats : la différence ne se fait pas seulement par le salaire, mais, de plus en plus, par la différence de statut;
- la possibilité de délocaliser des activités industrielles polluantes, évitant ainsi le coût croissant de l'internalisation des effets externes.

• Il faut opérer une distinction entre les emplois peu ou pas qualifiés qui sont particulièrement exposés au risque des délocalisations, et les emplois qualifiés, moins touchés, sinon par phénomène de ricochet, ce qui ravive le débat sur le coût du travail non qualifié dans les pays développés.

2. Mais ce raisonnement a ses limites

Il existe, en effet, des arguments permettant de nuancer fortement le rôle du coût du travail dans le phénomène des délocalisations.

• Il n'existe pas de mesure fiable de l'impact des délocalisations sur l'emploi. La méthode traditionnelle, dite des « contenus en emplois », c'est-à-dire la différence entre le nombre d'emplois nécessaire à la production des exportations et celui qui aurait été nécessaire pour produire en France les biens et services importés, donne un déficit en emplois assez important pour le commerce France-PVD (environ 300 000 emplois en 1992). L'OFCE arrive à environ 200 000 emplois, ce qui représente nettement moins de 10 % du taux de chômage. Un autre argument important est celui donné par le « théorème d'égalisation des prix des facteurs » : avec l'extension du libre-échange, la rémunération du travail tend à s'égaliser dans le monde à qualification égale. D'où un double mouvement : les salaires des travailleurs non qualifiés des pays développés sont poussés à la baisse (ce qui alimente une crainte des délocalisations), mais aussi, les salaires des pays de délocalisation sont poussés à la hausse : un pays en croissance ne conserve pas longtemps des écarts de salaires aussi importants ; par exemple, les salaires de Singapour ou de Taiwan sont supérieurs à ceux du Portugal…

• Enfin, l'argument du coût du travail masque souvent un véritable « dumping monétaire » qui, selon G. Lafay, repose sur des monnaies systématiquement sous-évaluées grâce à des politiques actives d'intervention sur le marché des changes.

III. Les effets des délocalisations : un débat difficile à trancher

1. Dumping social et risque de dislocation des structures sociales

• La mesure de l'impact des délocalisations sur l'emploi est difficile à mesurer et il est clair de toutes façons que le chômage s'explique en grande priorité par des dysfonctionnements internes aux pays développés.

Par contre, il est clair qu'il existe un risque d'alignement sur le « moins-disant » social : la mondialisation, en effaçant les frontières a créé, selon la typologie de Robert Reich (*L'économie mondialisée*, Dunod, 1993) des perdants et des gagnants ;

- les perdants, ce sont les travailleurs routiniers, affectés à des tâches répétitives, et dont les emplois sont menacés par la mise en concurrence avec les pays du tiers monde ;
- les gagnants (que Reich appelle les « manipulateurs de symboles ») ne sont pas menacés par l'ouverture internationale.

La fameuse « fracture sociale » passe aussi par cette division.

- D'où le débat sur la clause sociale. En fait, le problème est ancien. Les premiers effets de la concurrence des pays à bas salaires se font sentir dès la fin du XIXe siècle. En 1881, le principal syndicat américain a pu obtenir du Congrès le principe de la « *cost equalization* » (annulation par le jeu des droits de douane de l'avantage concurrentiel procuré par les bas coûts salariaux). Des mesures allant dans ce sens ont été également prises dans l'entre-deux-guerres.

Toutefois, la charte de La Havane (1948) qui donne naissance au GATT ne comporte aucune clause sociale. Certains pays, les États-Unis en particulier, ont pris quelques mesures unilatérales.

Ce n'est qu'avec la conférence de Marrakech, qui met en place l'OIC, que la notion de clause sociale fait l'objet d'une négociation d'ensemble, mais cette exigence éthique des pays développés dissimule mal des préoccupations économiques tout à fait concrètes.

- De plus, le dumping social sévit également à l'intérieur de l'Europe. Il existe une concurrence intra-européenne qu'illustre bien l'affaire Hoover de janvier 1993. Cette entreprise décide alors de fermer son usine française de Côte d'Or pour transférer sa production en Écosse afin de bénéficier d'importantes subventions, les Britanniques ne se sentant guère liés à une éventuelle Europe sociale en raison de la clause d'« *opting-out* » (les Britanniques ne sont pas tenus d'appliquer d'éventuelles mesures d'ordre social votées par les instances européennes).

Il existe un risque de résurgence du protectionnisme : certains proposent de remplacer le *free trade* par le *fair trade*, au besoin en taxant les importations de produits délocalisés : c'est notamment le sens de la proposition Lauré (1993) qui préconise le prélèvement d'une taxe à l'importation qui corrigerait les écarts de prix, cette taxe étant reversée aux pays exportateurs. D'autres préconisent un protectionnisme rénové, passant par la régionalisation (articles de M. Allais).

2. Le phénomène des délocalisations est loin de ne présenter que des effets négatifs

- Selon J. Ould Aoudia (*Cahiers Français*, n° 269, janvier 1995), il existe un véritable cercle vertueux des délocalisations, que l'on peut illustrer avec le cas du Japon et du Sud-Est asiatique. Le Japon, en effet, a systématiquement privilégié, au cours des années soixante et soixante-dix, les délocalisations dans ce qui constitue la première couronne de pays périphériques : Corée du Sud, Taiwan, Hong-Kong, Singapour, enclenchant ainsi une véritable dynamique de développement. Ces pays constituent désormais un marché important pour les produits japonais : on peut donc parler d'une véritable logique de codéveloppement.

- Cet exemple peut être repris dans le cas européen en direction des pays d'Afrique du Nord et de l'Europe de l'Est. Des délocalisations accompagnées d'un flux technologique important permettraient de créer de telles zones de codéveloppement et contribueraient à fixer la main d'œuvre.

Les délocalisations restent un moyen important d'opérer des transferts de technologie, bien que les technologies les plus avancées restent aux mains des FMN.

Les délocalisations représentent ainsi un véritable raccourci technologique : les travaux de Gerschenkron sur le développement de pays comme l'Allemagne à la fin du XIXe siècle en montrent tout l'intérêt.

Conclusion

Ainsi, le phénomène des délocalisations apparaît comme complexe, concentrant de nombreux aspects du commerce international d'aujourd'hui. Au cœur du processus de globalisation économique et financière, ce phénomène suscite craintes et questionnements. Les opinions publiques le considèrent comme le grand responsable du chômage et il est vrai que des délocalisations massives peuvent détériorer le tissu social, renforcer l'exclusion et la précarité, surtout envers les moins qualifiés.

Pourtant, nous avons pu mettre en lumière plusieurs faits qui nuancent fortement ce point de vue : l'importance en volume du commerce international impliquant des délocalisations est encore faible ; la théorie économique, notamment la doctrine libérale, considère que les mouvements de capitaux et d'IDE peuvent être vecteurs de développement ; les délocalisations peuvent constituer des raccourcis technologiques pour les PVD...

Le chômage des pays développés européens doit donc être recherché prioritairement dans les structures économiques et sociales de ces pays.

Bibliographie

Ouvrages

- G. Lafay, *Comprendre la mondialisation*, Economica, 1996.
- G. Lafay et J.M. Siroën, *Maîtriser le libre-échange*, Economica, 1994.
- F.A. Khavand, *Le nouvel ordre commercial mondial*, Circa, Nathan, 1995.
- F. David, *Les échanges dans la nouvelle économie mondiale*, PUF, 1994.
- E. Cohen, *La tentation hexagonale*, Fayard, 1996.
- R. Reich, *L'économie mondialisée*, Dunod, 1993.

Revues

- *Cahiers Français*, n° 269, janvier 1995. À lire, en particulier les articles de F. Sachwald : « La mondialisation des entreprises » et D. Delalande : « Les délocalisations ».
- *Futuribles*, mai 1993 : M. Lauré : « Les délocalisations, enjeux et stratégies ».
- *Problèmes économiques*, n° 2400, novembre 1994 : « Le débat sur l'introduction d'une clause sociale dans le système commercial international ; quels enjeux ».
- *Alternatives Économiques*, juin 1996 : « Dossier : Face à la mondialisation, que faire ? » et Hors série n° 23, 1995, sur la mondialisation.

SUJET 14

Il y a vingt ans, en 1976, les accords de la Jamaïque officialisaient le système de changes flottants. Quelle a été son évolution et quel bilan peut-on en faire aujourd'hui ?

(inédit)

Analyse du sujet

Les accords conclus à la Jamaïque en janvier 1976 marquent l'entrée officielle dans un SMI de changes flottants. En fait, ces accords entérinent une pratique qui remonte à 1973. Le tableau suivant permet de situer, dans une première approche, le système des changes flottants par rapport aux autres SMI.

	Fluctuation des changes	Degré de coopération internationale	Avantages attendus	Inconvénients possibles
Système d'étalon-or (XIXe siècle-1914)	Limitée automatiquement par le mécanisme des points d'entrée et de sortie d'or	Très réduit, en raison de l'automaticité des ajustements	- grande stabilité des changes - système très peu inflationniste - faible intervention des banques centrales	- inadapté en cas de croissance forte du commerce international - rigidité des taux de change, donc peu d'autonomie de la politique monétaire
Système de Bretton-Woods (1944-1973)	Taux fixes (une marge de fluctuation de plus ou moins 1 % est tolérée)	Très élevé : il s'agit d'une convention	- relative stabilité des changes	dépendance à l'égard de la monnaie clé, le dollar - rigidité des taux de change, donc faible autonomie de la politique monétaire
Changes flottants (depuis 1973)	Théoriquement illimitée	Assez faible en théorie	- pas ou peu d'interventions - plus de liberté pour la politique monétaire des différents pays	- risque de forte instabilité des changes - recours aux dépréciations compétitives

D'après la revue *Banque*, 1986.

Ce tableau permet de définir une typologie des régimes de change en fonction de deux critères : d'une part le caractère plus ou moins contraignant des règles de fonctionnement, et d'autre part le degré de coopération nécessaire à la bonne régulation du système, ce qui donne le schéma suivant :

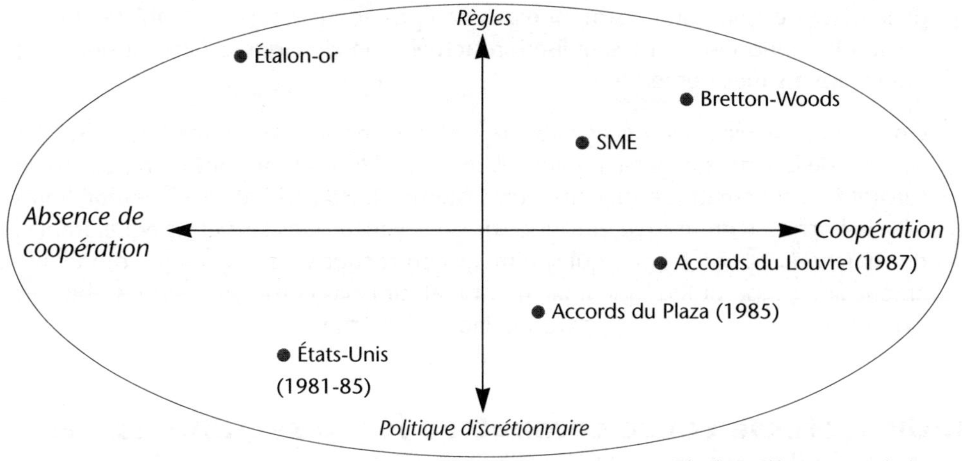

D'après D. Plihon, *Les taux de change*.

Le sujet porte sur la période 1976 à aujourd'hui exclusivement. Il fallait donc éviter les débordements historiques sur le Gold Exchange Standard ou Bretton-Woods. On pouvait éventuellement faire une brève rétrospective historique dans l'introduction ou dans la première partie.

Il s'agissait de présenter un bilan, c'est-à-dire que le plan le plus évident est basé sur les objectifs (1re partie) et leur réalisation effective (2e partie). C'était le plan « minimal » ; des plans plus pointus sont évidemment possibles. Nous avons opté pour une problématique en trois parties : une présentation du système des changes flottants comportant une analyse des avantages attendus à la lumière des notions théoriques, puis dans une deuxième partie, l'évolution de ce système, ce qui permettra de confronter les avantages attendus aux faits, enfin, la dernière partie cherchera à faire le bilan en montrant les insuffisances de ce système.

Introduction

Depuis 1976, le monde vit sous le régime des changes flottants. C'est historiquement la première fois qu'un tel système est appliqué, faisant suite à une série de systèmes monétaires fondés sur des changes fixes (étalon-or, Gold Exchange Standard, Bretton-Woods) qui n'ont pas tenu leurs promesses.

Pour ses partisans, essentiellement tenants de l'idéologie libérale, ce système fondé sur les vertus équilibrantes du marché avait un avantage considérable : celui de parvenir rapidement à un équilibre entre l'offre et la demande sur le marché des changes et de corriger ainsi automatiquement les déséquilibres, d'autant plus que depuis l'entrée dans la crise en 1973, les causes de déséquilibres sont nombreuses...

Cette méthode d'ajustement théoriquement parfaite, censée amortir les effets perturbateurs de la crise économique a aujourd'hui vingt ans d'existence. Le regard critique de l'économiste peut donc valablement s'exercer et il est désormais possible de tenter de faire un bilan. En première analyse, il apparaît certain que les objectifs n'ont pas été atteints : les fluctuations monétaires ont été particulièrement brutales durant les années quatre-vingt, avec leur cortège de taux d'intérêt élevés, d'endettement massif des États (et en particulier la véritable crise de la dette des pays du tiers monde à cette époque), facteurs d'instabilité et d'incertitude économique. La stabilisation actuelle ne doit guère faire illusion : les principaux risques demeurent.

On le voit, un bilan est nécessaire : le système monétaire international issu des accords de la Jamaïque a-t-il atteint ses objectifs ? Nous tenterons de répondre en suivant la problématique suivante : un système censé combattre les déséquilibres nés de la crise économique et fondé sur la croyance dans les vertus équilibrantes du marché (1re partie), mais qui subira les contrecoups de la politique monétaire américaine (2e partie), et qui, finalement n'atteint pas complètement les objectifs fixés et se révèle, à maints égards, inadapté (3e partie).

I. Un système censé combattre les déséquilibres nés de la crise et fondé sur les supposées vertus équilibrantes du marché

1. Le contexte économique et les décisions des accords de Kingston

• Les accords de la Jamaïque sont, en fait, l'aboutissement d'une longue dégradation du système de Bretton-Woods, s'étendant de la fin des années cinquante à 1973.

L'ordre issu de Bretton-Woods reposait sur deux piliers :

- les taux de change des différentes monnaies sont maintenues fixes par rapport au dollar au taux de 35 $ l'once. C'est donc un système de parités fixes (seule une marge de variation de plus ou moins 1 % est tolérée) ;
- création du FMI afin de garantir les règles de bonne conduite monétaire et d'éviter le recours abusif aux dévaluations compétitives.

Dans un monde où la circulation de capitaux était encore limitée, un tel système avait des vertus : préservation de l'autonomie des politiques économiques et stabilité relative des taux de change.

• Cet ordre est remis en cause par une défiance croissante vis-à-vis du dollar à partir de la fin des années cinquante, alimentée par trois éléments.

Le développement considérable du marché des eurodollars, qui, combiné au déficit persistant de la balance des paiements américaine, rend de plus en plus illusoire la couverture en or des dollars circulant dans le monde.

Le dilemme de Triffin : cet économiste montre, dès 1957, une contradiction fondamentale dans le fonctionnement du système de Bretton-Woods ; l'approvisionnement en dollars de l'économie mondiale ne peut se faire que par le déficit structurel de la balance des paiements américaine, mais l'accroissement de cette masse de dollars détenue par les non-résidents américains risque d'entraîner un phénomène de défiance vis-à-vis de la monnaie américaine. Il apparaît donc contradictoire d'assurer à la fois la liquidité de l'économie mondiale et de garantir la confiance dans la monnaie.

Le caractère de plus en plus évident du « privilège exorbitant » des États-Unis, qui jouent sur le double statut de leur monnaie pour financer leur déficit : c'est le « déficit sans pleurs » ou « *benign neglect* » dénoncé par Jacques Rueff.

• La remise en cause du système de Bretton-Woods en août 1971 par R. Nixon ouvre une période d'instabilité monétaire :

- les accords de Washington (ou du Smithsonian Institute) de décembre 1971 tentent de maintenir les parités dans un « tunnel » par rapport au dollar, mais dès 1972 (accords de Bâle), les Européens se lancent dans l'expérience du « serpent monétaire ».
- surtout, l'entrée dans la crise, en 1973, provoque l'échec de ces tentatives : le flottement des monnaies se généralise. Les accords de la Jamaïque entérinent ce flottement en 1976.

2. *Les décisions et les effets attendus du passage aux changes flottants*

• Les nouvelles règles de fonctionnement issues de l'accord de Kingston :

- démonétisation de l'or : il achève ainsi son rôle officiel d'étalon monétaire;
- volonté de faire des droits de tirage spéciaux (DTS) une véritable monnaie internationale (à relier à l'idée keynésienne du Bancor), et ce, malgré les critiques (selon le mot de Jacques Rueff « le DTS, c'est le néant habillé en monnaie »).

• Enfin, le flottement généralisé des monnaies entraîne une extrême variété des régimes de change. Aujourd'hui, sur les 156 monnaies mondiales, seules 25 obéissent à un flottement pur, d'autres ont des parités flexibles, d'autres encore ont des parités fixes par rapport à divers étalons. Deux conséquences fondamentales découlent de ces décisions :

- nous sommes en fait dans un véritable système d'étalon-dollar : il n'y a pas de déclin de la monnaie américaine; celle-ci est plus que jamais au cœur des événements;
- ces accords instituent une véritable marchéisation du change; c'est désormais le marché qui joue un rôle prépondérant dans la définition du taux de change d'une monnaie et non plus la banque centrale et/ou le gouvernement. Certes, ceux-ci peuvent toujours avoir un objectif de change, mais il ne pourra durablement aller contre la logique du marché. Cette situation porte en germe un risque évident de volatilité du change et donc d'instabilité. La couverture contre ce risque de change est à l'origine d'un vaste mouvement d'innovations financières.

La théorie veut qu'en changes flottants aucun déséquilibre ne soit durable, car tout déséquilibre entraîne une modification automatique des taux de change qui ramène nécessairement l'équilibre extérieur : les pays sont donc libérés de la contrainte externe et pourraient donc se consacrer aux objectifs internes (chômage, inflation...). Les changes flottants permettent ainsi une véritable insularisation de la conjoncture permettant d'échapper au risque protectionniste.

Ces marges de manœuvre nouvelles apportées par les changes flottants à la politique monétaire ont été analysées grâce à la théorie de la parité de pouvoir d'achat (PPA) : tout différentiel d'inflation entre deux pays entraînant une tendance au déséquilibre commercial, les changes flottants permettent une correction quasi immédiate de ce déséquilibre.

En fait, l'évolution des années quatre-vingt va largement démentir ces analyses optimistes.

II. ... mais qui subira les contrecoups de la politique économique américaine...

L'évolution depuis 1976 montre clairement que la stabilité attendue a été très largement illusoire; en fait, le dollar a largement mené le jeu et l'on peut distinguer trois étapes.

1. 1976-1980 : abondance monétaire et dépréciation considérable du dollar

- Cette période correspond au cœur de la crise; elle est caractérisée par la véritable explosion des liquidités internationales (notamment à la suite du phénomène de recyclage des pétrodollars) ainsi que par la montée de l'euromarché. Ces phénomènes de *hot-money* contribuent de plus en plus à accentuer les déséquilibres. Notamment cette extraordinaire abondance monétaire alimente l'inflation, qui, associée au chômage provoque les dérapages de la courbe de Phillips : le phénomène de stagflation tend à se généraliser dans les pays développés, rendant illusoire toute politique de relance.

- La faiblesse du dollar constitue une des grandes caractéristiques de cette période; en 1977, il perd 20 % de sa valeur par rapport au yen pour atteindre un plancher historique en octobre 1978 : c'est un dollar de combat destiné à améliorer la compétitivité-prix des États-Unis, dont la balance des paiements est déficitaire. L'absence de contrainte extérieure est donc un atout pour les États-Unis : la croissance économique est forte grâce à ce bas niveau du dollar. Il est clair que le double statut du dollar favorise les États-Unis et les maintient dans une position de « *benign neglect* ». De plus, une telle attitude constitue une des origines des tensions croissantes sur le marché pétrolier, qui mèneront au second choc pétrolier, l'OPEP cherchant à compenser par la hausse des prix la forte dépréciation du dollar, monnaie de facturation pour les pays producteurs.

2. 1980-1985 : restriction de la liquidité internationale, envol du dollar et des taux d'intérêt

- C'est sans doute cette période qui illustre le mieux le rôle central du dollar dans le nouveau système de changes flottants : toute l'économie mondiale est suspendue aux prises de décisions de la Banque fédérale américaine. Or, depuis 1979, c'est le tournant monétariste ; l'objectif de stabilité l'emporte et ce choix s'impose progressivement à l'ensemble des pays développés : « jamais la gestion unilatérale de la monnaie mondiale n'a été aussi nette » (J.-P. Delas in « Les relations monétaires internationales »).

● Après une récession brutale en 1981-1982, les États-Unis retrouvent une forte croissance (+ 6,8 % en 1984) qui les rapproche du plein-emploi. La politique monétariste, impulsée par Paul Volker, à la tête des la Banque fédérale américaine depuis 1979, renforce considérablement le dollar, qui atteint le niveau record de 10,21 F en mars 1985.

Cette évolution s'accompagne d'un vaste mouvement de polarisation des flux financiers. Attirés par les taux d'intérêt élevés et l'expansion du marché financier américain, les capitaux des pays structurellement excédentaires (Allemagne et Japon notamment) cherchent des placements aux États-Unis, finançant ainsi les déficits jumeaux (déficit budgétaire et déficit de la balance commerciale). Cette situation, par l'effet d'éviction qu'elle provoque, tend à généraliser les taux d'intérêt élevés.

Dollar fort et taux élevés se combinent pour alimenter une crise de la dette touchant les pays du tiers monde : la crise mexicaine de l'été 1982 illustre parfaitement l'effet-massue de l'endettement.

3. Depuis 1985 : « zones cibles » et stabilisation laborieuse du système monétaire

L'année 1985 marque un tournant à plusieurs égards.

● Les États-Unis, plus que jamais au cœur du système monétaire international veulent prolonger la croissance économique des années 1983-1984. Or, devant l'ampleur des déficits jumeaux, l'instrument budgétaire ne peut plus être sollicité : avec la loi Gramm-Rudman-Hollings, le Congrès obtient même l'engagement d'un retour à l'équilibre budgétaire à l'horizon 1993. La relance ne peut plus être obtenue que par la baisse des taux d'intérêt et la baisse du dollar. Une telle baisse ne peut être que concertée au niveau international afin d'éviter un « *crash landing* » (c'est-à-dire effondrement brutal) du dollar. C'est le sens de l'accord du Plaza (1985) et surtout de l'accord du Louvre (1987) : les évolutions sont reprises en main grâce à l'instauration de « zones-cibles » (*Target Zones*), grilles de parités bilatérales, tenues en principe secrètes, donnant aux banques centrales des repères d'intervention. On peut parler de succès : la stabilité monétaire, notamment pour le dollar, est désormais bien plus nette. C'est donc bien le retour à une certaine forme de coopération monétaire, à une gestion concertée des taux de change qui a permis cette relative stabilité depuis 1987 : ne faut-il pas voir là un échec patent du flottement pur et un démenti cinglant aux tenants de ce principe ? On peut étayer cette critique en raisonnant à partir du « triangle des incompatibilités » de Mundell et Fleming :

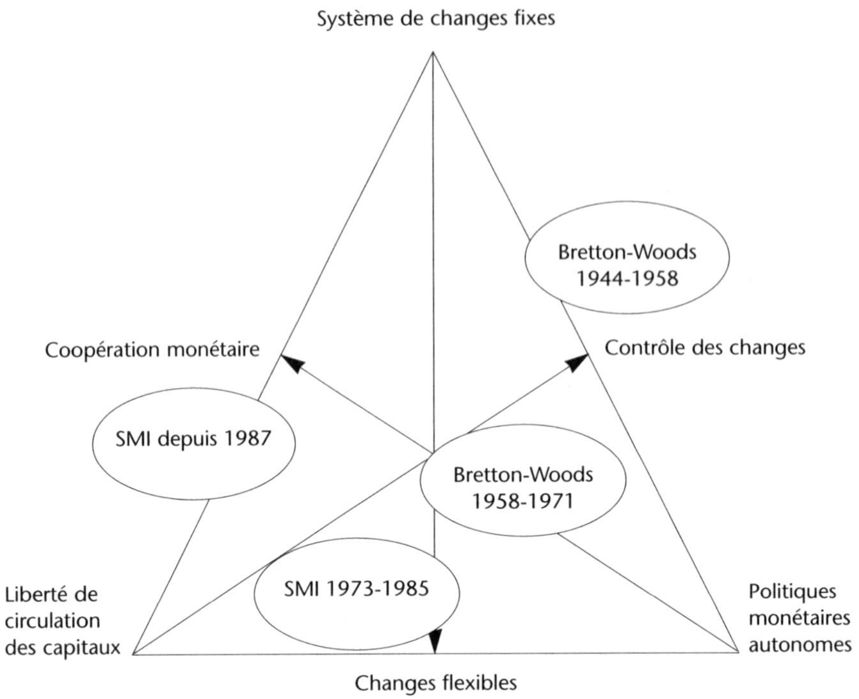

Cette analyse postule une incompatibilité entre l'existence d'un système de changes fixes, la libre circulation des capitaux et la possibilité de mener des politiques monétaires autonomes. Le schéma montre bien la dérive du SMI depuis Bretton-Woods et sa situation actuelle : la coopération monétaire internationale est une nécessité pour stabiliser les changes dans un contexte de liberté de circulation des capitaux.

III. ... et qui finalement n'atteint pas les objectifs fixés

On pourra privilégier les deux aspects suivants.

1. La notion d'ajustement automatique liée aux changes flottants a fait long feu

• Les fait se sont chargés de démentir cette vision bien optimiste; loin d'avoir développé leur autonomie, les économies nationales sont soumises, plus que jamais, à la contrainte extérieure. Dans un monde dominé par les mouvements financiers internationaux, toute divergence de politique économique (se traduisant par des écarts de taux d'intérêts) entraîne des mouvements de capitaux qui tendent à aggraver les déséquilibres. Le dogme du laisser-faire monétaire n'a pas résisté à la réalité.

Les partisans des changes flottants soulignent toutefois qu'aucun système ne semble aujourd'hui en mesure de les remplacer; les quelques voix réclamant un retour à des changes fixes, voire à un étalon-or rénové, ne rencontrent guère d'échos. De plus, les changes fixes ne sont pas non plus une réussite totale là où ils sont appliqués. Le cas du SME, obligé de porter ses marges de fluctuation à 15 % de part et d'autre du cours-pivot durant l'été 1993 montre nettement que les changes fixes ne sont pas adaptés à la situation actuelle marquée par la liberté et la rapidité de la circulation des capitaux.

• Les évolutions dont nous avons rendu compte ont progressivement orienté le SMI vers le polycentrisme monétaire : si le dollar reste la première monnaie de facturation (plus de 50 % des échanges de biens et services dans le monde sont libellés en dollars, ainsi que près du tiers des importations de la France), le yen et le deutsch mark apparaissent de plus en plus comme des monnaies de réserve, en attendant la future monnaie européenne, l'euro.

Quelques chiffres montrent cette évolution : en 1982, les réserves de change dans le monde étaient constituées à 70 % de dollars; ce chiffre tombe à 60 % en 1993. Dans le même temps, la part du DM passe de 12 à 17 % et celle du yen de 4,5 à 10 %; il y a bien un recul du dollar et une amorce de multipolarisation du SMI, qui recouvre d'ailleurs une tendance au régionalisme économique.

• On peut montrer également que la naissance du SME est liée, d'une certaine manière, aux problèmes résultant de la mise en place des changes flottants. Les Accords de Bâle, en 1972, mettent en place le serpent monétaire européen dans le but de limiter les fluctuations des monnaies européennes entre elles. Son échec montre la nécessité d'une union plus solide autour d'une référence commune. C'est la création du SME en 1979, en réaction aux incertitudes liées aux changes flottants : comment construire une Europe économiquement cohérente dans un contexte de fluctuations erratiques du dollar?

2. Les changes flottants ont nettement favorisé l'émergence des phénomènes de bulles spéculatives

• L'année 1985 marque également la spectaculaire montée de la bulle spéculative, qui finit par se résoudre en krach boursier en octobre 1987 : la vertigineuse croissance des marchés dérivés a conduit à l'instauration d'une véritable économie-casino, selon le terme de M. Allais, corollaire des changes flottants. Les produits dérivés, qui s'échangent sur ces marchés, se présentent comme des contrats dont la valeur « dérive » de celle d'un actif (emprunt d'État, par exemple) ou d'un indice (CAC 40 par exemple). Ils permettent en principe une couverture contre les risques de fluctuations de taux de change et de taux d'intérêt.

• En effet, ce processus de globalisation financière, fondé sur les 3 D (décloisonnement des marchés, déréglementation, désintermédiation) favorise l'activité spéculative, notamment sur le marché des produits dérivés, en raison du faible effet de levier : une faible mise initiale est nécessaire par rapport à l'engagement total. Cette situation engendre un important risque systémique, illustré par le krach de 1987. On entend par risque systémique un risque d'instabilité, pouvant se diffuser à grande échelle par phénomène de contagion, en raison de l'interconnexion des places financières. De nombreux exemples illustrent ce risque systémique et les dangers de la spéculation : crise du SME de septembre 1992, crise de la Barings en février 1995, où un opérateur de 28 ans a provoqué une perte de 1 milliard de dollars sur des spéculations depuis Singapour…

D'où les propositions visant à améliorer la régulation du « non-système » actuel, comme celle de l'économiste américain James Tobin fondée sur la taxation des opérations de change, « introduisant ainsi un grain de sable dans les rouages de la finance internationale ».

Conclusion

Pour reprendre le mot de Churchill à propos de la démocratie, les changes flottants sont le pire des systèmes à l'exception de tous les autres. C'est ce qu'affirment aujourd'hui encore les libéraux, après vingt années de fonctionnement du « non-système monétaire international » né des accords de la Jamaïque.

Certes, il n'est pas envisageable, en l'état actuel, de revenir sur des évolutions aussi fondamentales que la globalisation financière et la mondialisation des échanges. Il semble illusoire, également, de penser qu'un retour à un système de changes fixes soit possible à court terme. Mais la situation qui prévaut depuis 1987 ressemble bel et bien à un démenti des thèses libérales : le système des changes flottants ne s'autorégule pas. Si une relative stabilisation a pu être retrouvée, c'est grâce à une coopération monétaire minimale, qui marque d'ailleurs le pas aujourd'hui, et qu'il faudrait encore développer pour parvenir à une véritable gestion concertée du flottement.

Bibliographie

Ouvrages

- J.-P. Delas, *Les relations monétaires internationales*, Vuibert, collection Thémathèque, 1994. Excellente synthèse, ouvrage très intéressant.
- M. Bassoni et A. Beitone, *Problèmes monétaires internationaux*, A. Colin, collection Cursus, 1991. Également très intéressant.
- J.M. Siroen, *Le désordre monétaire international*, Hatier, 1991.
- J.-P. Faugère et C. Voisin, *Les systèmes financiers et monétaires internationaux*, Nathan, collection Circa, 1993.

Ouvrages plus difficiles et plus spécialisés

- P. Pascallon, *Le SMI, théorie et réalité*, Éditions de l'épargne, 1989.
- M. Dehove et J. Mathis, *Le système monétaire international*, Dunod, IRES, 1986.
- H. Bourguinat, *Les vertiges de la finance internationale*, Economica, 1987.

Revues

- *Problèmes économiques*, n° 2394, octobre 1994 : « 50 ans d'évolution du SMI depuis les accords de Bretton-Woods », La Documentation française. Un numéro entièrement consacré aux questions monétaires internationales : indispensable.
- *Alternatives économiques*, Hors-séries de mai 1993 et mai 1995.
- *Cahiers Français*, n° 265, juin 1995 : « L'économie mondiale », La Documentation française.

SUJET 15

À l'heure de la mondialisation de l'économie, l'intégration économique et monétaire de l'Europe a-t-elle encore un sens ?

(Ecricome 1995)

Analyse du sujet

• Il s'agit d'un sujet tout à fait typique du « style Ecricome » : une vaste question demandant avant tout des qualités de synthèse. Le rapport du jury est tout à fait clair sur ce point :

> « Les candidats n'ont jamais été sollicités sur une question de cours. Ils sont toujours invités à réaliser une synthèse à partir de plusieurs parties du programme officiel afin de mettre en valeur leurs qualités personnelles. Ainsi, les candidats capables de développer une réflexion autonome ont-ils toujours été valorisés ».

• Il n'y a pas de problème d'interprétation. Les deux mots clés sont « mondialisation » et « intégration » ; le sujet repose sur la mise en parallèle de deux notions qui, a priori, s'excluent mutuellement. En effet :

– la mondialisation décrit un mouvement d'ouverture croissante des économies les unes sur les autres, à travers des acteurs et des stratégies mondiales, s'apparentant à la notion braudélienne d'« économie-monde ». Elle constitue le fondement du multilatéralisme, doctrine officielle de l'Organisation mondiale du commerce, héritière du GATT ;

– l'intégration européenne, à première vue, s'oppose à ce processus de mondialisation et participe plutôt de la tendance à la régionalisation du commerce mondial, c'est-à-dire à l'émergence de vastes zones plus ou moins intégrées. On peut se référer à la typologie proposée par B. Balassa (*The theory of Economic Integration*), qui distingue cinq niveaux d'intégration, classés par ordre croissant :

  - la zone de libre-échange (abolition des droits de douane, mais maintien des politiques douanières nationales),
  - l'union douanière (existence d'un tarif extérieur commun),
  - le marché commun (libre circulation des marchandises, des capitaux et des hommes),
  - l'union économique et monétaire (marché unique complété par la mise en place d'une monnaie unique : c'est l'Europe de Maastricht),
  - l'intégration (qui sous-entend l'existence d'une autorité supranationale).

• En fait, la clé de la problématique peut être fournie par l'analyse suivante : l'intégration économique et monétaire peut être considérée comme une étape préalable au multilatéralisme, comme une phase nécessaire vers le libre-échange généralisé. C'est l'idée d'optimum du second rang (ou théorème du second-best). Cette conception de la construction européenne est sans doute conforme à l'esprit du traité de Rome ; les pères fondateurs n'avaient pas l'intention de faire de l'Europe un bastion protectionniste.

Cette problématique devra donc être centrale dans la dissertation.

• Par ailleurs, le mot « sens » doit être relevé : en effet, écrire que l'intégration économique et monétaire n'aurait pas de sens par rapport à la mondialisation suggère que la construction européenne ne repose que sur des fondements économiques et monétaires. Or, un bref rappel du contexte de la naissance de la CEE dans les années d'après-guerre montre clairement que l'Europe a été et reste un projet politique, l'économie n'ayant été, finalement, qu'un instrument efficace.

• Cette analyse du sujet permet d'aboutir à une problématique qui peut être résumée ainsi : en première analyse, l'intégration européenne procède du phénomène de régionalisation des échanges qui semble s'opposer au processus de mondialisation. Mais, en réalité, la mondialisation tend aujourd'hui à favoriser la constitution de vastes zones plus ou moins intégrées ; dans ce contexte, l'intégration européenne est sans doute le meilleur moyen d'affronter le marché mondial.

Introduction

Depuis la fin de la seconde guerre mondiale, le lent mouvement d'ouverture des espaces cloisonnés qui constituaient le monde a connu une formidable accélération. Un vaste processus de mondialisation est aujourd'hui à l'œuvre, qui emporte les frontières qui semblaient hier encore infranchissables. Ch.-A. Michalet, reprenant la célèbre expression de Marshall Mac-Luhan parle de « village planétaire » : le monde est devenu une planète sans frontières où les flux de marchandises et de capitaux sont régis par des firmes transnationales ayant rompu leurs amarres avec leur pays d'origine. Certains économistes, comme Anton Brender (*Le choc des nations*) insistent sur la régionalisation des échanges. À l'ancienne vision Nord-Sud des relations économiques internationales, il faut maintenant opposer celle d'un monde tripolaire, plus ou moins intégré : la Triade, ainsi baptisée par K. Ohmae, qui concentre aujourd'hui plus de 50 % de la richesse mondiale.

La Communauté européenne affronte ce contexte difficile à un tournant de son histoire. Elle s'est engagée, par l'Acte unique, puis par le traité de Maastricht, à parachever le processus d'unification économique et monétaire commencé en 1957. Cette intégration survient donc au moment même où les forces centrifuges du marché mondial exercent à plein leurs effets, instillant doutes, réticences et inquiétudes au sein des opinions publiques européennes, comme l'ont montré les péripéties de la ratification du traité de Maastricht.

La question se pose donc brutalement : la construction européenne est-elle encore adaptée à une économie mondialisée ? Le projet européen, fondé sur une communauté d'intérêt, mais aussi sur la volonté de dépasser les vicissitudes de l'histoire, est-il encore le cadre pertinent de la réussite économique ?

Nous tenterons de répondre à cette question en montrant dans une première partie, que l'intégration européenne procède, en première analyse, du phénomène de régionalisation des échanges qui semble aller à l'encontre du processus de mondialisation. Puis, nous montrerons qu'en réalité, la construction européenne est sans doute la meilleure réponse aux défis du marché mondial.

1. L'intégration européenne procède, en première analyse, du phénomène de régionalisation des échanges, qui semble aller à l'encontre du processus de mondialisation

1. Les enjeux de la mondialisation : Europe passoire ou Europe forteresse ?

• Jusqu'au début des années soixante-dix, les relations économiques entre les nations étaient caractérisées par l'internationalisation, c'est-à-dire l'ouverture croissante des économies aux échanges de biens, de services, et de capitaux. Avec cette notion, on reste dans le contexte d'un échange de biens et services par des firmes essentiellement centrées sur leurs marchés nationaux. Comme le dit François Rachline : la logique de l'économie internationale est celle de « foyers toujours localisés attachés aux terres de leur naissance ».

La notion de mondialisation, quant à elle, implique :

- une montée et un approfondissement de ce processus d'ouverture des économies à travers une forte mobilité internationale des ressources et une concurrence croissante ;
- l'émergence d'acteurs (les FMN) et de stratégies mondiales.

Les accords de Marrakech, clôturant le cycle de l'Uruguay et fondant l'OMC ont formellement consacré l'adhésion de la communauté internationale, et, en l'occurrence, de l'Europe, aux principes du multilatéralisme.

• Comment l'Union européenne a-t-elle négocié le virage de la mondialisation ?

L'UE constitue un des pôles de la Triade et a indéniablement profité de la mondialisation : elle est devenue, en incluant les échanges intracommunautaires, la première place commerciale de la planète.

Cependant, ce processus cache mal une régionalisation de fait des échanges dans le monde dont l'Europe constitue l'exemple le plus achevé. Ainsi, l'UE semble osciller entre une Europe-passoire (abolition des dernières restrictions commerciales concernant des domaines comme l'agriculture, le textile, l'automobile...) et une Europe-forteresse qui maintiendrait en l'état (ou éventuellement renforcerait) les dispositifs de contingentement, mais se mettrait alors en contradiction avec les règles de l'OMC.

Le débat sur ces thèmes a été particulièrement riche en 1993, au moment de la signature du traité de Maastricht. Il faut signaler deux contributions intéressantes :

– les articles de Maurice Allais (prix Nobel d'économie) dans le *Figaro* des 6 juin, 24 et 25 novembre 1992 dans lesquels le prix Nobel français dénonce le caractère « suicidaire » et « démesuré » du libre-échange mondial. Il cherche à montrer que l'Europe dispose d'une taille suffisante pour que le libre-échange puisse s'épanouir, à l'abri d'une solide protection douanière et en réactualisant le principe de préférence communautaire ;

– cette opinion rejoint celle de certains chefs d'entreprise. Ainsi, l'article d'Alain Gomez (président de Thomson) dans le *Monde* intitulé « le GATT doit mourir » (novembre 1992) préconise la création de vastes zones de libre-échange relativement fermées sur elles-mêmes.

2. Une tendance générale à la régionalisation des échanges, dont l'Europe est l'exemple le plus achevé

● Parallèlement au mouvement de mondialisation, on a pu assister à la constitution de vastes ensembles dont l'Europe constitue la forme la plus intégrée.

J.-M. Siroën (in « Régionalisme contre multilatéralisme », *Cahiers Français*, n° 269, janvier 1995) montre qu'il existe plusieurs formes de régionalismes :

– un régionalisme minimaliste, dans lequel l'économie est une fin en soi (cas de l'ALENA par exemple) ;

– un régionalisme fédérateur, dans lequel l'économie est un moyen, les buts poursuivis étant plus vastes et plus politiques.

Les conceptions du multilatéralisme peuvent également se scinder en :

– un multilatéralisme universaliste, de philosophie nettement libérale (foi dans le marché mondial), auquel ont adhéré les États-Unis ;

– un multilatéralisme coopératif, fondé sur une forme d'organisation capable de surmonter les conflits et tensions de la confrontation commerciale. Tout cela peut être résumé dans le tableau suivant :

	Multilatéralisme universaliste	**Multilatéralisme coopératif**
Régionalisme minimaliste	États-Unis	GATT, OMC, Japon
Régionalisme fédérateur		Union européenne

● Deux domaines, parmi d'autres, montrent nettement cette tendance à la constitution d'une zone d'expansion régionale en Europe, sur le modèle coopératif et fédérateur :

– la politique agricole commune, principal domaine de l'intégration européenne, repose sur trois principes : unicité des prix, solidarité financière et surtout préférence communautaire. Cette situation, qui contrevient nettement aux principes du multilatéralisme, a donné lieu à un bras de fer avec les États-Unis et le Groupe de Cairns. Le volet agricole de l'Uruguay Round s'est finalement soldé par un accord qui prévoit une forte baisse de la protection douanière, mais l'agriculture reste encore un domaine protégé en Europe ;

– l'UE a engagé depuis longtemps une politique d'accords préférentiels avec un vaste ensemble de pays du tiers monde d'Afrique, des Caraïbes et du Pacifique, les accords de Lomé. Ces accords, reposant sur des mécanismes de compensation financière (STABEX, SYSMIN), sont censés corriger les conséquences des fluctuations erratiques des cours des matières premières. Cette action en faveur d'un ordre économique plus favorable aux PVD ne va pas dans le sens d'une mondialisation échevelée.

3. Enfin, il est illusoire de penser que l'Europe ne s'est constituée que par rapport à des critères économiques

Deux arguments doivent être développés ici.

• Le rappel des origines de la construction européenne montre que l'Europe est avant tout un projet politique.

On peut citer, à l'appui de ce premier argument :

– le discours de W. Churchill à l'Université de Zurich en 1946, souhaitant la création d'une sorte d'États-Unis d'Europe dans le contexte de l'entrée dans la guerre froide. La construction européenne procède également de la nécessité historique de contenir l'expansion communiste ;

– la réconciliation franco-allemande constitue un des fondements de l'Europe. Ainsi la CECA a été un moyen d'engager concrètement la construction européenne. L'analyse des discours et écrits des pères fondateurs est particulièrement édifiante sur ce point : l'Europe est avant tout un projet politique. De sensibilité chrétienne-démocrate et humaniste, des hommes comme K. Adenauer, A. De Gasperi, J. Monnet... ont a l'esprit une union politique de l'Europe, éventuellement par le fédéralisme ; l'union économique n'est pas une fin en soi.

• L'ouverture, à moyen terme, vers les pays de l'Europe centrale et orientale (PECO) procède autant d'une logique politique (ancrer solidement ces pays dans la démocratie) qu'économique.

L'Europe est donc bien engagée dans le processus de régionalisation des échanges. Ce vaste ensemble tend à attirer de nouveaux membres potentiels, notamment parmi les PECO. Il apparaît donc que ce mouvement constitue une réponse de l'Europe aux défis de la mondialisation.

II. En réalité, la construction européenne est sans doute le meilleur moyen d'affronter le marché mondial

Le phénomène de mondialisation est inéluctable, et semble coexister avec une tendance à la constitution d'ensembles commerciaux.

Dans un tel cadre, la construction européenne est la seule réponse : loin de la remettre en cause, la mondialisation renforce la nécessité d'une Europe cohérente.

1. L'Union européenne, étape obligée vers le multilatéralisme : les leçons de la théorie économique

Le passage par la théorie s'impose pour répondre à la question du sens de l'intégration économique et monétaire européenne face à la mondialisation.

• C'est surtout l'analyse néoclassique qui fournit, aujourd'hui encore, le cadre conceptuel dominant, et, en particulier, la notion d'optimum de Pareto : celui-ci serait caractérisé, au niveau international, par un libre-échange généralisé. Toute forme d'intégration serait donc contradictoire avec cet optimum et ne saurait constituer, au mieux qu'un optimum de second rang : c'est la théorie du « second best ». Dans cette conception, l'intégration économique et monétaire de l'Europe peut être considérée comme une étape préalable au libre-échange mondial ; le rôle de l'OMC serait alors d'organiser les négociations de bloc à bloc afin de réduire le protectionnisme.

La théorie rend ainsi compatible l'idée de libre-échange, qui s'est tout de même imposée depuis la seconde guerre mondiale et l'existence de zones régionales.

• L'intégration économique et monétaire et la régionalisation se justifient également, selon les travaux de J. Tinbergen, J. Scitowski, et surtout J. Meade (*The Theory of customs unions*, 1955) et J. Viner (*The customs union issue*, 1950) par l'existence de gains spécifiques. Selon ces théories de l'union douanière, l'intégration engendre deux effets sur le commerce international :

- un effet de création de trafic (*trade creating*) : le libre-échange à l'intérieur de la zone douanière permet une expansion du commerce ;
- un effet de détournement de trafic (*trade diverting*) : l'existence d'un Tarif Extérieur Commun rend les produits importés plus chers et oblige à s'approvisionner à l'intérieur de la zone à des coûts plus élevés, ce qui modifie les courants d'échange.

L'analyse montre que l'union douanière n'est profitable que si l'effet de création de trafic est supérieur à l'effet de détournement.

• Enfin, il faut signaler l'existence d'avantages en termes d'économies d'échelle et de taille critique. Par exemple, possibilité de mettre en place et de financer de grands programmes de recherche-développement (programmes Esprit, Fast...).

Le Livre Blanc sur l'achèvement du marché européen (1985) et surtout le « Rapport sur la nouvelle économie européenne » (rapport Emerson) montrent que l'intégration européenne permet à de nombreuses industries d'atteindre la taille critique au prix, il est vrai, d'une importante restructuration.

Ce même rapport Emerson chiffre le coût de la « non-Europe » à plus de 60 milliards d'écus.

2. Le nécessaire effort de cohérence monétaire : la monnaie unique

• Déjà dans le passé, l'Europe a préservé une zone de relative stabilité monétaire : ainsi, lors de la chute du système de Bretton-Woods (1971), la création du serpent monétaire (accords de Bâle 1972), puis du SME (1979).

Malgré de nombreux remaniements, le SME s'est révélé un remarquable levier de convergence. Face aux fluctuations considérables du dollar dans les années quatre-vingt, il a permis de maintenir une zone de stabilité monétaire relative en Europe.

Cette convergence des politiques économiques est renforcée par l'instauration, par le traité de Maastricht, de cinq critères :

- l'inflation limitée à 1,5 point maximum au-dessus de la moyenne des trois pays les mieux placés ;
- endettement public inférieur à 60 % du PIB ;
- déficit budgétaire limité à 3 % du PIB ;
- taux d'intérêt ne devant pas dépasser de plus de deux points le niveau des trois pays où ils sont les plus bas ;
- rester au moins deux ans consécutifs dans les marges de fluctuation du SME.

• L'analyse par la théorie du triangle des incompatibilités de Mundell et Flemming a été réalisée par T. Padoa-Schioppa, dans son rapport à la Commission européenne (publié sous le titre *Efficacité, stabilité et équité,* Economica 1987). Elle montre que, dans un contexte de liberté des flux de capitaux, la stabilité des changes (préalable à la monnaie unique) ne peut se réaliser que dans le cadre de la renonciation à des politiques autonomes et d'une forte coopération monétaire.

• Les avantages liés à l'UEM sont nombreux :

- élimination des coûts liés à l'incertitude des changes : avec la monnaie unique, les risques de change, couverts aujourd'hui par le recours aux marchés à terme, sera éliminé ;
- suppression des coûts de transaction : une économie estimée à 15 milliards d'euros par an, soit 0,4 % du PIB communautaire. Un exemple un peu caricatural montre qu'un voyageur quittant Bruxelles avec une somme de 40 000 francs Belges et passant par les capitales européennes en convertissant cette somme à chaque étape, se retrouverait, de retour à Bruxelles, avec 21 300 FB, soit une perte de 47 % !
- économies d'échelle par la fusion des marchés ;
- surtout, la forte réduction de la contrainte extérieure, qui constitue sans doute l'avantage décisif.

Si les arguments en faveur de l'intégration européenne ne manquent pas, la réalisation de cette intégration doit relever deux défis majeurs : les problèmes liés aux délocalisations et la question de l'Europe sociale.

3. Deux défis majeurs : le problème des délocalisations et de la diversité européenne et la question de l'Europe sociale

• La mondialisation de l'économie met aujourd'hui en relation des pays aux caractéristiques très différentes. Le rapport Arthuis a mesuré les enjeux de ce phénomène pour la France et ses conclusions sont largement valables dans le cas européen : menace de dumping social, risques de dislocation des structures sociales...

Il faut aussi tenir compte des risques de délocalisation intra-européenne (les différences de niveau salarial de l'Allemagne avec le Portugal par exemple, sont équivalentes à celles de la Corée du Sud ou de Taiwan) ; le cas de l'entreprise Hoover illustre ce phénomène.

• Cela conduit naturellement à s'interroger sur la question de la diversité européenne au sein de l'Europe sociale.

La dimension sociale de l'Europe a été relativement négligée. L'Acte Unique s'en remet à une hypothétique harmonisation sociale, simple conséquence de l'homogénéisation des situations par le jeu du marché.

En fait, la diversité des régimes sociaux (entre système bismarckien et système beveridgien), de la fiscalité, des systèmes de formation... reste importante ; il y a aussi un réel attachement des peuples à des institutions qui sont le produit d'une histoire.

La mondialisation de l'économie fait peser une menace de dumping social ; le renforcement de l'Europe sociale est un élément important de la poursuite de la construction européenne ; le président de la République française, M. Chirac, a d'ailleurs proposé une « troisième voie » lors de la conférence intergouvernementale de Turin en avril 1996. Le traité d'Amsterdam (1997) a réaffirmé la nécessité de renforcer l'Europe sociale ; toutefois, la clause d'« *opting-out* » dont bénéficie la Grande-Bretagne montre que l'unanimité est loin d'être réalisée dans ce domaine.

Conclusion

L'Europe a été à l'origine, et demeure encore aujourd'hui, un projet politique. C'est là sa première légitimité. Avec le processus de mondialisation, la construction européenne doit rechercher une nouvelle légitimité, davantage économique et sociale. Face aux effets dissolvants du marché mondial, l'intégration a non seulement un sens, mais constitue sans doute la perspective la plus favorable et la plus pertinente pour les vieilles nations européennes.

Mais cette perspective ne rencontrera l'assentiment des peuples et des opinions publiques parfois tentées par le repli nationaliste que si des principes clairs sont affirmés : une Europe sociale mieux définie, une redéfinition de la préférence communautaire et, à terme, une union politique qui rejoindrait les rêves des pères fondateurs.

Bibliographie

Ouvrages

- G. Lafay et D. Unal-Kesenci, *Repenser l'Europe*, Economica, 1993.
- J.-F. Malterre et Ch. Pradeau, *L'Union européenne en fiches*, Bréal, 1995.
- J.-M. Siroën, *L'économie mondiale*, Tome 2 : « Contraintes et perspectives », Coll. Cursus, A. Colin, 1994.
- J.-P. Faugère, *L'Europe économique, marchés et politique*, Nathan, 1992.
- D. Perrut, *L'Europe financière et monétaire*, Circa, Nathan, 1993.
- M. Nouschi, *En quête d'Europe*, Vuibert, 1994.

Articles

- A. Sapir, *Le régionalisme et l'avenir du GATT*, in « Politique étrangère », février 1993.
- La lecture des articles de M. Allais et A. Gomez, cités dans le corrigé.
- Absolument indispensable : *Cahiers Français*, n° 264, janvier-février 1994 (la Documentation Française) : ensemble de contributions excellentes, de très bon niveau.

SUJET 16

L'Europe sociale existe-t-elle ?

(ESSEC 1994)

Analyse du sujet

Il s'agit d'un sujet d'actualité. En effet, avec la préparation de la future monnaie unique, la question de l'Europe sociale se pose avec insistance. Cette question peut être formulée ainsi : comment harmoniser des régimes de protection sociale aussi divers ?

Les phénomènes de délocalisation intra-européenne (affaires Hoover et Grundig par exemple) ont montré les limites et les risques d'une Europe trop exclusivement monétaire et économique. L'harmonisation des régimes de protection sociale, très divers dans leur philosophie et leurs modalités de fonctionnement, apparaît difficile, d'autant plus que les opinions publiques semblent très attachées aux spécificités nationales de ces systèmes, façonnés par l'histoire.

Cette diversité apparaît également dans les indicateurs sociaux fondamentaux, comme le montre le tableau suivant, portant sur quelques pays de l'Union européenne.

	Système de protection sociale	Taux de chômage (en %, 1997)	PIB par tête (Écus, 1995)	Taux de syndicalisation (en %, 1995)	Protection sociale sur PIB (en %, 1991)
Royaume-Uni	Beveridgien	5,5	14 900	43	24,7
Belgique	Bismarckien	10	16 250	64	26,7
France	Mixte	12,5	17 450	13	28,7
Danemark	Beveridgien	11,5	16 830	84	29,8
Italie	Mixte	12	16 150	39	24,4
Allemagne	Bismarckien	11	18 550	41	26,6

Cette diversité explique sans doute le retard actuel dans la construction d'une Europe sociale. L'Europe, en effet, s'est construite essentiellement par l'économie et la monnaie parce que, dans ces domaines, les différents pays partagent des valeurs communes : libre-entreprise, économie de marché… même si les modalités de la régulation macroéconomique sont diverses.

Enfin, il ne faut pas perdre de vue que, dans l'esprit des pères fondateurs de l'Europe, l'économie n'était pas une fin en soi, mais un outil particulièrement commode et efficace pour construire une Europe dont la fin dernière était d'empêcher le retour de la guerre sur un continent qui venait d'en connaître deux, d'ampleur mondiale, en l'espace de 30 ans. L'Europe sociale apparaît ainsi comme le parent pauvre de la construction européenne. Pour autant, au fur et à mesure de l'intégration de l'Europe, le besoin d'une Europe sociale se fait sentir, l'ampleur du chômage européen face à la bonne situation actuelle des États-Unis agissant comme un révélateur des insuffisances européennes en ce domaine.

Nous tenterons de montrer l'évolution vers une prise en compte des aspects sociaux de l'Europe par la problématique suivante :

I. La construction d'une Europe sociale est confrontée à l'existence de systèmes sociaux aux caractéristiques et modalités de fonctionnement très diverses et qui connaissent partout des difficultés.

II. Toutefois, des bases et des jalons existent et un approfondissement de l'Europe sociale semble aujourd'hui nécessaire.

Introduction

Bien que les pères fondateurs de l'Europe (Monnet, De Gasperi, Adenauer, Schuman...) appartiennent essentiellement au courant de la démocratie chrétienne, qui a toujours exprimé des préoccupations sociales, l'Europe s'est construite par l'économie et la monnaie. La réalisation du marché commun, puis de l'union économique a surtout consisté, dans une optique libérale, à laisser jouer les marchés, à permettre la liberté de circulation des marchandises et des capitaux. Mais définir des perspectives sociales apparaît autrement plus complexe. Produit de l'histoire, des mentalités, des institutions propres à chaque pays, le social ressemble, en Europe, à un véritable archipel.

Ainsi, le social apparaît bien comme la « jambe boiteuse » de l'Europe selon l'expression de B. Magliulo. Il suffit pour s'en convaincre, d'observer que sur les cinq critères de convergence du traité de Maastricht, il n'y a aucun critère social. Ce déficit d'avancée sociale tient sans doute à trois facteurs : la diversité des systèmes sociaux, reflet d'évolutions historiques particulières l'extrême sensibilité des opinions publiques sur ces questions avec, en toile de fond, la crainte d'une remise en cause d'acquis sociaux conquis de haute lutte : ce risque de « dumping social » est régulièrement dénoncé par les syndicats ; les difficultés actuelles de la majorité des systèmes sociaux confrontés à deux phénomènes importants : une crise financière alimentant une crise de légitimité, une démographie très déséquilibrée qui, à terme, pose de redoutables dilemmes.

Pourtant, avec l'achèvement du grand marché, avec la construction de l'UEM, la question de l'Europe sociale se pose avec une nouvelle acuité : la fermeture de l'usine Renault de Vilvorde, en Belgique, le montre clairement.

L'Europe sociale existe-t-elle ? Si oui, quels sont ses contours ? Si non, quels sont les obstacles à son épanouissement ?

Nous tenterons de répondre à ces questions à travers la problématique suivante : la construction d'une Europe sociale est confrontée à l'existence de systèmes sociaux aux caractéristiques et modalités de fonctionnement très diverses et qui connaissent partout des difficultés (1re partie). Toutefois, des bases et des jalons existent et un approfondissement de l'Europe sociale semble aujourd'hui nécessaire (2e partie).

I. La construction d'une Europe sociale est confrontée à l'existence de systèmes sociaux aux caractéristiques et modalités de fonctionnement très diverses et qui connaissent partout des difficultés

1. *Les systèmes sociaux sont fortement marqués par les évolutions internes et le cadre historique national*

• L'éclatement et la diversité des systèmes de protection sociale en Europe est considérable. Les clivages possibles montrent toute l'étendue des difficultés pour concevoir une Europe sociale. Il est possible, en première analyse, d'opérer la classique distinction entre système bismarckien et système beveridgien :

- le système bismarckien est issu de l'expérience allemande de la fin du XIXe siècle. Il s'agit d'un système assuranciel, à base professionnelle, couvrant principalement les travailleurs; l'ouverture de droits est conditionnée par le paiement de cotisations sociales assises sur le salaire; enfin, le système est géré par les employeurs et les représentants des salariés à travers des caisses plus ou moins indépendantes de l'État;
- le système beveridgien, fondé sur la notion de solidarité nationale, est issu des analyses de W. Beveridge, dont le rapport « Social Insurance and allied services » (1942) servit de base à l'édification du système de protection sociale britannique. Fortement inspiré par le keynésianisme, il est fondé sur la règle des 3 U : universalité (il concerne l'ensemble de la population), uniformité (caractère forfaitaire des prestations), unité (gestion confiée à un service public et financement par l'impôt). Ce système va nettement plus loin que le système bismarckien, en ce sens qu'il fonde une véritable politique sociale, liée à la recherche du plein-emploi, et, au-delà, à la prise en charge de l'individu « du berceau à la tombe », afin de le libérer du besoin et du risque (« *Freedom from want* »).

• En fait, l'édition de 1996 du « Rapport sur la protection sociale en Europe », publié par la Communauté européenne montre clairement que, si la distinction système beveridgien-système bismarckien correspond à une importante scission historique, elle n'est plus très opératoire pour décrire la situation actuelle. Les systèmes nationaux européens se partagent entre ces deux modèles. L'Allemagne possède un système de type bismarckien, la Grande-Bretagne a opté pour le modèle beveridgien. Certains pays, dont la France, ont un système mixte. Ainsi, le système de protection sociale français possède des caractéristiques bismarckiennes (système de financement par les cotisations sociales, gestion paritaire...) et beveridgiennes (universalité et uniformité du système).

Le rapport est ainsi amené à distinguer en Europe quatre groupes « géosociaux » distincts, partageant des caractéristiques institutionnelles et des traditions similaires :

- le groupe des pays scandinaves (Danemark, Finlande et Suède) : il s'agit d'un modèle nettement beveridgien ; couverture universelle de très haut niveau, financement essentiellement par l'impôt, orientation très forte du système dans le sens de la réduction des inégalités sociales;

- le groupe comprenant le Royaume-Uni et l'Irlande : modèle beveridgien très dominant (service national de santé, universalité...) mais avec quelques aménagements : rôle important des cotisations dans le financement;
- le groupe comprenant l'Allemagne, la France, le Bénélux et l'Autriche : la tradition bismarckienne prédomine : couverture sociale liée à l'emploi et à la situation sociale, gestion paritaire du système, rôle très important des cotisations sociales;
- le groupe comprenant les pays du Sud européen (Italie, Espagne, Portugal, Grèce) : modèle mixte ; coexistence de services nationaux de santé (modèle beveridgien) et de systèmes de financement plutôt bismarckiens (cotisations sociales), mais aux prestations plus lacunaires que dans les autres groupes.

● Caractériser l'Europe sociale ne se limite pas à comparer les différents systèmes de protection sociale; la nature des relations sociales, les rapports au syndicalisme montrent là encore d'importants clivages.

Les pays de tradition social-démocrate ou chrétienne-démocrate (Europe du Nord, Allemagne...) ont développé une véritable culture du compromis social. Les taux de syndicalisation y sont très élevés, l'unité syndicale est forte. En Allemagne, la cogestion (Mitbestimmung) née en 1951 met en place une véritable structure de concertation entre employeurs et salariés. La flexibilité qualitative (formation du personnel, réduction du temps de travail...) est privilégiée.

En Europe du Sud, le syndicalisme est plus diffus, plus éclaté, le cas extrême étant celui de la France, marquée par une faible syndicalisation (plus faible taux de l'OCDE), ce qui se traduit par une plus grande fréquence des conflits sociaux, l'absence de structures métasociales de concertation ne favorisant pas la recherche de solutions négociées.

2. Des systèmes partout en difficulté

● La construction d'une Europe sociale se heurte à une difficulté majeure : avec la crise économique, les systèmes sociaux connaissent partout des difficultés. Ces difficultés, conjoncturelles, mais aussi structurelles car liées à la démographie, alimentent une crise de légitimité des systèmes de protection sociale, qui, à la limite, peut rendre caduque l'idée même d'Europe sociale, celle-ci risquant de se dissoudre dans le processus de mondialisation.

● La crise des systèmes de protection sociale est essentiellement liée à :

- des causes conjoncturelles et, en premier lieu, à la question du chômage. Il existe bien, en effet, une spécificité du chômage européen (11 % en moyenne actuellement) face au dynamisme de l'emploi américain, même si la situation à l'intérieur de l'Europe est assez diverse : croissance économique moins riche en emplois, rigidités fortes et cloisonnement des marchés du travail, faible mobilité de la main-d'œuvre. Dans tous les cas, le chômage est, aujourd'hui, la principale cause de dégradation des comptes des systèmes de protection sociale;

- une cause structurelle : la démographie. L'Europe doit faire face, sur le long terme, à un déclin démographique et à un vieillissement sans équivalent historique de sa population. Le renouvellement des générations n'est plus assuré actuellement que pour l'Irlande. Cette situation, qui correspond à une amélioration considérable des conditions de vie, suscite des inquiétudes sur l'évolution des systèmes de retraite et de santé et sur leur capacité à faire face à l'incontournable croissance des dépenses. Certains pays (Grande-Bretagne notamment) s'orientent vers une libéralisation accrue des régimes de retraite, avec la solution de la capitalisation et des fonds de pension. D'autres restent attachés au principe de la répartition. Quoi qu'il en soit, la dégradation des comptes sociaux accentue la diversité et complique l'harmonisation sociale de l'Europe.

3. L'Europe sociale face au risque de dumping social

• La menace de dumping social peut être illustrée par l'affaire Hoover. Cette entreprise d'origine américaine décide, début 1993, de fermer son site de Longvic, près de Dijon, pour délocaliser ses activités en Écosse, afin de bénéficier de conditions sociales favorables en matière de salaires et de temps de travail.

C'est la disparité des coûts salariaux en Europe qui pose problème.

On constate en effet un écart de 1 à 4 entre la Grèce et l'Allemagne; étant donné le poids des salaires dans les coûts de production, les entreprises sont donc fortement incitées à délocaliser vers des pays comme la Grèce ou le Portugal.

• Toutefois, ce risque de dumping social doit être relativisé pour trois raisons :

- malgré la forte disparité des salaires, on ne constate pas, pour autant, de mouvements de délocalisation intra-européenne de grande ampleur. Au seul critère du salaire, il existe, en effet, des pays bien mieux placés que la Grèce ou le Portugal, et ceci aux portes même de l'Europe (anciens pays de l'Est, Afrique du Nord). Les véritables mouvements de délocalisation, pour les biens à faible valeur ajoutée, se font plutôt vers ces directions;

- le salaire ne constitue pas, et de loin, le seul critère de délocalisation : il faut pondérer par la productivité du travail et la qualification de la main d'œuvre. Ainsi, certaines entreprises de haute technologie, japonaises par exemple, s'implantent plutôt en France ou en Grande-Bretagne;

- de plus, l'intégration européenne, et notamment le passage vers la monnaie unique, entraîneront, à terme, une convergence des niveaux de salaire, convergence renforcée par la mobilité du capital, qui entraîne une convergence de la productivité du travail. À moyen terme, l'avantage comparatif constitué par les bas salaires risque de péricliter. D'où la tentation, pour certains pays de jouer sur d'autres variables : temps de travail, assouplissement de la législation sociale... La nécessité d'une harmonisation est donc évidente, mais elle se fera sans doute au détriment des pays les moins avancés.

II. Toutefois, des bases et des jalons existent et un approfondissement de l'Europe sociale semble aujourd'hui nécessaire

1. Jusqu'en 1987, l'Europe sociale se limite à un ensemble de normes minimales

• Le traité de Rome, texte fondateur de l'Europe, n'accorde qu'une place mineure aux questions sociales. Il se borne, dans son article 117, à énoncer un principe assez vague : « promouvoir l'amélioration des conditions de vie et de travail de la main d'œuvre, permettant leur égalisation dans le progrès ».

Plus concrètement, le traité de Rome énonce tout de même le principe de l'égalité de traitement entre ressortissants nationaux et communautaires, la libre circulation des travailleurs à l'intérieur du marché commun, l'égalité de rémunération entre hommes et femmes.

• Cette base fondamentale, dont le point essentiel est sans doute la volonté d'homogénéiser les niveaux de vie dans le marché commun, sera approfondie, par la suite, en deux étapes :

- jusqu'à la fin des années soixante, la règle de l'unanimité (les décisions européennes ne peuvent être adoptées qui si l'unanimité des représentants des pays membres est acquise) explique pour beaucoup le faible nombre de textes de portée sociale : on ne s'éloigne guère des mesures déjà évoquées par le traité de Rome;
- dans les années soixante-dix et le début des années quatre-vingt, toutefois, la notion d'espace social européen apparaît, recouvrant deux idées : l'interdépendance de l'économique et du social, et la recherche d'une possible politique communautaire en matière sociale. Le mémorandum de 1981, présenté par la France sous l'impulsion de J. Delors, dessine les contours d'une possible Europe sociale.

Mais c'est la signature de l'Acte unique de 1987 qui marque le véritable tournant.

2. Depuis 1987 et l'Acte unique européen, les contours de l'Europe sociale apparaissent plus nettement

• Signé en 1986 par les chefs d'État et de Gouvernement, puis ratifié par les Parlements des États membres, l'Acte unique entre en vigueur en juillet 1987. Un pas décisif est franchi vers la définition d'une Europe sociale. De plus, le principe de la majorité qualifiée et non plus de l'unanimité ont permis des avancées significatives et facilité la recherche de compromis acceptables.

Cinq objectifs ont été définis :

- une politique de développement des régions retardataires du point de vue économique et social;
- une aide à la reconversion des régions industrielles en déclin;
- la lutte contre le chômage de longue durée;

– l'insertion professionnelle des jeunes ;

– l'aide au maintien d'une population agricole aux revenus suffisants.

Un effort financier a été consenti, relayé par les trois grands fonds d'orientation structurelle à finalité sociale : le FEOGA pour l'agriculture, le fonds social européen et le FEDER (fonds européen de développement régional).

• L'avancée la plus significative est la signature de la charte sociale de décembre 1989 qui précise les droits sociaux fondamentaux. Mais il ne s'agit que d'une déclaration solennelle de portée surtout symbolique, et sans réelle portée concrète, mais qui peut toutefois servir de référence.

• Enfin, le traité sur l'Union économique, signé à Maastricht le 7 février 1992, et entré en vigueur le 1er janvier 1994, a permis de donner une ampleur nouvelle à la politique sociale européenne.

Le champ des décisions a été élargi à de nouvelles compétences (conditions de travail notamment), mais le principe de subsidiarité (la Communauté n'intervient que si des objectifs ne peuvent être atteints par l'action propre des États membres) peut en même temps singulièrement amoindrir les possibilités d'action de la Commission européenne dans le domaine social. En tout état de cause, la Grande-Bretagne a fait jouer une clause d'exemption (clause d'« *opting out* ») : les dispositions sociales du traité de Maastricht ne s'appliquent pas dans ce pays, ce qui accentue le risque d'une Europe à deux vitesses.

3. *L'Europe sociale reste encore, pour l'essentiel, à construire et se trouve face à de nouveaux défis*

• Le défi de l'élargissement : l'intégration, en 1995, de l'Autriche, de la Finlande et de la Suède n'a pas posé de problèmes, l'acquis social communautaire étant facilement assimilable pour ces pays à haut niveau social. Par contre, l'intégration des pays d'Europe centrale et orientale (PECO) poserait des problèmes autrement redoutables et ne pourrait, en tout état de cause, être envisagée à court terme. L'exemple de l'ex-RDA montre bien les difficultés considérables d'un tel élargissement, sachant que ce pays était pourtant le plus avancé économiquement et socialement des pays de l'ex-bloc de l'Est.

• Le défi de la mondialisation des échanges et des flux de main d'œuvre.

Confrontée à la concurrence internationale des pays à bas salaires et à faible niveau de protection sociale, l'Union européenne doit encore définir une politique cohérente face à cette question. Entre une « Europe forteresse », protégée par des barrières douanières et des clauses sociales, mais repliée sur elle-même, et une Europe complètement ouverte qui mettrait en danger l'embryon de modèle social européen, l'Europe doit pouvoir trouver sa voie. Des économistes comme M. Allais ou G. Lafay, des chefs d'entreprise souhaitent réactualiser et renforcer l'idée de préférence communautaire et réhabiliter le tarif douanier. D'autres, plus nombreux peut-être, estiment que le phénomène de mondialisation finira par faire disparaître les avantages comparatifs liés aux salaires et aux conditions de travail, mais il est bien difficile de préciser les délais nécessaires.

Conclusion

À l'issue de cette dissertation, force est de constater que l'Europe sociale se limite à un socle commun a minima. Jamais le social n'a constitué une priorité : l'Europe s'est construite avant tout par l'économie et la monnaie. Les directives européennes n'énoncent que des normes minimales n'imposant qu'un plus petit dénominateur commun social aux pays membres. Il s'agit donc bien, pour l'instant, d'une harmonisation par le bas, même si, dans les faits, les législations sociales sont restées en l'état.

Il semble donc qu'un espace social européen unique n'est guère envisageable à moyen terme compte tenu des difficultés actuelles des systèmes sociaux dans les pays d'Europe.

Toutefois, il est à prévoir que l'intégration économique et monétaire, et en particulier le passage à la monnaie unique, mettra en lumière le manque d'Europe sociale et agira comme un véritable levier de convergence en la matière. L'Europe sociale sera alors le prochain grand chantier européen.

Bibliographie

Ouvrages

- G. Lafay et D. Unal-Kesenci, *Repenser l'Europe*, Economica, 1994.
- G. Lafay, *Comprendre la mondialisation*, Economica, 1996.
- D. Lenoir, *L'Europe sociale*, La Découverte, Repères, 1994.
- B. Magliulo, *L'Europe sociale*, Nathan, Circa, 1991.

Revues

- F. Drumetz, H. Erkel-Rousse, P. Jaillard, « La convergence régionale et l'UEM » in *Économie et statistiques*, n° 262-263, 1993.
- *Problèmes économiques*, n° 2493/94 : « La protection sociale », nov. 1996.
- *Cahiers français*, n° 264, janv. 1994 : « L'Europe économique ».

Thème 6
Sujets ESC

Sujet 17

Dissertation

Comment et pourquoi l'intervention publique dans le champ économique s'est-elle transformée depuis les années soixante-dix dans les pays développés ? (sujet 1 - 1997)

Questions de cours

Sujet 18

Dissertation

Le libre-échange, mythe ou réalité depuis 1947 ?
(sujet 2 - 1997)

Questions de cours

Sujet 19

Dissertation

Croissance, crise et protection sociale dans les grands pays capitalistes (inédit)

Questions de cours

SUJET 17

Épreuve Avenir/Alliance/ESC

Sujet 1 - 1997

I. DISSERTATION

Comment et pourquoi l'intervention publique dans le champ économique s'est-elle transformée depuis les années soixante-dix dans les pays développés ?

Introduction

Pendant les trente années de la croissance économique d'après-guerre, les pays développés connurent une période de prospérité sans équivalent dans leur histoire. Les politiques économiques, même si elles n'ont pas créé cette croissance, ont permis de l'entretenir et de la régulariser. La théorie keynésienne a contribué à forger les instruments de cette intervention publique dans le champ économique. Grâce à la Comptabilité nationale, à des institutions comme l'INSEE ou l'INED, les agrégats économiques sont mieux cernés et l'action de l'État plus efficace.

Fondée sur des politiques structurelles (politique industrielle, aménagement du territoire, planification…) et des politiques conjoncturelles (politique monétaire et budgétaire), sur une approche keynésienne des dépenses publiques, l'intervention de l'État dans l'économie semblait faire l'objet d'un consensus assez large jusqu'à la fin des années soixante.

La crise économique qui sévit depuis les années soixante-dix a largement contribué à ruiner ce consensus. Les échecs des thérapeutiques keynésiennes face à la crise, la persistance, durant les années soixante-dix du phénomène de stagflation, l'accumulation des dettes publiques dans les pays de l'OCDE ont posé problème à l'intervention publique dans le champ économique. De plus, l'ouverture croissante des économies, la mondialisation des échanges économiques et financiers font que le cadre national n'est plus, désormais, le cadre pertinent de la régulation macro-économique. Pis encore, l'intervention de l'État est perçue, par les théoriciens d'un libéralisme renouvelé comme la principale explication des blocages des économies occidentales : elle apparaît ainsi comme la cause principale de la crise actuelle.

La transformation de l'environnement socio-économique, l'ouverture internationale, le retour des idées libérales ont donc conjugué leurs effets pour provoquer une transformation de l'intervention de l'État dans le champ économique depuis les années soixante-dix.

Nous en analyserons les différents aspects à travers la problématique suivante : la crise a été marquée par un échec des politiques conjoncturelles keynésiennes et une remise en cause de leurs fondements théoriques (1re partie). Le retour des idées libérales a favorisé l'émergence d'une nouvelle approche de l'intervention publique dans le champ économique au début des années quatre-vingt (2e partie).

I. La crise a été marquée par un échec des politiques conjoncturelles keynésiennes et une remise en cause de leurs fondements théoriques

1. Des analyses et des instruments d'intervention conjoncturelle nés de la théorie keynésienne et de la croissance des Trente Glorieuses...

• L'intervention publique repose, durant les années de croissance, sur les idées et les principes nés de la révolution keynésienne. Rompant avec la neutralité budgétaire libérale, la théorie keynésienne fait du déficit budgétaire un instrument de régulation conjoncturelle grâce à l'effet multiplicateur des dépenses publiques. La politique budgétaire devient l'instrument principal de l'intervention publique. La politique monétaire, dans le cadre d'une économie d'endettement, reste fondée sur la manipulation des taux d'intérêt et est conçue comme un accompagnement de la politique budgétaire.

• Les conditions d'utilisation des politiques conjoncturelles est précisée dans le cadre du modèle IS-LM et de la courbe de Phillips, qui constituent l'arrière-plan théorique de l'intervention publique avec les règles de Tinbergen et de Mundell. Les contraintes et les objectifs des politiques économiques sont résumées dans le carré magique de Kaldor.

• Enfin, des politiques structurelles (aménagement du territoire, politique industrielle, recherche et développement...) témoignent d'une action en profondeur et dans la durée de l'action de l'État.

2. ... mais qui se révèlent inopérants face à la crise des années soixante-dix...

Les années soixante-dix forment une période d'hésitation et d'expectative : les politiques économiques semblent tâtonner.

Deux points essentiels peuvent être analysés.

• Au niveau conjoncturel, il y a une permanence des politiques de *stop and go*, dans la tradition keynésienne, jusqu'à la fin des années soixante-dix. Elles butent sur le problème de la stagflation (conjonction de chômage et d'inflation). Les tentatives de concertation internationale échouent comme la « théorie des locomotives », principe de relance concertée menée par les pays excédentaires (Allemagne, Japon) chargés de relancer leur économie pour faciliter la croissance des autres. Les exemples français (politiques de relance Chirac 1974, Barre 1978) ou américain le montrent clairement. Le cas de la relance Mauroy (1982) et son échec (peu d'effet sur l'emploi, forte dégradation du solde extérieur) marquent, pour la France, la fin des politiques de stimulation keynésienne de la demande, et, en tout cas, la fin du « keynésianisme dans un seul pays » : la contrainte extérieure s'impose désormais.

- Au niveau structurel, il y a une nette remise en cause de l'utilisation par l'État des instruments d'intervention structurelle : crise de la planification indicative à la française, déclin de la politique industrielle (cas de la sidérurgie, par exemple).

3. ... d'où une remise en cause des principes keynésiens d'intervention de l'État, favorisée par un nouveau contexte international

- En fait, l'échec des politiques interventionnistes s'explique par l'émergence d'un nouveau contexte socio-économique.

La fin du système de Bretton-Woods marque le début d'une période d'instabilité monétaire : dès 1973, le système de changes flottants se met en place, introduisant des risques nouveaux de volatilité des taux de change et d'intérêt. L'analyse par le « triangle des incompatibilités » de Mundell et Fleming montre que, dans un contexte de liberté de mouvements de capitaux (caractéristique très importante des années quatre-vingt) et de changes flottants, la stabilité du système monétaire international passe par la coopération en matière monétaire : les politiques strictement nationales sont condamnées.

Le phénomène de mondialisation des échanges a mis au premier rang la contrainte extérieure. Le cadre national n'est plus, désormais, le cadre pertinent de la régulation macro-économique.

- Cet échec du keynésianisme alimente un courant de critique libérale :
  - les analyses de Friedman et Phelps sur la courbe de Phillips montrent qu'il n'y a pas d'arbitrage entre chômage et inflation ;
  - les analyses de l'école du Public Choice remettent en cause l'idée que les interventions de politique économique se font dans le cadre de l'intérêt général.

II. Le retour des idées libérales a favorisé l'émergence d'une nouvelle approche de l'intervention publique dans le champ économique au début des années quatre-vingt

1. Les politiques économiques des années quatre-vingt à aujourd'hui reposent sur une base théorique complètement renouvelée

Sur les décombres des politiques keynésiennes, le libéralisme a, dans les années quatre-vingt, procédé à un vaste renouvellement théorique. Trois directions ont été privilégiées.

- Robert Lucas renouvelle la macro-économie classique avec la théorie des anticipations rationnelles. Les agents économiques sont censés utiliser au mieux l'information disponible et ont une capacité d'apprentissage et de prévision telle qu'ils ne peuvent se tromper durablement. Appliquée aux problèmes de cycles économiques, d'inflation et de chômage, cette analyse conduit à une remise en cause radicale de l'intervention publique et débouche sur la recommandation de neutralité absolue de la politique économique.

• Le théorème d'équivalence de Ricardo-Barro, concernant l'analyse des effets d'éviction des dépenses publiques, montre que, à long terme, l'efficacité des politiques de relance financées par emprunts publics est contrecarrée par des phénomènes d'anticipation rationnelle des agents.

• Enfin, plus récemment, les travaux de Kydland et Prescott sur la politique monétaire s'appuient sur la notion de crédibilité. Les politiques économiques d'inspiration keynésienne seraient inefficaces car non crédibles aux yeux des agents : la mise en place de politiques économiques fondées sur des règles intangibles doit remplacer la politique discrétionnaire : en matière de politique monétaire, par exemple, Kydland et Prescott recommandent l'indépendance des banques centrales.

2. *L'intervention publique dans le champ économique a connu un net revirement dans les années quatre-vingt, sous l'effet conjugué de la mondialisation de l'économie et du renouveau des idées libérales*

• L'année 1979 marque un véritable tournant : avec l'arrivée de P. Volcker à la tête de la Banque fédérale américaine, la désinflation devient la priorité. Il y a une véritable hiérarchisation des objectifs économiques : lutte contre l'inflation, rétablissement des profits des entreprises, compétitivité. L'emploi n'est plus qu'une résultante.

• Dans ce cadre, la politique monétaire est privilégiée. Fondée sur un objectif de masse (définition d'une norme de croissance admissible de la masse monétaire), elle a pour rôle essentiel de lutter contre l'inflation. Les politiques budgétaires, dans un contexte marqué par le poids croissant des dépenses publiques, deviennent nettement restrictives.

3. *Les exemples nationaux montrent clairement ce revirement des interventions publiques*

• Aux États-Unis, la politique économique du président Reagan est fondée à la fois sur le monétarisme et l'économie de l'offre. Après deux années de crise (1981-1982), les années suivantes voient une reprise sensible, mais au prix d'un endettement considérable et d'un important déficit commercial (déficits jumeaux). Le président Bush ne s'écartera guère des préceptes monétaristes. La croissance économique particulièrement forte que connaissent les États-Unis sous l'actuelle administration Clinton est fondée sur une approche nettement plus pragmatique de la politique économique et doit beaucoup à la faible contrainte extérieure des États-Unis.

• La France a choisi le tournant de la rigueur depuis 1983. L'intervention publique s'est faite à partir d'une politique monétaire restrictive et d'une politique de change privilégiant le cercle vertueux du franc fort, dans le cadre du respect des critères de convergence du traité de Maastricht. Les résultats en matière de désinflation et de commerce extérieur ont été excellents mais au prix d'un véritable sacrifice de l'emploi.

Conclusion

L'intervention publique dans le champ économique s'est donc nettement transformée depuis les années soixante-dix. En fait, ce changement s'est accompli en deux étapes : les années soixante-dix sont encore marquées par la permanence des préceptes keynésiens ; il a fallu une prise de conscience du caractère structurel de la crise pour voir une évolution des politiques économiques, marquée par un retour du libéralisme sur des bases rénovées. Le tournant vers cette nouvelle étape peut être situé à l'année 1979.

Aujourd'hui, il semble que l'intervention de l'État retrouve une nouvelle légitimité. Les théories de la croissance endogène lui donnent une nouvelle audience, et le pragmatisme américain montre que l'intervention publique peut donner de bons résultats économiques en se passant de toute forme d'orthodoxie.

II. QUESTIONS DE COURS

1. Avantages et inconvénients de l'insertion dans les échanges internationaux pour les pays en développement (PED)

Depuis le début des années soixante, les progrès enregistrés par un certain nombre de pays du tiers monde, les NPI, ont été remarquables. Appliquant le principe « *Trade but not Aid* », ces NPI d'Asie du Sud-Est ont gagé leur développement sur l'insertion dans le commerce international et la substitution aux importations. Leur réussite, fondée sur l'existence d'avantages comparatifs en matière de coût du travail, laisse penser que l'ouverture sur le marché mondial constitue la meilleure voie vers le développement.

Le principal avantage de cette stratégie réside dans l'accès aux marchés des pays développés, qui donne d'importantes marges de croissance. La stratégie de remontée des filières a permis une industrialisation rapide et relativement complète, de l'industrie légère vers l'industrie lourde, et, plus récemment, les hautes technologies.

Des risques et des limites existent toutefois. On peut en repérer quatre principaux :

- avec la crise, l'émergence d'un néo-protectionnisme risque de mettre à mal ces économies tournées vers les exportations. Le dumping social des NPI, est régulièrement dénoncé comme une cause du chômage des pays développés, d'où le risque de mesures coercitives ;
- de plus, ce modèle de développement repose sur un endettement important auquel ces pays restent encore confrontés ;
- les accords de l'Uruguay Round concernant la propriété intellectuelle et les services gênent considérablement ces pays où la recherche-développement reste un point faible ;
- enfin, les aspects sociaux du développement ont été négligés par ce modèle de croissance. Les risques de conflits demeurent importants comme en Corée du Sud.

2. En quoi et pourquoi la politique monétaire a-t-elle changé en France dans les années quatre-vingt ?

La politique monétaire est, avec la politique budgétaire, un des principaux instruments de régulation conjoncturelle. Son objectif final est la stabilité interne et externe de la monnaie.

Utilisée de manière très conjoncturelle, dans une perspective keynésienne, depuis 1945, elle a, depuis le début des années quatre-vingt, abandonné les interventions directes et administratives sur les prix (contrôle des prix aboli en 1983) et sur le crédit (encadrement du crédit abandonné en 1986), au profit d'une conception libérale et monétariste. Trois raisons essentielles expliquent ce changement :

Le triomphe des idées monétaristes et libérales dans les années soixante-dix et quatre-vingt ont conduit à une réactualisation de la théorie quantitative de la monnaie (travaux de M. Friedman), qui sert désormais de référence. La politique monétaire est désormais fondée sur la fixation d'une norme de croissance de la masse monétaire, annoncée publiquement. La Banque de France recherche avant tout une crédibilité sur le long terme.

Des changements considérables dans un environnement international marqué par la désinflation et les « 3 D » : déréglementation, décloisonnement et désintermédiation financière ont conduit à l'émergence d'un vaste marché financier international : l'analyse par le « triangle des Incompatibilités » de Mundell et Fleming montre qu'une politique monétaire autonome n'a plus sa place : d'où l'alignement de la politique monétaire française sur le modèle monétariste de priorité à la lutte contre l'inflation incarné, en Europe, par la Bundesbank.

Enfin, la préparation de l'Europe monétaire a entraîné l'indépendance de la Banque de France depuis 1994. La politique monétaire n'est plus désormais du ressort du gouvernement.

3. La mise en place de « l'État-providence » dans les pays capitalistes avant 1950

L'État-providence peut se définir, en opposition avec la théorie libérale de l'État-gendarme, comme un État interventionniste, régulateur, producteur de services collectifs et garant de la justice sociale. Alors que la révolution industrielle et le XIXe siècle seront marqués par une opposition farouche à toute réglementation sociale, dès la fin du XIXe siècle, le chancelier Bismarck fait adopter les premières mesures sociales. Fondé sur un principe assuranciel, le système bismarckien correspond à une conception limitée de l'État-providence; son financement repose sur les cotisations sociales. Cette conception reste dominante jusque dans l'entre-deux-guerres, qui voit le développement des assurances sociales en Europe (en France, vote des lois Tardieu-Laval en 1928-1930, couvrant les risques de maladie-invalidité-maternité-vieillesse, puis le Code de la Famille en 1939).

La conception moderne de l'État-providence fait suite à la publication de la *Théorie générale* de Keynes en 1936, et du « Rapport Beveridge » de 1942 (*Social Insurance and Allied Services*) qui sert de base à la protection sociale britannique, et qui est fondée sur un vaste programme visant à « libérer la société du besoin et du risque ». Cette conception de l'État-providence (*Welfare State*), financé par le budget de l'État, ouvre la porte à une véritable prise en charge des individus « du berceau à la tombe ».

Dès 1945, les pays développés se dotent de systèmes de protection sociale; la France, sous l'impulsion de P. Laroque, met en place un système très complet de Sécurité sociale, dont les principes fondateurs restent encore d'actualité, cinquante ans après.

4. *Caractériser les différences entre décollage britannique et décollage des pays suiveurs*

Le décollage anglais est considéré dans l'historiographie comme un véritable modèle : les historiens du début du siècle (P. Mantoux, A. Toynbee...), puis les travaux de W.W. Rostow (*Les étapes de la croissance économique*, 1960), ont contribué à faire du cas anglais un véritable idéal type de croissance, fondé sur l'idée que la révolution industrielle a constitué une rupture, l'ensemble des « conditions préalables au décollage » formant une « masse critique » (D. Landes).

Les grandes différences entre le décollage britannique et celui des pays suiveurs tient en quatre points essentiels :

- le cadre général de la croissance diffère nettement : alors que la croissance française ou allemande se situe surtout dans un cadre national, les marchés extérieurs ont joué un rôle important dans le cas de la Grande-Bretagne, atelier du monde au XIXe siècle;
- la place et le rôle de l'État renforcent ces dissemblances : en Grande-Bretagne, la place de l'État est plus proche des thèses libérales de l'État-gendarme, l'initiative économique est nettement aux mains des entrepreneurs. En France, par contre, la tradition colbertiste d'interventionnisme reste vivace, des formes de financement mêlant fonds publics et capitaux privés apparaissent (développement du chemin de fer...). Cette intervention de l'État est encore plus déterminante dans le cas de l'Allemagne ou du Japon, dont le décollage est plus tardif, ce qui rejoint les thèses de Gerschenkron;
- la contribution de la *Nouvelle Histoire économique*, et notamment de D. North, montre que l'avance anglaise s'explique surtout par le développement plus précoce des droits économiques fondamentaux (droit de propriété notamment);
- enfin, le caractère radical du décollage britannique s'oppose nettement à celui des autres pays suiveurs : le *take-off*, s'il est facilement repérable dans le cas anglais (forte inflexion des courbes de croissance entre 1780 et 1800) est nettement moins visible pour d'autres pays. En France, par exemple, les phénomènes de proto-industrialisation (Mendels, Deyon) particulièrement importants, font que le repérage du *take-off* est plus difficile.

SUJET 18

Épreuve Avenir/Alliance/ESC

Sujet 2 - 1997

I. DISSERTATION

Le libre-échange, mythe ou réalité depuis 1947 ?

Introduction

Depuis 1947 et la création du GATT, grâce à 23 nations représentant près de 80 % du commerce mondial, le libre-échange est devenu la doctrine dominante du commerce international. En réaction à l'effondrement des échanges des années trente, aggravé par la généralisation du repli protectionniste, économistes et responsables politiques ont voulu bâtir la croissance sur un libre-échange largement partagé.

En fait, dès les débuts de la révolution industrielle, les théories du libre-échange, soutenues par des économistes aussi éminents que Smith ou Ricardo, semblaient avoir gagné la partie. Même les analyses de F. List, souvent présenté comme le grand théoricien du protectionnisme, ne conçoit celui-ci que comme temporaire et lié à des situations précises. Rarement une doctrine économique se sera imposée avec autant de force.

Pourtant, on ne peut qu'être frappé par l'écart important entre la quasi-unanimité sur les bienfaits du libre-échange et ses difficultés à s'imposer réellement dans l'économie mondiale. Le XIXe siècle, et jusqu'à la seconde guerre mondiale, n'a connu que de brèves périodes de libre-échange dans un contexte assez largement protectionniste. Le protectionnisme apparaît bien comme une sorte de réflexe naturel des États-Nations confrontés à des difficultés économiques. Ce n'est qu'après 1945 qu'il a fini par s'imposer, mais il a fallu pour cela de nombreux cycles de négociations afin de faire reculer droits de douane et pratiques protectionnistes de toutes sortes. Pour autant, celles-ci n'ont pas disparu, même si elles ont changé de nature, et, à la faveur de la crise économique, elles tendent à retrouver une actualité. De plus, le phénomène de régionalisation des échanges met à mal le principe fondamental du multilatéralisme.

Si le libre-échange, à la suite des différents cycles de négociations, est devenu une réalité (1re partie), les évolutions actuelles du commerce international, retour des pratiques protectionnistes et tendance à la régionalisation des échanges, risquent, à moyen terme, d'en faire à nouveau un mythe (2e partie).

I. Après 1947, le libre-échange, à la suite des cycles de négociations commerciales multilatérales, est devenu une réalité et a accompagné la croissance d'après-guerre

1. *La théorie économique libérale favorable au libre-échange s'est nettement imposée face aux thèses protectionnistes*

• C'est l'école classique anglaise qui développe les premières analyses favorables au libre-échange : la théorie des avantages absolus de Smith, encore très sommaire (simple transposition au niveau de l'échange international de la théorie de la division du travail), est rapidement dépassée par les analyses de D. Ricardo (*Principes de l'économie politique et de l'impôt*) fondées sur la théorie de l'avantage comparatif. Cette analyse débouche sur deux postulats essentiels : chaque pays doit se spécialiser en fonction de ses avantages comparatifs en matière de coûts de production, et cette spécialisation constitue, au niveau international, un jeu à somme positive. Elle constitue, encore aujourd'hui, la justification la plus aboutie du libre-échange.

Elle a, depuis, été complétée et améliorée sur un certain nombre de points : en particulier, le théorème Hecksher-Ohlin-Samuelson justifie la spécialisation par la dotation en facteurs de production : un pays devra se spécialiser dans les productions intégrant le facteur de production dont il dispose en abondance. La théorie libérale établit donc un lien très fort entre libre-échange, spécialisation, et valorisation des avantages de chaque pays.

• Ces thèses libre-échangistes se sont nettement imposées face à la doctrine protectionniste. Celle-ci est défendue au XIXe siècle par l'Allemand F. List, qui explique la nécessité pour un pays en développement de protéger ses industries « dans l'enfance » face à la concurrence. Il s'agit toutefois d'un protectionnisme éducateur, donc, par nature, temporaire : le libre-échange reste l'objectif final : « Le protectionnisme est notre voie, le libre-échange est notre but » (F. List).

Pour d'autres auteurs, le protectionnisme se justifie par le fait qu'il génère des recettes fiscales et surtout (il s'agit alors d'un argument défendu par Keynes), qu'en supprimant la contrainte extérieure, il rend possible des politiques économiques autonomes, notamment de relance.

Enfin, des analyses récentes, comme celle de P. Krugman, montrent que la forme de protectionnisme consistant à subventionner des entreprises fortement soumises à la concurrence internationale peut être une réponse cohérente face à l'imperfection des marchés internationaux, souvent caractérisés par des situations oligopolistiques. L'analyse par la théorie du tarif optimal montre que, ponctuellement, le protectionnisme permet d'améliorer les termes de l'échange.

Il reste que, dans l'ensemble, la domination des thèses libre-échangistes est évidente. Mais cette domination théorique a eu du mal à s'imposer dans les faits.

2. *La fondation du GATT et les cycles de négociations commerciales multilatérales ont fait du libre-échange une réalité durant les années de croissance*

- Les difficultés qui ont présidé à la mise en place du GATT, en 1947, montrent bien que le libre-échange est un objectif difficile à atteindre. L'échec de la conférence de La Havane, qui prévoyait la création d'une Organisation internationale du commerce, a débouché sur le compromis du GATT, simple « arrangement » signé par 23 pays représentant 80 % du commerce international.

- L'objectif du GATT est de promouvoir le libre-échange par la réduction concertée des barrières tarifaires et la lutte contre les pratiques non-concurrentielles. On peut remarquer, incidemment, que les marchés étant, en principe, capables de se réguler par eux-mêmes, l'existence du GATT est une aberration au sens de la doctrine libérale orthodoxe.

- Il défend une conception multilatérale du commerce, reposant sur :
  - la clause de la nation la plus favorisée : tout pays membre ayant accordé un avantage commercial à un autre pays membre doit en faire bénéficier tous les autres ;
  - la clause du traitement national, qui interdit toute discrimination des produits étrangers par rapport aux produits nationaux.

Les accords régionaux sont donc, en principe, contraires à cette conception multilatérale des échanges.

3. *Les cycles de négociations commerciales multilatérales ont permis d'imposer le libre-échange*

- Afin d'atteindre l'objectif du libre-échange, le GATT procède par cycles de négociations (les « *rounds* ») :
  - les trois premiers cycles (Genève 1947, Annecy 1949, Torquay 1951) restent encore fondés sur le principe de la négociation bilatérale, produit par produit, négociation lourde qui a tout de même permis des avancées importantes (45 000 réductions tarifaires en 1947, par exemple...) ;
  - la période des grands cycles (Dillon Round 1960-1962, Kennedy Round 1964-1967, Tokyo Round 1973-1979) a permis de fortes baisses en matière tarifaire et l'écrêtement des principaux pics tarifaires ;
  - enfin, L'Uruguay Round intègre des secteurs qui étaient jusqu'alors absents des négociations internationales : l'agriculture et les services (dont l'expansion dans le commerce mondial est très rapide). L'Uruguay Round s'attaque également aux barrières non tarifaires : démantèlement progressif des accords multi-fibres à l'horizon 2005 par exemple.

Les résultats obtenus en matière de réduction des barrières tarifaires sont probants. De près de 40 % en moyenne en 1947, ils ne sont plus aujourd'hui que de 4 %. Ils ne constituent donc plus une barrière au libre-échange. Ce résultat remarquable s'est accompagné d'autres avancées :

– l'élargissement à la très grande majorité des nations de la planète : de 23 pays fondateurs, on est passé aujourd'hui à 115 participants;
– la place croissante des PVD, grâce au rôle important joué par la CNUCED, et notamment des NPI qui ont choisi l'extraversion comme principe de développement.

En conclusion de cette première partie, on peut dire que le GATT ainsi que les autres grandes institutions internationales nées dans l'immédiat après-guerre (FMI, Banque mondiale, système de Bretton-Woods) ont créé un contexte favorable au développement du commerce international. Celui-ci s'est fortement accru depuis 1948, à un rythme deux fois plus élevé en moyenne que le rythme de croissance du PIB mondial. Les barrières douanières sont à un niveau historiquement très bas. Tout cela semble confirmer la validité de l'approche libérale : le libre-échange est une réalité et constitue un facteur de dynamisme de l'économie mondiale.

Toutefois, avec l'entrée dans la crise, des évolutions majeures se dessinent, qui se confirment dans les années quatre-vingt et qui peuvent remettre en cause cette réalité du libre-échange : le regain d'un protectionnisme non tarifaire, plus difficile à éradiquer, et une nette tendance à la régionalisation des échanges, contraire au principe du multilatéralisme. L'approfondissement de ces tendances ne risque-t-il pas, à terme, de transformer le libre-échange en mythe ?

II. Le libre-échange menacé : regain du protectionnisme et régionalisation des échanges ne risquent-ils pas de transformer le libre-échange en mythe ?

1. Avec la crise, on assiste a un regain du protectionnisme sous sa forme non tarifaire

• Si le GATT a réussi à faire baisser très fortement les barrières douanières, le protectionnisme n'a pas, pour autant, rendu les armes. On peut même observer, depuis les années quatre-vingt, un retour des pratiques protectionnistes sous la forme des barrières non tarifaires.

Les quotas ou contingentements comme les accords multi-fibres dans le cas du textile ou les accords de contingentement dans l'automobile entre l'Europe et le Japon. Toutefois, ces contingentements doivent être démantelés à brève échéance.

Le dumping et sa contrepartie, les droits antidumping, ont constitué certainement la forme de protectionnisme la plus utilisée. La définition assez peu précise du dumping permet l'application parfois abusive de droits antidumping (ceux-ci sont autorisés par l'article 6 du GATT).

Se développe également un néo-protectionnisme sous forme de subventions et autres politiques d'aides à certains secteurs jugés prioritaires, et qui faussent le jeu du commerce international notamment, selon l'analyse de P. Krugman, dans les cas d'oligopoles.

Des pans entiers de l'activité économique ont échappé à la baisse des droits de douane, comme l'agriculture ou les services, qui n'ont fait l'objet de négociations que tardivement, dans le cadre de l'Uruguay Round. Ainsi, la politique agricole commune européenne contrevient-elle doublement aux règles du GATT en versant des subventions aux exportations et en prélevant des taxes à l'importation (par l'intermédiaire du FEOGA), dans le cadre de la préférence communautaire.

Enfin, l'arsenal des mesures restrictives unilatérales s'est enrichi ; les États-Unis disposent d'une législation coercitive dite Section 301 et Super 301, fréquemment utilisée.

• La lutte contre ces pratiques, initiée lors de l'Uruguay Round, se révèle nettement moins facile que la lutte contre les droits de douane et les pics tarifaires. Ce type de protectionnisme restera donc vraisemblablement encore important.

2. La régionalisation actuelle des échanges : menace pour le libre-échange ou passage obligé ?

• La tendance actuelle est ressentie comme une menace par les tenants du libre-échangisme.

L'argumentation repose sur la comparaison avec les années trente où, effectivement, la constitution de zones monétaires et commerciales fermées a contribué à prolonger et amplifier la crise.

Les effets pervers du protectionnisme sont alors mis en avant : représailles, idée qu'un protectionnisme ponctuel risquant de dériver rapidement vers un protectionnisme généralisé, coût pour le consommateur...

• Mais de nombreux économistes montrent que cette tendance peut être analysée comme un passage obligé, et que, en tout état de cause, la régionalisation ne doit pas être systématiquement confondue avec le protectionnisme. Le mouvement de régionalisation n'est pas forcément antinomique du libre-échange ; il peut même être considéré comme une étape, une transition nécessaire vers le multilatéralisme : c'est la théorie du « *second best* » : la négociation entre grands blocs permettrait alors de diminuer les barrières protectionnistes. En tout état de cause, il apparaît que l'essor du commerce régional ne se fait pas au détriment du commerce interzone. Au cours des années quatre-vingt, le commerce le plus dynamique est celui entre la CEE et l'Asie du Sud-Est.

Deux contributions illustrent ce point de vue :

- Alain Gomez, à l'époque président de Thomson, déclare dans un article du *Monde* de novembre 1992 que « le GATT doit mourir » et montre les avantages d'une régionalisation maîtrisée des flux commerciaux ;
- Maurice Allais, prix Nobel d'économie, qui, dans plusieurs articles du *Figaro*, s'élève à la fois contre la signature des accords de l'Uruguay Round et ceux de Maastricht.

• L'argumentation de base de ce courant est la suivante : le libre-échangisme généralisé se fait, en réalité, aux dépens des pays avancés, et notamment en matière d'emploi, puisqu'il met en relation des pays socialement avancés et à coûts du travail élevés avec des pays à faible coût de main d'œuvre, ce qui entraîne le phénomène des délocalisations. Ainsi, d'après ces auteurs, la théorie de Ricardo n'est plus vérifiée, puisque celle-ci comportait comme hypothèse la fixité des facteurs de production, aujourd'hui caduque.

Par ailleurs, la régionalisation peut être analysée comme une forme de régulation de l'économie mondiale confrontée aux aléas et incertitudes liés aux changes flottants. Le régionalisme répondrait ainsi aux besoins de stabilité de l'économie mondiale : ceci rejoint les analyses à partir du « triangle des incompatibilités » de Mundell et Fleming : dans un contexte de liberté de circulation des capitaux, la stabilité des changes ne peut être obtenue que par la coopération.

3. *Les fondements théoriques du libre-échange et de la spécialisation sont-ils encore d'actualité ?*

L'analyse ricardienne et ses prolongements (théorème HOS notamment) expliquent-ils encore l'évolution du commerce international et, en particulier, le phénomène de mondialisation de l'économie ? Plusieurs éléments viennent fortement nuancer cette approche.

- La théorie ricardienne de l'échange repose sur la comparaison des prix relatifs. Or, il existe une compétitivité structurelle hors prix qui se traduit par la capacité d'un pays à exporter sur d'autres critères que ceux du prix. L'exemple de l'Allemagne le montre bien, et celui de la France depuis quelques années également.

- Le théorème HOS repose sur la dotation des différents pays en facteurs de production. Or, ces données ne sont pas immuables et fixées une fois pour toutes. Par la recherche, la formation, l'investissement, un pays peut considérablement modifier ses dotations initiales en facteurs de production. Les cas des NPI le montrent clairement. De même, l'existence de flux importants d'échanges intrabranches est mal analysé par cette théorie.

Conclusion

Le libre-échange est indéniablement devenu une réalité depuis 1947. En témoignent la forte baisse des droits de douane, le maintien d'un fort courant d'échanges malgré la crise économique et qui a sans doute contribué à maintenir des taux de croissance positifs dans les pays développés.

Il n'a pas pour autant dissipé toutes les inquiétudes : le passage d'une économie internationale vers une économie mondialisée, conséquence de l'ouverture des marchés, s'est accompagné d'une tendance de plus en plus marquée à la régionalisation des échanges, et à la faveur de la crise, d'une résurgence des pratiques protectionnistes sous la forme des barrières non tarifaires. Il est évident que si ces tendances s'amplifiaient, et que si l'Organisation mondiale du commerce issue des accords de Marrakech ne se donnait pas les moyens de les contrer, le libre-échange redeviendrait un mythe.

II. QUESTIONS DE COURS

1. *Atouts et faiblesses des PME depuis les années soixante-dix en France*

Comment s'explique la vitalité des PME en France depuis les années soixante-dix alors que, paradoxalement, ces périodes de crise sont plus favorables aux concentrations industrielles ? Ainsi, en France, cette période a vu la création de 240 000 entreprises chaque année, et les années quatre-vingt ont vu le développement des pépinières d'entreprises et des technopôles. C'est que les PME disposent d'atouts importants.

En premier lieu, des capacités d'innovation et d'adaptation : leur taille leur permet une adaptation rapide aux besoins du marché ; elles sont souvent créées à partir d'une idée nouvelle ou d'une innovation technologique. La technique de l'essaimage (transmission de technologie, de capitaux ou de personnel qualifié, dans le giron d'une grande entre-prise) permet de diffuser le progrès technique. De plus, la tendance à l'externalisation de nombreuses activités, notamment de service, dans les grandes entreprises (recrutement, publicité, conseil...) dynamise le secteur des PME.

En second lieu, leur dimension permet de réduire les coûts en raison de structures plus souples et moins bureaucratiques.

Enfin, leur rôle en matière de lutte contre le chômage est évident : les PME constituent aujourd'hui un gisement d'emploi supérieur à celui des grandes entreprises, plus touchées par les restructurations.

Toutefois, les PME restent fragiles sur de nombreux plans : dépendance économique liée à la sous-traitance, qui entraîne une forte fluctuation de l'activité, fragilité financière liée aux difficultés de recouvrement des créances en période de crise et à la faible « surface financière », le capital-risque étant encore peu développé en France. Enfin, la globalisation économique tend à favoriser les grandes entreprises, seules capables de disposer de réseaux de distribution et d'information.

Malgré des faiblesses intrinsèques, les PME occupent donc une place importante, pour trois raisons : elles personnifient l'esprit d'entreprise, elles contribuent efficacement à lutter contre le chômage et elles ont un rôle déterminant à jouer dans l'aménagement du territoire.

2. *Les outils de l'intervention conjoncturelle de l'État en France : nature et évolution de 1945 à la fin des années soixante-dix*

L'immédiat après-guerre est marqué, en France comme ailleurs, par une profonde rupture, sur le plan doctrinal, entre la notion classique d'équilibre automatique résultant du jeu des forces du marché et l'activisme en matière de politique économique, l'État prenant en charge la fonction de régulation globale de l'économie dans une perspective keynésienne de recherche du plein-emploi, et dont les objectifs sont résumés dans le « carré magique » de N. Kaldor. L'action de l'État relève donc d'une politique structurelle (aménagement du territoire, politique industrielle...) et, pour la régulation à court terme, d'une politique conjoncturelle dont les deux principaux outils sont la politique budgétaire et la politique monétaire.

L'arrière-plan théorique de l'utilisation conjoncturelle de ces deux instruments est fourni, dans un cadre keynésien, par le modèle IS-LM associé à la courbe de Phillips. La période des « Trente Glorieuses » est donc marquée par des politiques de *stop and go*, succession de périodes de stimulation de l'investissement (Mendès-France, E. Faure...) suivies de plans de stabilisation pour lutter contre une inflation endémique (les stabilisations Pinay de 1952 et 1958, Giscard d'Estaing de 1963...).

Avec la crise des années soixante-dix, cette thérapeutique keynésienne trouve ses limites. Le phénomène de stagflation remet en cause l'utilisation alternative des politiques de relance et de stabilisation au profit d'une hiérarchisation des objectifs, la lutte contre l'inflation devenant la priorité. Le renouveau des idées libérales, notamment dans leur variante monétariste, mettent au premier plan la politique monétaire. L'aggravation de la contrainte extérieure, l'ouverture croissante de l'économie française dans les années quatre-vingt font que le cadre national n'est plus le cadre pertinent de la régulation macro-économique : l'échec de la politique économique de la gauche en 1981-1982 illustre les limites d'une relance économique non coordonnée.

3. La déflation : définition, origines et conséquences financières dans les années trente

La notion de déflation recouvre deux aspects : c'est, en premier lieu, un processus cumulatif de baisse des prix, des revenus et de l'activité économique générale, observable durant les crises économiques de type Juglar, notamment au XIXe siècle et jusqu'à la crise de 1929. C'est, en second lieu, une politique visant à faire baisser les prix, parfois autoritairement, afin de restaurer la compétitivité extérieure des entreprises.

Ces phénomènes de déflation sont caractéristiques des crises du XIXe siècle (cycles Juglar), et ressortent essentiellement de mouvements de surproduction et de mévente dans certains secteurs, qui se généralisent à l'ensemble de l'économie. La crise de 1929 est ainsi liée à des phénomènes de ce type dans deux domaines : l'agriculture américaine, qui ne s'est jamais sortie de la surproduction des années vingt et le développement des techniques tayloriennes et fordiennes dans l'industrie (automobile en particulier) et qui, en l'absence de consommation suffisante, débouchent sur des tensions surproductives. Cette situation a été encore aggravée par des mesures de politique économique libérales visant à restaurer les mécanismes de marché, qui sont apparues inadaptées et ont renforcé les tendances déflationnistes. Le krach boursier de 1929 n'en est, finalement, que la conséquence financière la plus visible.

Les politiques de Brüning en Allemagne, de Hoover aux États-Unis et de Laval en France en 1935, qui tente de maintenir coûte que coûte la valeur du franc Poincaré et la capacité d'exportation des entreprises françaises par une baisse autoritaire de 10 % des salaires des fonctionnaires et une politique d'abattement budgétaire, échouent.

Cet échec jouera un rôle important dans la désagrégation du bloc-or, et l'implosion du GES issu de la conférence de Gènes, et donc sur la dramatique contraction du commerce international des années trente.

4. Le progrès technique dans les théories de la croissance

La question du progrès technique est au cœur des théories de la croissance. Ces théories se distinguent, en effet, entre elles par le statut et la place accordés au progrès technique dans le processus de croissance. Les auteurs classiques (Smith, Ricardo...) ont une vision pessimiste de la croissance, phénomène transitoire et borné par l'avènement d'un état stationnaire consécutif à l'épuisement de l'accumulation du capital lié à l'hypothèse de rendements décroissants ; le progrès technique reste donc un phénomène périphérique, très peu intégré à l'analyse. Marx reprendra, pour l'essentiel, cette analyse.

Les travaux de Schumpeter insistent sur le caractère discontinu du progrès technique, se manifestant par phases, et produisant des systèmes techniques cohérents se diffusant puis régressant à travers le processus de destruction créatrice.

Les travaux modernes sur la croissance sont, en fait, issus d'un prolongement des analyses de Keynes. À la fin des années trente, Harrod et Domar ont appliqué les concepts keynésiens aux problèmes de la croissance ; ils aboutissent à une vision pessimiste de celle-ci, le fonctionnement des économies de marché débouchant sur le chômage et l'instabilité. Une croissance équilibrée est qualifiée de « fil du rasoir ». Mais ce modèle n'intègre guère le progrès technique. La réponse néoclassique tient dans le modèle de Solow, créé en 1957, qui tente de montrer qu'une croissance équilibrée est possible sans tomber dans l'état stationnaire : celui-ci peut être évité grâce au progrès technique. Mais ce modèle ne dit rien sur l'origine de ce progrès technique : il est libre, gratuit, un véritable « miracle exogène ». Cette période est marquée également par des recherches économétriques sur les facteurs de la croissance des « Trente Glorieuses », qui aboutissent à des résultats importants sur la nature de la croissance. Ainsi, après les travaux de Denison (1967), les analyses de Carré, Dubois et Malinvaud en 1972 mettent en lumière l'existence d'un résidu non expliqué par le volume des facteurs de production, résidu assimilé au progrès technique.

Enfin, plus récemment, les nouvelles théories de la croissance endogène (travaux de P. Romer en particulier) incorporent le progrès technique dans le modèle et aboutissent à une réhabilitation du rôle de l'État dans la mise en œuvre du progrès technique.

SUJET 19

Épreuve type ESC

(inédit)

Dissertation

Croissance, crise et protection sociale dans les grands pays capitalistes

(d'après sujet Ecricome 1989)

Introduction

Le développement de l'intervention économique et sociale de l'État est l'une des caractéristiques essentielles de l'évolution du système capitaliste depuis un siècle et plus particulièrement depuis la fin du second conflit mondial.

La pression des luttes sociales, l'organisation des salariés, la volonté intégratrice des gouvernements ont contribué à mettre en place des systèmes de protection sociale qui, sans modifier la logique fondamentale de notre société, toujours fondée sur les valeurs de l'économie de marché, ont tenté d'en corriger les aspects les plus injustes.

Très longtemps, en effet, les valeurs dominantes du capitalisme semblaient s'opposer à l'idée d'une protection sociale : des économistes aussi éminents que Malthus, par exemple, s'opposaient farouchement à l'aide aux pauvres, censée entretenir leur « paresse naturelle ». Ainsi, toute avancée sociale apparaissait contraire à l'efficacité économique. Dans un tel contexte, croissance et crise étaient plutôt découplées de la sphère sociale : peu d'interaction entre elles.

Le développement de la socialisation des revenus et la mise en place de l'État-providence ont largement changé cet état de fait. À la suite de la rupture de la crise de 1929, les travaux de Keynes apportent enfin une justification théorique à la protection sociale et à l'intervention de l'État : le lien croissance-crise-protection sociale apparaît désormais évident. Outre son rôle assuranciel déjà présent dans le système bismarckien, la protection sociale se voit dotée d'une légitimité économique : le soutien de la conjoncture et de la croissance, ce que certains appellent le compromis fordiste d'après-guerre.

Mais cette légitimité nouvelle est à son tour confrontée à la crise contemporaine. Les déficits sociaux, les difficultés pour les divers systèmes de protection sociale occidentaux à couvrir des besoins sociaux sans cesse croissants avec des ressources désormais plus contraintes, alimentent une remise en cause. L'ouverture croissante des économies, la concurrence difficile avec des pays dépourvus d'une telle protection sociale, ont fait naître une relation nouvelle entre les systèmes de protection sociale et la crise économique : en d'autres termes, beaucoup considèrent que notre niveau de dépenses sociales est désormais un frein a la croissance et contribue à pérenniser la crise.

Nous verrons donc, dans un plan suivant l'évolution longue, que le grand XIXe siècle correspond à une liaison très lâche entre protection sociale, croissance et crise, ce qui correspond bien à un type particulier de mode de régulation capitaliste (1re partie), puis que, dotée désormais d'une justification théorique, la protection sociale jouera, durant les Trente Glorieuses, un rôle anticyclique important (2e partie). Enfin, la crise actuelle laisse entrevoir une liaison nettement plus conflictuelle entre protection sociale, crise et croissance (3e partie).

I. La régulation de type concurrentiel du grand XIXe siècle correspond à une liaison faible entre croissance, crise et protection sociale

1. Une période marquée par de faibles progrès sociaux

● La théorie libérale dominante n'accorde qu'une place réduite aux préoccupations sociales. La pensée de Malthus constitue un idéal type de cette pensée libérale en matière sociale. Il développe ses idées dans la parabole du « Grand banquet de la nature » : l'ordre naturel, selon Malthus, ne tolère aucune intervention de l'État dans le but de réduire des inégalités qui sont justes et naturelles; il doit exister un « enfer social » qui puisse servir à l'édification des individus. Il s'élève ainsi contre les « *Poor laws* », lois d'assistance anglaises du début du XVIIe siècle, qui seront progressivement abolies au XIXe siècle.

● Cette absence de protection sociale est liée à un état donné des rapports sociaux, dominés par le conflit :

- la classe ouvrière, qui se constitue progressivement, n'est pas en mesure de s'organiser avant la seconde moitié du XIXe siècle. La loi Le Chapelier (1791) interdit toute forme de coalition, le livret ouvrier, véritable passeport intérieur, est instauré ;
- rôle important de la charité et du paternalisme ;
- toutefois, la doctrine sociale de l'Église condamne l'exploitation forcenée des travailleurs et certaines expériences sociales, comme les ateliers nationaux (mais qui n'ont pas duré), montrent une évolution des mentalités.

2. Crise et croissance se ressentent de cet état de fait

● Le caractère cyclique de l'évolution économique est fortement accentué (superposition de cycles Kondratieff, Juglar et Kitchin), en raison, entre autres, de l'inexistence de mécanismes stabilisateurs. L'analyse de Marx montre bien la nécessité pour le système capitaliste de l'existence d'une « armée industrielle de réserve » pour maintenir la « loi d'airain des salaires ».

• La fin du XIXe siècle voit toutefois des avancées : loi de 1864 (Émile Ollivier) autorisant le droit de grève; loi Waldeck-Rousseau légalisant les syndicats (1884). En Allemagne, le chancelier Bismarck crée le premier système de protection sociale, fondé sur le principe assuranciel. Mais les motivations restent encore avant tout politiques.

II. Dotée désormais d'une justification théorique, la protection sociale jouera, durant les Trente Glorieuses, un rôle anticyclique important

1. La crise de 1929 constitue une rupture fondamentale dans les relations entre protection sociale et croissance

• La crise de 1929 constitue une rupture. La régulation par le seul marché montre ses limites : les conséquences sociales de la crise amènent à reconsidérer le rôle de la protection sociale. Le New Deal constitue ainsi une rupture avec les principes sociaux du libéralisme : programmes d'aide aux chômeurs, lancement de vastes programmes de travaux publics... Surtout, le seconde New Deal (après 1935) insiste encore sur l'aspect social (loi Wagner sur les syndicats par exemple).

• Ainsi, les années trente voient dans les différents pays les débuts d'une protection sociale généralisée :

- en France, la loi de 1930 sur les assurances sociales, compromis entre le régime d'assurances sociales de type bismarckien et le mutualisme à l'anglaise : 10 millions de salariés couverts. En 1932, la loi sur les allocations familiales est adoptée, après une forte opposition des libéraux critiquant le fait que le revenu ne dépend plus du seul travail;
- surtout, en Grande-Bretagne, le rapport Beveridge de 1942 (« *Social Insurance and Allied Services* ») constitue une véritable rupture avec la conception assurancielle bismarckienne des assurances sociales. Il repose sur une nouvelle conception du risque social, et assigne un nouveau rôle à l'État : « libérer l'homme du besoin » (*Freedom from want*). Il est fondé sur trois règles essentielles : universalité (la protection sociale devient un droit pour tous les citoyens), uniformité (les prestations sont les mêmes quel que soit le revenu), et unité (le financement est assuré par l'impôt).

• Surtout, l'apport keynésien fournit une base théorique très importante à la protection sociale. Selon Keynes, elle contribue à la régularisation du revenu global et joue ainsi un rôle anticyclique et de stabilisation automatique de la conjoncture. Elle permet de transférer du pouvoir d'achat vers des catégories à propension à consommer plus forte : il y a donc moins d'épargne et moins de fuite hors du circuit économique. Avec la théorie keynésienne, équité sociale et efficacité économique semblent réconciliées. Un lien très fort est donc établi entre protection sociale, croissance et rôle anticyclique des dépenses publiques.

2. Le compromis fordiste d'après-guerre

• Après 1945, la protection sociale constitue un des éléments fondamentaux du modèle de croissance intensif fordiste qui domine l'après-guerre. La protection sociale fait partie intégrante du processus de contractualisation des rapports sociaux résultant du compromis keynésien-fordiste. Le rôle protecteur de l'État se diversifie au-delà de la protection sociale, l'État modifiant également la répartition primaire des revenus (redistribution verticale et horizontale) et devenant le garant du plein-emploi.

• Concrètement, la protection sociale joue un rôle important dans la croissance d'après-guerre, dans l'émergence d'une société de consommation de masse et dans la régulation sociale :

- en France, les ordonnances de 1945 et la loi de mai 1946 créent le système généralisé de Sécurité sociale pour l'ensemble de la population sous l'impulsion de P. Laroque. Il s'agit d'un système mixte tenant à la fois du modèle beveridgien et du modèle bismarckien ;
- aux États-Unis, il faudra attendre les années soixante pour voir se développer une politique de protection sociale qui n'atteindra d'ailleurs jamais les proportions européennes : création des *food stamps* en 1964, et, en 1965, mise en place des programmes *Medicare* et *Medicaid*.

III. La crise actuelle laisse entrevoir une liaison nettement plus conflictuelle entre protection sociale, crise et croissance

1. La protection sociale dans la crise actuelle

• L'entrée dans la crise n'a pas ralenti la progression de la protection sociale en France : de 14 % du PIB en 1960, les dépenses de protection sociale en sont actuellement à 30 %. Cette croissance est le résultat d'un double mouvement de généralisation et d'amélioration de la couverture sociale : revalorisation régulière des retraites, fort développement des dépenses de santé, lié à l'accroissement du niveau de vie et de la demande sociale, mais aussi du coût de la santé.

Or, le système de financement, basé sur les cotisations, est particulièrement sensible à la conjoncture. Avec la crise, ce système est soumis à plusieurs contraintes :

- la stagnation des revenus entraîne une crise des recettes alors que les dépenses continuent de croître. Ce qui a conduit à augmenter les taux de prélèvement, qui atteignent aujourd'hui des niveaux limites ;
- parallèlement, le vieillissement de la population, inscrit dans l'évolution démographique et dans la dynamique des progrès médicaux entraîne une croissance mécanique des dépenses de protection sociale.

• Cette crise financière alimente une véritable crise de légitimité de la protection sociale qui correspond à une crise de la solidarité et à un retour de l'individualisme et de la charité : succès des Restaurants du cœur, du Téléthon face aux carences supposées de la protection sociale.

2. *Ces difficultés entraînent une remise en cause de la protection sociale*

Les difficultés de la protection sociale et la rupture du consensus sur l'État-providence entraînent une remise en cause du lien protection sociale-croissance.

- Les effets contracycliques de la protection sociale sont ouvertement remis en cause en raison de l'effet de cliquet des dépenses.

- Les prélèvements qui financent la protection sociale entraînent des effets pervers analysés par la courbe de Laffer : l'accroissement des charges entraîne une désincitation au travail et compromet la compétitivité des entreprises.

- Enfin, les libéraux accusent la protection sociale d'avoir dérivé vers un assistanat généralisé qui nuirait à l'esprit d'initiative et multiplierait les comportements du type « passager clandestin » ou *free rider*. Toutefois, le caractère très peu scientifique de ces analyses (notamment pour la courbe de Laffer) et l'exemple peu convaincant de l'état de délabrement du tissu social des pays anglo-saxons montrent nettement que la voie libérale suivie par ces pays n'est guère engageante.

Conclusion

La protection sociale a constitué, après-guerre, un des piliers du mode de production intensif fordiste. Sur le plan économique, son rôle anticyclique a été largement démontré. Sur le plan social, elle a permis de faire reculer les inégalités qui minent la cohésion sociale et donc la croissance économique.

Aujourd'hui, les systèmes de protection sociale des pays développés sont débordés par les évolutions économiques, démographiques et sociales : crise du système de retraites, difficultés persistantes du système de santé. Des solutions techniques existent. Mais, au-delà, il s'agit de renouveler le contrat social qui lie les citoyens à l'État-providence.

II. QUESTIONS DE COURS

1. *Produits dérivés et risque systémique*

Le domaine des relations économiques internationales a été bouleversé, dans les années quatre-vingt, par des transformations structurelles liées en particulier à un économique beaucoup plus instable que par le passé, conséquence du passage aux changes flottants depuis le milieu des années soixante-dix. Un processus de globalisation financière s'est mis en place, caractérisé par un marché unique des capitaux au niveau planétaire et par trois tendances fondamentales : désintermédiation, décloisonnement et déréglementation (les « 3 D » de H. Bourguinat).

Cette situation a engendré une véritable explosion de nouveaux produits financiers dits « dérivés » car leur valeur dépend de celle d'un actif ou d'un indice (CAC 40 par exemple). Leur fonction essentielle est de permettre une couverture des opérateurs face aux risques de change et/ou de volatilité des taux d'intérêt. Ils répondent donc à un besoin réel de sécurité des entreprises et doivent, en principe, contribuer à limiter les risques et améliorer l'efficience de la sphère financière.

Ces avantages réels ne doivent pas masquer, toutefois, les dangers liés à l'expansion considérable de ces produits. Ce danger est aggravé par le caractère de système cohérent de la sphère financière : on entend par risque systémique la possible réaction en chaîne qui pourrait se déclencher par le défaut de paiement d'un opérateur. Il y aurait ainsi un risque de contagion à la sphère réelle, à l'image du krach de 1987. La nécessité de poser des garde-fous, de contrôler et d'encadrer ce marché s'avère nécessaire : le ratio Cooke, limitant les encours des banques en est un exemple.

2. Efficacité économique et équité sociale sont-elles compatibles ?

Théoriciens et praticiens de l'économie ont longtemps soutenu que toute amélioration sociale pénalise les entreprises. Efficacité et équité seraient donc inconciliables. C'est la position classique, qui se teinte facilement de considérations moralisatrices, à l'image du combat de Malthus contre les *Poor Laws* du XVIIIe siècle, et que l'on retrouve en écho chez des auteurs d'aujourd'hui comme M. Friedman (« la meilleure chose que l'on puisse faire pour les pauvres, c'est de les laisser tranquilles »). Pour l'analyse néoclassique, fondée sur l'optimum de Pareto, la réduction des inégalités est impossible ; Marx abondera dans ce sens en montrant que, dans le cadre du système capitaliste, l'efficacité s'obtient par l'exploitation la plus scientifique possible de la plus-value.

La possible compatibilité entre les deux notions s'est imposée après la crise de 1929 et la théorie keynésienne. L'apport de Keynes est fondamental : non seulement l'équité n'est pas incompatible avec l'efficience, mais l'intervention de l'État aurait un rôle stabilisateur. Beveridge en Grande-Bretagne, P. Laroque en France poseront les bases d'un système de sécurité sociale.

Avec la crise actuelle, on assiste à un retour de ce vieux débat : les « acquis sociaux » sont jugés responsables du chômage et des faibles performances économiques en Europe, en comparaison au dynamisme américain.

On le voit, les rapports équité-efficacité sont complexes : si l'on identifie équité et égalité, il est clair que ces deux objectifs sont incompatibles avec une économie de marché ; de même, des inégalités excessives sont nuisibles. Si, par contre, nos sociétés facilitent l'égalité des chances par l'école, par la mobilité professionnelle, alors l'équité est possible : faut-il alors, à l'instar de J. Rawls, formuler l'hypothèse des « inégalités positives » pour forcer la marche vers l'égalité ? Le débat reste ouvert...

3. Le rôle des chocs pétroliers dans la crise économique actuelle

En octobre 1973, dans le contexte marqué par la crise internationale de la guerre du Kippour, les pays producteurs de pétrole réunis au sein de l'OPEP décident une augmentation sans précédent du prix du pétrole brut, qui verra son prix quadrupler en quelques mois (de 3 dollars le baril en octobre, à 11,65 dollars fin décembre 1973). Un second choc pétrolier, en 1979, multiplie encore le prix par deux.

Ces chocs marquent sans doute la fin de la croissance des Trente Glorieuses reposant sur une source d'énergie abondante et bon marché. Ils marquent aussi la fin d'une longue dégradation des termes de l'échange des pays producteurs durant les années soixante. Sont-ils pour autant responsables de la crise ?

Leur impact sur les économies occidentales a été sévère : la ponction supplémentaire peut être évaluée à 1,5 % du PIB pour un pays comme la France. En fait, il faut distinguer un effet direct, notamment inflationniste, relativement modéré, et un effet indirect, plus difficile à mesurer, mais qui a indiscutablement déformé le carré magique des pays consommateurs, en dégradant leurs balances commerciales et en opérant un transfert de richesses vers des pays à faible capacité d'absorption, accroissant l'épargne mondiale.

Toutefois, les chocs pétroliers n'ont été que le révélateur d'une crise plus profonde, liée aux transformations du capitalisme et à l'épuisement du mode de production fordiste d'après-guerre. Des tensions inflationnistes étaient déjà à l'œuvre à la fin des années soixante, et surtout, le contre-choc pétrolier fin 1984, pourtant de grande ampleur, n'a pas, et de loin, réglé tous les problèmes.

4. Les externalités

Les externalités, ou effets externes, désignent les influences positives ou négatives, intentionnelles ou non, qu'un agent exerce à l'égard d'autres agents, sans que ces avantages ou dommages fassent l'objet d'une évaluation par le marché.

Les influences positives sont qualifiées d'« économies externes ». Un exemple célèbre est fourni par A. Marshall : un arboriculteur et un apiculteur s'avantagent réciproquement. Inversement, les influences négatives sont qualifiées de « déséconomies externes » : pollution, bruit, encombrements urbains...

L'État joue, dans ce domaine, un rôle fondamental.

D'abord l'État est une « fabrique » d'effets externes : équipements collectifs, infrastructures, recherche... Les nouvelles théories de la croissance endogène (modèle de Romer, par exemple) insistent sur cet aspect et donnent une nouvelle légitimité au rôle de l'État.

Ensuite, l'existence des effets externes engendre des distorsions entre coûts privés et coûts sociaux ; la résolution de ces contradictions passe par l'internalisation des effets externes, soit par une politique de subventions et de pénalités (principe « pollueur-payeur ») soit par la prise en charge directe.

Enfin, la prise en compte des externalités se fait aussi au niveau international : une partie des délocalisations s'explique par la contrainte de plus en plus forte des réglementations sur la pollution en Europe (par exemple, la directive Seveso sur les industries à risques).

Achevé d'imprimer en juillet 1998
sur les presses de la Nouvelle Imprimerie Laballery - 58500 Clamecy
Dépôt légal : juillet 1998 Numéro d'impression : 807059
Imprimé en France